清华汇智文库

管理者的财务分析与决策

王　琨　著

清华大学出版社
北　京

本书封面贴有清华大学出版社防伪标签，无标签者不得销售。
版权所有，侵权必究。举报：010-62782989，beiqinquan@tup.tsinghua.edu.cn。

图书在版编目（CIP）数据

管理者的财务分析与决策 / 王琨著. -- 北京：清华大学出版社，2025.7.
（清华汇智文库）. -- ISBN 978-7-302-68993-5

Ⅰ. F275

中国国家版本馆 CIP 数据核字第 2025718PZ6 号

责任编辑：王如月
装帧设计：常雪影
责任校对：王荣静
责任印制：丛怀宇

出版发行：清华大学出版社
网　　　址：https://www.tup.com.cn，https://www.wqxuetang.com
地　　　址：北京清华大学学研大厦 A 座　　邮　　编：100084
社 总 机：010-83470000　　邮　　购：010-62786544
投稿与读者服务：010-62776969，c-service@tup.tsinghua.edu.cn
质量反馈：010-62772015，zhiliang@tup.tsinghua.edu.cn
印 装 者：大厂回族自治县彩虹印刷有限公司
经　　销：全国新华书店
开　　本：170mm×240mm　　印　张：17.5　　字　数：228 千字
版　　次：2025 年 7 月第 1 版　　　　　　　印　次：2025 年 7 月第 1 次印刷
定　　价：79.00 元

产品编号：095710-01

前　言

会计学是商业交流需要的语言与媒介，随着全球经济融合的加速，其重要性日益凸显。财务信息不仅是企业历史业绩的反映，还提供了管理决策所需的关键数据，以支持资源合理配置和业务绩效评估。借助财务报表信息，管理者能够及时识别和管理风险，制定有效战略以提升企业绩效。简而言之，财务信息赋予管理者全面洞察企业的能力，并帮助他们在激烈的商业环境中做出明智的决策，实现企业价值的提升。因此，会计学是企业管理者必备的基础知识。

尽管市场上有大量会计学相关书籍，但大多数侧重于财务系统的介绍以及财务指标的计算和分析，较少对财务数字背后的企业业务活动、管理决策，特别是两者之间的关系进行深入探讨。对于管理者而言，学习财务知识的根本目的是为管理决策提供支持。因此，深刻理解业务和财务之间的联系，建立管理者的财务思维至关重要。财务思维如同管理者的"第二双眼"——当业务视角聚焦于市场机会时，财务视角则精准测算机会成本。无论是筹措资金、兼并扩张还是供应链变革，真正高效的管理者总能同步看到业务动作在财务报表上的"倒影"，这种双重洞察力正是卓越决策的分水岭。

一位上市公司的高管曾经跟作者分享过他学习会计学知识的体会和困惑。他认为管理者理解财务体系、财务报表至关重要，因此购买了一本厚重的《中级财务会计》教材来学习财务知识。然而书中充斥着复杂的财务处理、借贷等内容，十分复杂难懂且与管理决策似乎没有直接的关联，根本不能让他这样非会计学科班出身的管理者准确理解财务，更不必说用财务的概念和分析来辅助管理决策了。

如果你也面临着类似的问题，作为企业的中高层管理者，对大量财务指标缺乏系统的认知，并且尽管认识到财务的重要性，却苦于找不到合适的书籍来入门，那么本书可能正是你需要的。本书既遵循了会计学教材的知识结构，力求内容完整且系统，又与传统的会计学教材不同，本书的主要目的是帮助管理者理解财务体系的核心逻辑，而不仅仅是介绍财务知识。为此，本书不涉及过于具体的财务处理内容，避免使用"借、贷"这类专业的财务术语，而是采用通俗易懂的语言，深入浅出地阐释重要的财务概念、会计准则等，旨在通过简化和抽象复杂问题，使管理者能够更好地掌握财务的核心要点。

除此之外，在介绍基本的财务知识基础上，本书还包含了对财务、业务及管理决策之间的逻辑联系的大量思考，从管理者实际关心的问题出发介绍企业财务数字的特性，或是根据财务特性分析其背后反映的业务模式和管理决策。每个章节的结尾都包括一个基于上市公司的实际案例分析，旨在帮助读者更好地建立管理者的财务思维。

本书旨在为所有管理人员提供会计基础理论与实践的入门指南。作为清华大学经济管理学院教师，作者有幸在过去 20 多年里从事会计专业教育工作，同时还积累了丰富的企业咨询和科研经验。本书基于作者在清华大学经管学院的课程教学内容，系统介绍了会计学的基础知识，帮助管理者构建从财务视角支持业务决策的思维。通过结合企业战略场景（如投融资、并购估值、成本优化等），本书将会计语言转化为管理洞察，助力管理者在复杂商业环境中做出数据驱动的科学决策。特别值得一提的是，本书配套开设了"管理者的会计学"在线课程，通过立体化的学习方式帮助管理者更好地掌握财务思维。

扫码即可收看

面向"管理者"讲授会计学，是本书的立足点，也是本书的创新点所在，更是本书的主要特色。本书所提及的"管理者"并非专指财务领域的管理人员，而是广义上所有的管理者，尤其是那些没有财务背景的管理人员。通过高效地汇聚和提炼会计学的核心内容，本书旨在让管理者在短时间内掌握必备的财务管理知识和技能。通过会计学理论和实际企业案例的解释，读者能够快速掌握会计学的基本概念、逻辑、程序、方法和原则。本书的写作立足于实际问题，针对企业管理者的需求，帮助他们理解和运用财务报表，培养财务思维，为企业管理决策提供更好的支持，最终实现提升企业价值的目标。

在本书的编写过程中，作者充分参考和借鉴了 2006 年财政部发布的企业会计准则及 2014 年至 2023 年财政部对准则进行的修订以及新发布的各项规定，并对全部内容进行了符合当前会计制度的修改、补充和完善。由于编者的水平有限，对新会计准则的把握、会计实务的分析和国际会计准则的解析等可能会有不妥之处，敬请读者批评指正。

王琨 于清华园

2025 年 4 月

目 录

第 1 章 财务报表概述 / 1

1.1 管理者需要掌握的财务报表 / 2
1.2 企业业务与财务报表 / 9
1.3 以财务思维重塑企业战略 / 12

第 2 章 从业务到报表 / 23

2.1 从企业业务到财务报表 / 24
2.2 财务报表的底层逻辑——会计恒等式 / 27
2.3 会计恒等式的延展与应用 / 30

第 3 章 资产负债表——资产 / 49

3.1 资产的基本概念 / 50
3.2 资产的价值计量与减值问题 / 58
3.3 资产的分类与资产结构 / 60

第 4 章 资产负债表——负债 / 71

4.1 负债的概述 / 72
4.2 负债的分类、结构与风险 / 74
4.3 特殊的负债 / 76

第 5 章　资产负债表——所有者权益　/　89

5.1　所有者权益的基本概念　/　90

5.2　所有者权益的典型账户与相关业务　/　91

5.3　所有者权益相关财务指标　/　97

第 6 章　利润表——营业收入　/　107

6.1　收入的定义与类别　/　108

6.2　收入的确认原则　/　110

6.3　收入与现金的关系　/　114

6.4　收入相关的风险与防范　/　117

第 7 章　利润表——营业总成本　/　127

7.1　营业总成本的构成与确认　/　128

7.2　成本与存货　/　135

7.3　对管理者的启发　/　137

第 8 章　利润表——损益项目　/　147

8.1　利润表的损益项目　/　148

8.2　各项损益项目介绍　/　150

8.3　损益项目与营业收入、成本费用对比分析　/　160

第 9 章　利润的质量　/　171

9.1　高质量利润的特点　/　172

9.2　利润在年度之间的关联　/　176

9.3　利润的"主观性"　/　181

第 10 章　现金流量表　/　191

10.1　现金流量表的概念与结构　/　192

10.2　现金流与企业三类业务活动　/　194

10.3　现金流的基本面分析　/　198

第 11 章　经营活动现金流与净利润　/　207

11.1　净利润与经营活动现金流净额的差异　/　208

11.2　如何从净利润调整得到经营活动现金流　/　212

11.3　管理思考　/　214

第 12 章　财务报表分析基础　/　221

12.1　财务分析方法　/　222

12.2　杜邦分析框架　/　225

12.3　企业战略与财务分析　/　228

第 13 章　利润率与营运效率　/　235

13.1　净利润率　/　236

13.2　营运能力　/　238

13.3　指标之间的关联　/　242

第 14 章　财务风险分析与防范　/　251

14.1　财务风险的来源与度量　/　252

14.2　财务风险分析工具　/　256

14.3　对管理者的启示　/　260

第1章

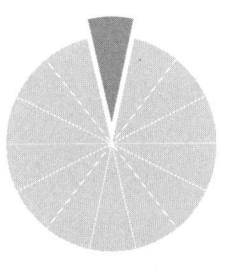

财务报表概述

【学习目标】

本章将重点探讨以下三个方面的内容。

1. 阐述管理者需要深入了解的三张财务报表，并详细介绍报表的构成和基本概念。
2. 深入剖析企业的经营业务与财务报表之间的密切联系，揭示二者之间的逻辑关系。
3. 介绍企业管理决策对财务报表的影响，以及财务分析如何影响企业的管理决策和战略定位。

【思维导图】

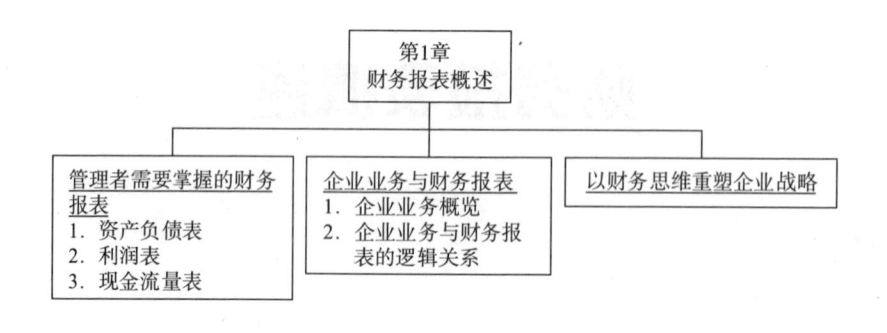

```
                        第1章
                     财务报表概述
        ┌───────────────┼───────────────┐
管理者需要掌握的财务    企业业务与财务报表     以财务思维重塑企业战略
报表                  1. 企业业务概览
1. 资产负债表         2. 企业业务与财务报
2. 利润表                表的逻辑关系
3. 现金流量表
```

1.1 管理者需要掌握的财务报表

财务报表对每位管理者而言都不陌生。通常，管理者会专注于定期的财务报告，以获取有关公司的财务状况、经营成果和现金流量状态等信息，进而评估公司绩效、规划未来发展、控制成本和预算。通过阅读财务报表，管理者可以识别潜在问题、优化资源配置并确保公司财务健康，从而提升企业价值。此外，管理者自身的绩效考核中也常包含各种财务指标。例如，国资委要求央企遵循的"一利五率"，基本上都是财务体系中反映企业盈利或效率的指标。

然而，非财务专业背景的管理者对财务指标的理解往往相对表面且不够系统，倾向于单纯地依赖某个或某几个指标进行评估，这样的做法往往会忽略其他重要因素，甚至陷入矛盾的境地。例如，如果企业希望提高净利润，是否可以为了增加收入而放松赊销条件呢？尽管这样做可能会提高企业的收入和相应的利润，但宽松的赊销政策也会导致应收账款的增加，以及现金流入的相对减少，从而导致企业运营资金水平的上升和资金成本的提高。这些都是放松赊销政策所带来的潜在"成本"。虽然这些成本可能暂时不会在财务报表中反映出来，但长期来看必然存在风险。很多上市公司的真实案例都表明，当风险爆发时，企业一次性需要计提的坏账甚至可能超过前几年的利润总和。

一个简单的决策对财务报表的影响可以涉及多个方面，既有利也有弊。管理者只有真正全面了解财务报表体系，建立一套更加系统的财务分析思维，才能对数字之间的关系以及业务与财务之间的关联有更准确系统的理解。这需要管理者具备系统的财务知识和敏锐的分析能力，识别出财务数据背后的趋势和异常情况。管理者只有建立真正的财务思维，将财务作为工具来支持管理决策，才能提高管理的效率。通过科学的财务分析，管理者可以更好地应对市场变化，避免财务风险，实现企业的持续发展。

管理者需要系统地理解三张重要的财务报表，即资产负债表、利润表以及现金流量表。这三张报表从多个维度描述了企业的财务状况。为了帮助大家更好地理解这些报表的基本构成，本章节将通过一些简化的示例进行介绍。这些示例虽然相对精简，但它们包含了所有重要的报表项目。对于非财务背景的管理者来说，理解财务报表的总体架构和核心逻辑至关重要，这比从一开始就详细研究众多财务科目和具体记账处理更加关键。通过简化的示例，管理者可以初步掌握基本的财务概念、会计原则、分析方法。理解了基础知识后，管理者便可以逐步学习更多细节，深化理解，并逐渐掌握更复杂的报表信息。这样的学习路径能帮助管理者建立起扎实的财务知识基础。

1. 资产负债表

首先，我们要介绍的是资产负债表。这是一份记录企业在特定时间点的资产、负债和所有者权益状况的综合性报表，可类比为对企业的"快照"，该时刻即为资产负债表的编制时点。企业的年度报告中所包含的资产负债表便是基于会计年度截止时刻编制的。例如，一家名为甲公司的文具制造企业，在2022年结束的时候，该企业的资产负债表如表1-1所示。

表1-1　甲公司资产负债表

2022年12月31日

单位：万元

资产		负债	
流动资产：		流动负债：	
货币资金	100	短期借款	200
应收账款	200	应付账款	200
存货	300	非流动负债：	
非流动资产：		应付债券	400
固定资产	500	所有者权益：	
无形资产	500	股本	100
		资本公积	200
		未分配利润	500
资产总计	1 600	负债和所有者权益总计	1 600

资产负债表揭示了该企业的全貌。首先是资产，资产是一种经济资源，是企业拥有或者控制的、可以给企业带来未来的经济收益的资源。从甲公司的资产负债表中，我们可以了解该企业当前的资产总额为1 600万元。具体而言，这些资产包括各种用于生产和运营的资源，如货币资金（即企业持有的现金和银行存款）、应收账款、存货、固定资产和无形资产等。根据这些资产是否能在一年内变现，财务报表将其划分为流动资产和非流动资产两大类。虽然大多

数企业都拥有这两种类型的资产，但不同行业和经营策略会导致总资产中这两类资产的占比存在显著差异。例如，航空业企业由于其特殊行业属性，非流动资产的比重通常较高。相反，一些制造业企业越来越倾向于采用"轻资产"策略，这意味着相对于同行，它们购置较少的非流动资产，因此非流动资产的比重较低。那么，这两种策略孰优孰劣呢？实际上，这并没有绝对的优劣之分，而是需要综合考虑企业所在行业的发展状况、产业链上下游关系、企业管理风格，以及企业的资金成本和资本结构等多种因素来做具体分析。

资产负债表不仅详细列示了企业的资产，还清晰地揭示了这些资产的来源。企业所拥有的资产并非无中生有，而是通过外部融资获得的。企业可以通过借款或发行股票的形式获得资源，也可能涉及复杂的融资协议。通常根据这些协议的实际性质，财务报表将其归入负债或所有者权益部分。

负债是资产负债表第二个关键要素。负债是企业需要承担的经济义务，多数情况下以货币形式支付。负债的种类也多种多样，包括应付账款、短期借款和长期债务等。债务产生的方式亦不尽相同，如借款和赊购等。企业通过债券市场发行公司债券形成的债务会在报表上被列示为应付债券。理解负债的性质和来源有助于管理者了解企业的债务水平和偿还能力。负债的管理涉及债务融资策略的制定，包括债务结构、利率管理和债务偿还计划等。

股权性质的融资记录在所有者权益部分。所有者权益是资产负债表的最后一个关键要素，揭示了企业当前资产中属于股东的部分，也被称作股东权益。举例来说，企业通过上市发行股票是一种重要的权益融资方式。所有者权益也代表了企业的净资产，即总资产减去总负债后的余额。在资产负债表上，所有者权益通常包括股本、资本公积和未分配利润。股本是股东投入的资本，通常以面值来表示。资本公积是超过股本面值的股东投资部分，而未分配利润则是企业经过经营活动获得的累积利润扣除已分配股利后的余额。未分配利润是一个非常重要的科目，因为它反映了企业的盈利能力和资本积累情况。此外，未分配利润也是企业内部融资的一种形式，可用于资本扩张、分红或应对未来的风险和机会。了解所有者权益相关内容，有助于管理者确定企业的净值和盈余积累，为股东权益的增长和分配提供决策参考。

如表1-1所示，资产负债表的右边详细展示了甲公司的资金来源，即负债和所有者权益。甲公司负债总额为800万元，所有者权益总额为800万元，将二者相加得到总资产为1 600万元，这一数值与左侧资产总额相等。这个等式关系也是会计体系的核心逻辑，即资产始终等于负债与所有者权益的总和。对于非财务专业背景的管理者而言，理解这一逻辑有助于培养财务思维，更清晰地理解财务数据之间的关系。

此外，甲公司的所有者权益包含了三个具体的科目，即股本、资本公积和未分配利润。甲公司创立初期，股东以每股3元认购股份，其中1元面值的部分记录为股本，而剩下的2元则被记录在资本公积中。在我国，一般股票的面值均为1元，因此通常情况下，企业的股本与发行的股份数量相等，甲公司发行了100万股，因此股本为100万元。甲公司的未分配利润是500万元，反映了企业通过自身经营活动实现的累计绩效。当然，这仅仅是对这些科目的基本解释，随着学习的深入，大家会逐渐了解更多影响报表科目的业务活动。

2. 利润表

资产负债表作为财务报告的关键组成部分，旨在展示企业的资产构成和融资来源，但它在直观呈现企业盈利情况方面存在一定的局限。尽管在资产负债表中，我们可以将年初和年末的未分配利润进行比较，推算出净利润，但这种方法相对烦琐且不精确。更重要的是，它无法提供有关盈利来源的详细信息。正因如此，会计体系提供了另一张重要的报表，即利润表，又称损益表，以满足管理者深入了解企业盈利情况的需求。

利润表，作为第二张管理者必须熟知的报表，直接展示了企业在某个时期内的收入和支出状况。净利润即企业在此时期内通过经营活动实现的盈利，如表1-2所示。值得注意的是，利润表的焦点不再是某一时点的财务状况，而是特定时期内各项收入和支出的汇总。这个时期可以是一个财务年度，年报中的利润表反映的就是整个财务年度内企业经济活动带来的净收益。

表1-2 甲公司利润表

2022年1—12月

单位：万元

一、营业收入	1 100
减：营业成本	600
各项费用	200
加：其他损益	100
二、营业利润	500
加：营业外收支净额	50
三、利润总额	550
减：所得税费用	100
四、净利润	350

不仅如此，利润表还提供了有关企业盈利来源的详细信息，包括各种收入来源，如销售收入、投资收益和其他经营收入等，以及各项支出，如成本、各项费用和营业外支出等。这样的分项信息有助于管理者充分理解企业的盈利模式，识别利润的主要来源，并依据财务分析制定盈利增长战略决策。此外，对利润表的分析还有助于评估企业的经济绩效和盈利质量。通过比较不同时期的利润表，管理者可以识别收入和支出的趋势，分析企业的盈利能力是否稳健，并识别潜在的风险和机会。这些分析可以辅助管理者更加准确地规划资本预算、控制成本、提高经济效益。

3. 现金流量表

除了资产负债表和利润表之外，现金流量表是第三张不可或缺的财务报表。这张报表详细记录了企业在特定时间段内的现金流入和现金流出情况，两者的差额即企业在该期间的净现金流量，如表1-3所示。与利润表一样，现金流量表也是一个时间段概念的报表。以年度财报为例，年度现金流量表反映了企业在整个年度内的所有现金流入和流出情况。

表 1-3　甲公司现金流量表

2022 年 1—12 月

单位：万元

项目	金额
一、经营活动产生的现金流量	
销售商品、提供劳务收到的现金	1 000
购买商品、接受劳务支付的现金	700
经营活动产生的现金流量净额	300
二、投资活动产生的现金流量	
收回投资、取得投资收益收到的现金	30
购置固定资产支付的现金	200
投资活动产生的现金流量净额	-170
三、筹资活动产生的现金流量	
吸收投资、取得借款收到的现金	100
偿还债务、分配股利、利息支付的现金	200
筹资活动产生的现金流量净额	-100
四、现金及现金等价物净增加额	30

导致现金流入和流出的企业活动被分为三类，分别是融资活动、投资活动和经营活动。融资活动包括借款、还款、股权融资和发放红利等业务。投资活动通常涵盖出售或购买固定资产、投资股权等业务。经营活动则是指企业融资活动和投资活动以外的所有业务，如出售产品或提供服务、购买商品或接受劳务等。为了区分各类业务的现金流入和流出，现金流量表将企业在经营、投资和融资三方面的现金流动状况分别列示。

现金流量表的重要性在于，它提供了企业现金流管理和资金流动性分析的关键信息。管理者可以利用这份报表来评估企业的现金储备、支付能力和现金流动风险。通过深入了解现金流入和流出的来源，管理者可以制定有效的资金管理策略，确保企业有足够的现金来满足日常运营需求，同时也能够支持战略投资和未来的增长规划。此外，现金流量表也有助于投资者和债权人全面了解企业的现金流状况。它所提供的信息有助于评估企业的偿债能力与财务稳定性，从而使外部投资者更准确地判断企业的债务风险。

结合三张财务报表的介绍，或许大家已经了解了这些报表如何从不同侧面呈现企业的情况。在会计学中有一个经典的比喻，将企业比作一辆汽车，资产负债表展示了这辆车的整体状况，包括外观、尺寸和颜色等方面；而利润表则类似于这辆车的引擎，其性能决定了车辆的速度和效能；现金流量表可以被看作这辆车的燃料，即使外表精美，引擎强大，如果没有足够的燃料，车辆也将无法正常运行。这些比喻旨在让管理者更直观地感受到，作为企业的"驾驶员"，必须确保企业以最佳状态运行。因此，需要全面了解这三张报表的主要内容，并深入理解它们之间的内在逻辑关系。

1.2 企业业务与财务报表

1. 企业业务概览

以典型的制造业企业为例，企业从供应商处采购原材料，进行制造加工，然后销售成品。同时，企业还需购置生产设备、雇用员工，开展研发等各项经营活动。当企业需要资金支持时，可以通过发行股票或借款的方式筹集更多的资本。上述业务通常被分为三大类，分别是融资活动、投资活动和经营活动。

融资活动指的是企业从外部获取资金的一系列经济行为。一个典型的例子是企业向股东发行股票以获取资金，例如企业在二级市场公开发行股票以筹集资金就是一项重要的融资活动。首先，企业可以向银行借款、公开发行债券等，这些行为同样被视为融资活动。其次，投资活动涵盖了企业获取资金后的各项投资行为，包括购买土地和设备、购买无形资产或专利许可。企业还可以通过购买其他公司的股票或债券来进行投资或出资设立子公司。这些活动统称为企业的投资。最后，经营活动包括公司日常开展的采购、生产、销售以及运营管理等各项业务。

从小型便利店到大型跨国企业，无论企业规模大小，其业务活动都可归纳为以上三大类。企业通过多元化融资渠道优化资本结构，从而获得相对较低的资金成本。在此基础上，结合有效的投资决策和经营决策，高效利用机器设备等固定资产生产产品并出售给客户，以获得高于资金成本的资产回报。这种回报与资金成本之间的差额，构成了企业的盈利，也是驱动企业价值增长的核心因素。

2. 企业业务与财务报表的逻辑关系

接下来，我们探讨企业活动与财务报表之间的紧密关系。企业所开展的各项业务活动都会被逐一记录在其财务系统中，并最终在三张主要财务报表中得以反映。如前所述，这三张报表分别呈现了企业经营状况的不同侧面。在阅读财务报表时，管理者应该理解这些数字所代表的企业业务活动。例如，当看到利润表上的收入数字时，能够将其与经营活动中的销售业务联系起来；在现金流量表中看到某笔来自筹资借款的现金流入，能够追溯到该企业在当年完成的融资交易。因此，"看透"财务报表意味着要建立从财务报表到企业实际运营活动之间的关联桥梁，如图1-1所示。

第 1 章 财务报表概述

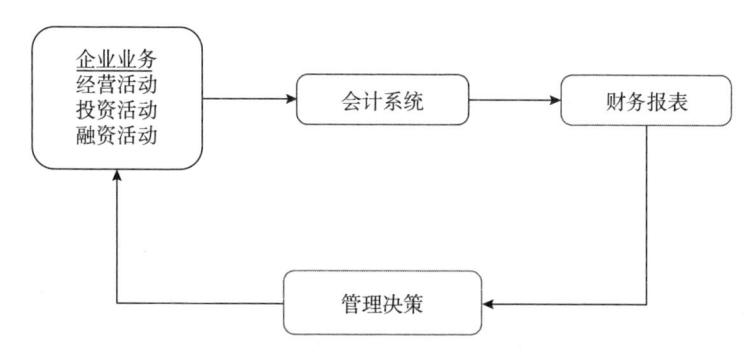

图 1-1 企业业务与财务报表的逻辑关系示意图

每位管理者都应该同时关注企业的两个关键信息：一个是企业的实际业务活动，另一个是财务报表中的财务信息。例如，是否放松对赊销客户信用等级的要求是一个业务决策，同时放松就意味着企业的财务数字将发生相应的、多维度的改变，如收入可能随之上升，但是坏账的风险以及对应的计提也因此而上升，现金流与收入的差异放大，营运资金的需求增加。

如果管理者能深入理解财务体系并建立起业务和财务两者之间的联系，那么在判断"是否放松对赊销客户信用标准"时，就能从业务（例如同业其他公司的做法）与财务（综合相关收益与成本）两个维度进行全面权衡。深刻理解业务与财务之间的关联有助于管理者更好地应对商业挑战，制定明智的决策，在竞争激烈的商业环境中，通过财务思维制定战略、应用财务分析实现精益管理，确保企业的长期发展。

为了建立业务和财务之间的桥梁，管理者需要对构成财务报表的会计体系进行系统学习。管理者对于企业的业务非常熟悉，但对于报表的生成和使用可能还不够了解。基于业务活动，财务报表的形成有两个关键的影响因素。

第一个影响财务报表的关键因素是企业会计准则。所有企业在编制财务报表时，必须遵循相关会计准则，以统一确认所采用的会计原则和估值方法。企业会计准则不仅规范了如何确认不同类型的交易与业务活动，还明确了资产与负债的计量基础，以及收入和费用的确认与计量规则。

　　第二个影响报表的因素是企业根据自身情况所作出的会计估计和会计方法的选择。例如，如果企业购买了一台设备，会计准则要求将设备按其购入价值计入资产负债表，然后根据企业预计的使用寿命进行折旧，并在使用期内分摊其成本。折旧的期限取决于企业对设备使用寿命的估计，在这方面企业之间可能存在差异。这种差异并非人为操作所致，而是由企业对设备使用情况的实际差异引起的。

　　对于管理者而言，了解企业会计准则，以及在此基础上，根据企业的具体情况选择适合企业自身状况的会计估计和会计方法，是构建从业务到报表之间桥梁的关键步骤。掌握这两个核心影响因素，有助于管理者更深入理解财务报表，准确分析与企业业务相关的财务数据，从而支持科学决策与战略规划。

1.3　以财务思维重塑企业战略

　　明确企业业务与财务报表之间的紧密关联后，管理者在制定未来的决策时，可将财务报表视为关键辅助工具，兼顾财务视角思考企业的下一步行动。站在更宏观的层面，在企业战略制定过程中，企业通常会在两种基本战略定位中作出选择：差异化战略和成本领先战略。

　　企业选择差异化战略时，会在经营过程中不遗余力地构建与同业竞争对手具有显著差异的核心竞争力。例如，企业可能更加注重投资品牌形象，加强自身研发能力，不断提高产品性能等。这些经营活动在财务层面会产生怎样的影响呢？这类企业通常会承担更高的销售费用和研发费用，但这并不是全部的财务结果。如果企业的差异化战略取得了成功，那么新产品也会带来更高的毛利，新产品在销售总收入中所占的比例也会不断提升。

与差异化战略相比,选择成本领先战略的企业在经营决策上往往采取截然不同的路径。执行成本领先战略的企业会严格控制各种成本和费用支出,力求以高效率的生产和规模经济的方式降低产品单位成本,以保证产品基本的毛利水平。这类企业的成本管控相对同行业其他公司更为严格,成本和费用可能会逐年下降。同时,企业要不断提高资产的使用效率,包括存货周转率、应收账款周转率以及固定资产周转率等。

企业的财务与业务活动并不是相互独立的。恰恰相反,财务指标高度依赖于企业业务的特性。若要真正建立财务思维,管理者必须从业务角度出发,理解和分析与企业经营模式相匹配的财务特征。

反过来,我们还可以以财务的思维来回答企业战略决策中存在的一些重要问题。现实中很多企业创始人不是财务专业出身,具备财务知识之后,便可以借助财务思维来重新思考企业的战略定位,甚至改变企业的战略选择。

以下是一个真实的案例。一家板材喷涂行业的企业,在早期经营阶段以重资产的经营模式为主,购入了大量的厂房、设备等,早年经营模式即对原木板材进行定制化的喷涂,需要购置大量的机器设备。经营了若干年后,企业的进一步扩张和发展受到了自身资金规模的限制,因为原有的模式下企业需要投入大量的资金进行固定资产投资。但是较高的资金成本极大地限制了企业的扩张。尽管企业创始人一直在努力地解决融资方面的问题,但是效果并不好。在清华大学学习期间,企业创始人接触了财务相关课程,并通过深入思考发现,企业的财务模式实际上取决于其选择的商业模式。这一认知促使他重新审视企业的核心优势和战略定位。他意识到,企业最大的优势在于其所掌握的多项环保涂料相关的专利技术。面对融资难题和资本瓶颈,他果断调整企业的战略方向,大量削减板材喷涂加工业务,转而专注于特定环保涂料的研发和生产。这一转型不仅有效缓解了企业的资金压力,还显著提高了利润率,实现了战略与财务业绩双赢的局面。

另一个案例来自一家纸板生产企业。这是一家较早进入当地市场的纸板生产企业，在当地（一个中等城市）占据了较高的市场份额。然而，随着行业竞争的不断加剧，企业发现仅生产和销售纸板已无法维持原有的盈利水平，毛利率持续下降。通过深入的财务分析，企业认识到单纯的纸板销售已不足以支撑未来的成长。因此，管理层决定将业务向下游延伸，不再只是销售纸板，而是与下游客户合作，为其提供定制化的纸质包装产品。这一战略调整成为企业新的利润增长点，显著提升了盈利能力和市场竞争力。

这两个案例中的企业都通过财务工具、财务分析改变了原有的战略模式和商业模式。体现了管理者的财务思维在企业实际决策中的有效应用。

【本章案例】A公司的战略转型与财务分析

1. A公司简介

A公司始创于1976年，是我国服装行业中以羽绒服为主要产品的知名企业。2007年，A公司在港交所上市，在上市当年，公司旗下的四大羽绒服产品在国内拥有近40%的市场占有率，占据明显的领先优势。上市之后不久，A公司选择实施多元化战略，攻入四季化服装赛道，但并未取得理想的效果，反而陷入了销售低谷。在2017年，公司痛定思痛，决定更改经营战略。目前，A公司已经向高端化品牌转型并取得成功，重新获得了消费者的青睐，并获得亮眼的业绩表现。

2. 基本财务分析：杜邦分析法

杜邦分析法是一种通过层层拆解净资产收益率进行深入分析的综合财务绩效分析方法。在企业净资产收益率发生较大变动的时期，杜邦分析法有助于探究造成该变动的最根本因素。图1-2和图1-3分别列示了A公司2011年至

2022 年杜邦分析框架中的各财务比率数值及其变化趋势。可以看出,在杜邦分析框架下,A 公司在这 12 年期间的净资产收益率、权益乘数、总资产收益率、净利润率、总资产周转率这五个指标均发生了不同程度的变化。整体来看,在 2015 年之前,A 公司的财务业绩持续下滑,而在 2015 年之后,公司的经营情况出现了明显改善。

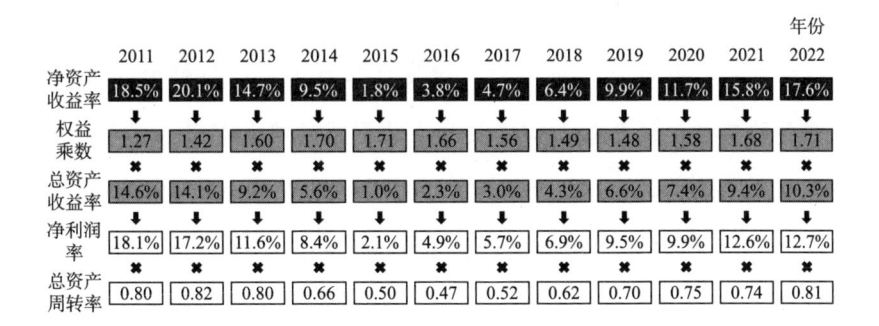

年份	2011	2012	2013	2014	2015	2016	2017	2018	2019	2020	2021	2022
净资产收益率	18.5%	20.1%	14.7%	9.5%	1.8%	3.8%	4.7%	6.4%	9.9%	11.7%	15.8%	17.6%
权益乘数	1.27	1.42	1.60	1.70	1.71	1.66	1.56	1.49	1.48	1.58	1.68	1.71
总资产收益率	14.6%	14.1%	9.2%	5.6%	1.0%	2.3%	3.0%	4.3%	6.6%	7.4%	9.4%	10.3%
净利润率	18.1%	17.2%	11.6%	8.4%	2.1%	4.9%	5.7%	6.9%	9.5%	9.9%	12.6%	12.7%
总资产周转率	0.80	0.82	0.80	0.66	0.50	0.47	0.52	0.62	0.70	0.75	0.74	0.81

图 1-2　A 公司 2011—2022 年杜邦分析

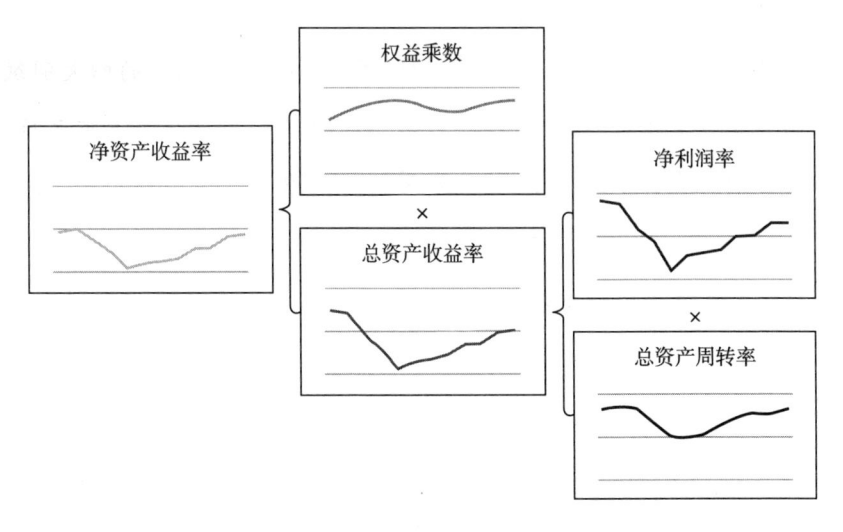

图 1-3　A 公司杜邦分析框架中各财务比率变化趋势

净资产收益率是反映企业股东获得回报情况的最直接指标,也是杜邦分析的核心指标。从图 1–2 和图 1–3 中可以看出,A 公司的净资产收益率从 2011 年的 18.5% 一度下降至 2015 年的 1.8%,给股东带来回报的能力逼近零点。但随着公司实施战略转型,其净资产收益率持续回升,在 2022 年达到了 17.6%,在 7 年内增加了 15.8%,已经十分接近 2011 年的净资产收益率,在行业内名列前茅。这表明,A 公司的战略转型已取得成功。

进一步来看,杜邦分析框架中的净资产收益率可以拆解为权益乘数和总资产收益率的乘积,说明股东回报受到企业融资策略和经营策略的共同影响。第一,从权益乘数来看,在 2011 年至 2022 年期间,A 公司的权益乘数基本在 1.27～1.71 之间波动,总体变化并不是非常明显。一方面,较为平稳的权益乘数说明 A 公司在战略转型中并未改变融资策略;另一方面,相对较小的权益乘数表示公司主要依赖于权益性融资,不存在太大的财务风险,在战略转型中应该不必忧虑偿债压力。第二,从总资产收益率来看,A 公司的总资产收益率从 2011 年的 14.6% 下降至 2015 年的 1.0%,而后又回升至 10.3%,整体变化趋势和净资产收益率高度一致。由此说明,净资产收益率的变化主要来自总资产收益率的变化,即 A 公司的战略转型主要体现在经营策略的转变。

将总资产收益率进一步拆解为净利润率和总资产周转率后发现,两个比率均在 2015 年之前下滑而在之后回升,说明 A 公司在战略转型中同时提高了企业的盈利能力和营运能力。不过,从比率的增幅来看,公司的净利润率在 2015 年至 2022 年期间提升了约 5 倍,而总资产周转率仅提升了约 60%,且仍然处于较低的水平,可以判断公司采取的应该是"高盈利为主"的差异化经营策略。

3.企业转型战略分析

接下来,具体分析公司的战略转型步骤,以及这些实施过程是如何反映在财务信息中的。

(1)业务收缩:回归羽绒服市场,专注打造主品牌。

正如前文提到,自上市之后,A公司选择实施四季化、多元化战略,接连收购了一系列女装品牌。然而,一方面宏观经济下行、消费市场需求不足,另一方面四季化服饰和羽绒服在生产制造上存在一定的工艺技术壁垒,在所需的运营管理方法上存在一定差异,从而导致公司在四季化服饰市场上表现平平、未有起色。从图1-4可以看出,女装与多元化服饰收入(即非羽绒服收入)规模一直较小。另外,根据公司披露的数据显示,这部分业务还曾在2013年、2015年和2016年屡次出现营业利润为负的情况,给企业盈利带来了负面影响。因此,在2017年和2018年,A公司开始实施"减法"战略,选择了"聚焦主航道、收缩多元化"的发展方向,以"羽绒服专家"的身份回归主业。从图1-5中可以看出,A公司的羽绒服收入占比从2018年的63.6%增至2022年的81.6%,相应地,非羽绒服业务占比也从25.8%减至6.7%。

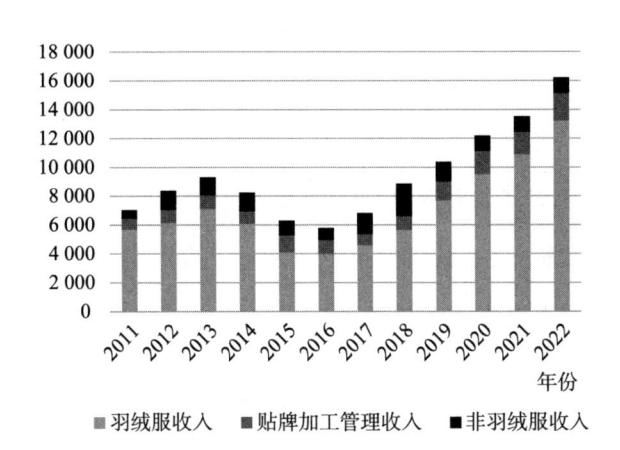

图1-4 A公司2011—2022年各业务单元销售额(百万元)

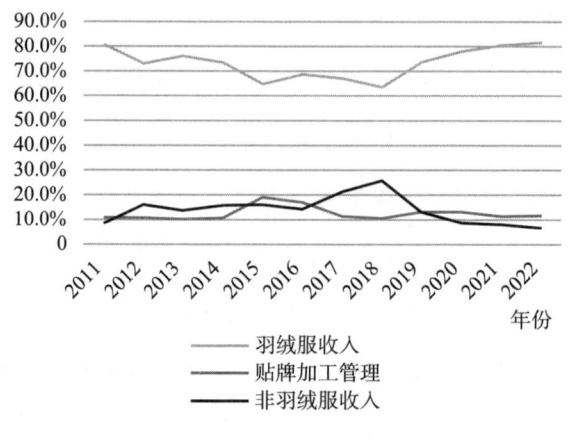

[图表：各业务单元销售额占比，纵轴 0%–90%，横轴年份 2011–2022，包含三条折线：羽绒服收入、贴牌加工管理、非羽绒服收入]

图 1-5　各业务单元销售额占比

在羽绒服业务上，A 公司也将更多精力投入于主品牌。长期以来，A 公司的主品牌一直稳坐"中国羽皇"的位置，但是却没有依托其知名称号来把握和增强竞争优势，反而将精力分散于各个羽绒服子品牌的提升上。在 2015 年之前，A 公司旗下四大羽绒服品牌的销售额均在 20 亿元左右，在羽绒服销售总额中占比超过 30%。在专注打造主品牌后，A 公司的销售额逐渐增长，在 2022 财年突破了百亿元大关，主品牌占据公司羽绒服销售总额接近九成。

（2）产品转型：重新定义高端化、时尚化、国际化路线。

A 公司 2013 年年报中提到，旗下的四个子品牌羽绒服分别针对不同客户群体：其中 A 品牌主攻中高端市场，B 品牌旨在迎合富有活力的年轻顾客，C 品牌和 D 品牌则分别提供传统男士羽绒服和色彩鲜艳的青春女装羽绒服。可以看出，在原有的布局下，A 品牌已经针对中高端市场，公司接下来的战略便是如何提升 A 品牌在中高端市场的影响力。

首先，市场为 A 品牌的转型提供了契机。在 2017 年前后，加拿大鹅、盟可睐等国际高端羽绒服品牌杀入了中国市场，把羽绒服的销售价格"天花板"从一两千元提高到上万元。在国际大牌的影响下，国内消费者才知道原来羽绒服可以如此昂贵。在此情况下，A 公司借机重新定义了"中高端市场"概念，将主要产品价格定位在 1 000～5 000 元，这样既能与国内其他品牌拉开差距，也能避开和国际大牌的正面交锋。从图 1-6 中的毛利率可以看出，在 2016 年之后，A 公司的毛利率持续上升，从 2016 年的 45.1% 提升至 2022 年的 60.1%，反映出 A 公司通过提升产品价格增强了自身的盈利能力。

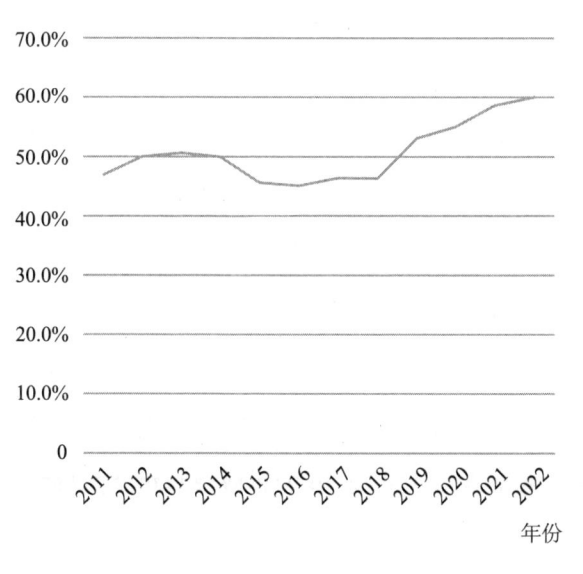

图 1-6　毛利率

然而提价仅是高端化的必要但不充分条件，A 公司高端化转型成功的关键在于提价的同时也保持了消费者的购买意愿。为了达成这个目标，公司主要采取了以下措施。

第一，提升产品质量，强调科技感。为了实现产品质量与价格的匹配，公司在新品研发方面不断尝试，推出了极寒系列羽绒服。即优选含绒量为 90%、蓬松度为 800 的白鹅绒，采用高密高织抗寒面料，能抵御零下 30 摄氏度的极端严寒天气。此外，公司还新增羽绒风衣系列，打破了消费者对传统羽绒服臃肿的固有印象，在保暖和时尚修身两方面有很好的兼容和平衡，赢得了市场的青睐。

第二，参与时尚活动，打造大牌形象。自2018年起，公司先后举办了水立方走秀，登陆纽约时装周、米兰国际时装周，为品牌重塑不断发声。在重要时尚活动中亮相，表明品牌受到了时尚界的认可，增加了行业和媒体的关注度，让公司的"国际时尚大牌"形象逐渐深入人心。

第三，加强宣传营销，提升品牌热度。公司陆续签约了数位明星为产品代言，并通过短视频、直播间等自媒体形式增加产品曝光度。此外，公司还冠名并推出了在爱奇艺网站播出的北极村纪录片《翻滚吧！地球》，达到了产品与节目的完美融合，创造了很好的口碑效应。

A公司实现差异化战略的主要开支体现在财务报表中较高的销售费用。从图1-7中可以看出，公司的管理费用、财务费用以及其他费用在其战略转型中的变化较小，而销售费用则从2016年的17.7亿元增至2022年的61.7亿元，翻了近3.5倍。通过构成百分比法分析，2022年度公司的销售费用占收入的比重高达38.1%，营业成本占比为39.9%，对比两者可以看出公司在营销活动中的投入之大。

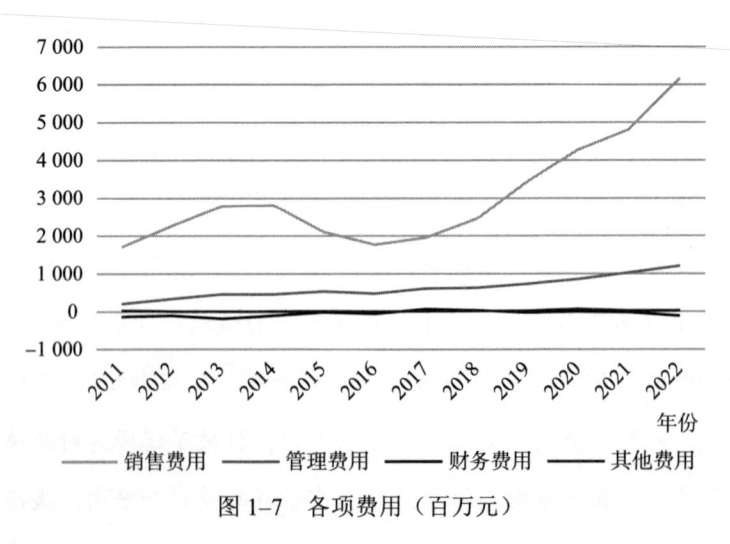

图1-7 各项费用（百万元）

（3）渠道优化：重新布局线下门店，大力发展线上零售。

自2014年起，观察到国内消费模式出现明显变化，A公司对线下门店进行了整合优化。随着越来越多的购物中心落成，消费者更倾向于偏好这种集购物、餐饮、娱乐于一体的消费渠道，于是公司取消了大部分寄售网点，关闭了较多影响力较低的沿街店铺，使资源得到更好的运用。在闭店之外，公司也着力在主流商圈及核心地带开设大店、形象店，吸引更多年轻消费者。经过对线下门店的重新布局，A公司的门店效能得到提升，店均销售额大幅增加。线下门店变化情况可见图1-8。

此外，公司还紧跟消费者消费习惯的改变，早早发力于线上销售业务。在与知名网红的带货合作中，公司实现了单场600万元的业绩。另外，在天猫等重要电商的节庆促销活动中，A公司也屡屡取得服饰行业销售额第一的成绩。从图1-9可以看出，A公司羽绒服线上销售额逐年增加。截至目前，A公司羽绒服线上销售额在其羽绒服总销售额中的占比已经超过30%。

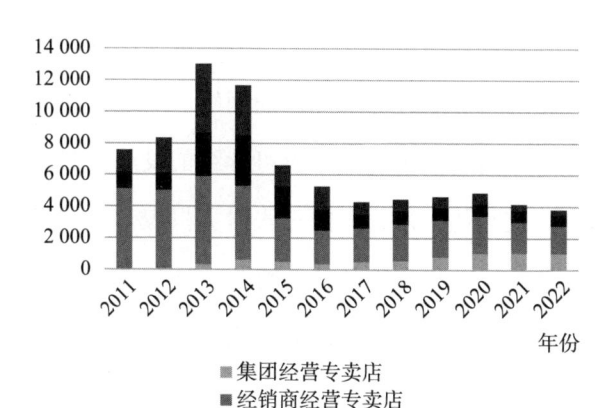

图1-8 零售网络线下店数（家）

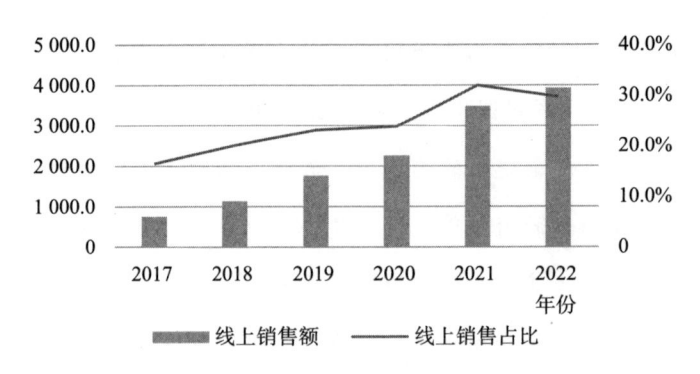

图 1-9　A 公司 2017—2022 年线上销售额及其占比

综上所述，A 公司的战略转型成功带动了盈利能力的显著提升。在转型过程中，公司首先从多元化经营回归到专业化赛道，聚焦羽绒服这一主营业务，并在此基础上采取差异化战略，通过加大研发和营销力度提升品牌附加值。这样的策略在财务指标上体现为较高的毛利率和较高的销售费用。同时，A 公司在转型过程中不断优化渠道布局，助推销售额稳定增长。

【本章小结】

首先，每位管理者都应该具备扎实的财务思维，深入理解业务活动与财务报表之间的逻辑关系。只有通过这种深入的理解，管理者才能够充分发挥财务思维的作用，提升企业的整体价值并取得可持续的发展。其次，鼓励大家阅读并分析自己所在企业或其他上市公司的三张财务报表，着重思考这些报表之间的内在关联，以及这些报表所反映的业务特点。通过这种深入的思考，有助于管理者更全面地理解企业的财务状况，为未来的战略决策提供更加理性与有效的支持。

【课后题】

请阅读你所在企业或任一上市公司的三张财务报表，思考三张报表之间的内在联系，以及报表所反映的企业业务特征。

ceta
第 ② 章

从业务到报表

【学习目标】

本章将重点探讨以下三个方面的内容。

1. 揭示企业业务活动与财务报表之间的逻辑联系。

2. 分解构建整个财务体系的基础,对广泛使用的会计恒等式进行详尽解析。

3. 借助会计等式,探讨企业特定重要业务活动对财务报表的影响。

【思维导图】

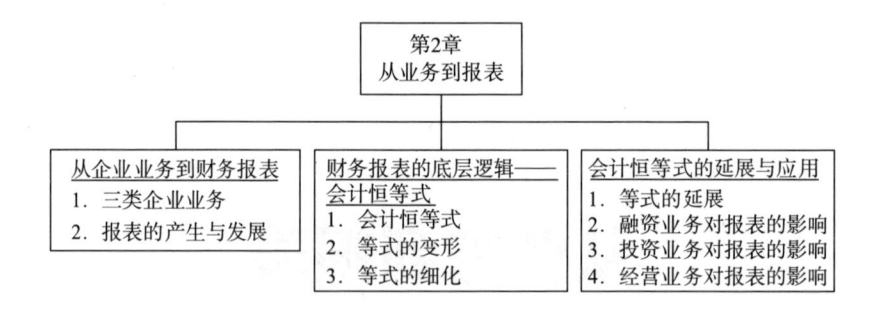

```
                    第2章
                  从业务到报表
        ┌───────────┼───────────┐
从企业业务到财务报表   财务报表的底层逻辑——    会计恒等式的延展与应用
1. 三类企业业务      会计恒等式           1. 等式的延展
2. 报表的产生与发展   1. 会计恒等式         2. 融资业务对报表的影响
                   2. 等式的变形         3. 投资业务对报表的影响
                   3. 等式的细化         4. 经营业务对报表的影响
```

2.1 从企业业务到财务报表

1. 三类企业业务

本章的重点在于深入探讨企业业务与三张财务报表之间的密切关系,如图2-1所示。假设我们计划创办一家全新的企业,就需要了解业务活动如何逐步在企业财务报表中得以体现。通常,最早反映在财务报表上的业务活动往往是融资活动。当第一笔资金注入企业账户时,企业资产负债表的货币资金账户就记录了相应现金的数额,同时这笔现金的提供方也将明确地反映在财务报表上,可能是股东,抑或是债权人。企业一旦获得现金,其运用范围并非仅限于持有现金,而是涉及多样化的投资和经营活动,例如购置固定资产、厂房和设备,采购原材料,雇用员工进行生产等。在这一过程中,企业的现金逐渐减少,但并非无端地消失，而是转化为不同形式的资产。当然，企业的最终目标并非简单地持有各类资产，而是通过产品销售获得更多现金，实现增值的目标。那么，企业通过经营所获得的额外现金归属于谁呢？由于企业的初始资金来源于股东与债权人，因此这些增值收益在权属上归属于出资方。根据企业与出资人之间签署的契约，这些收益将在股东与债权人之间按照约定规则进行分配。

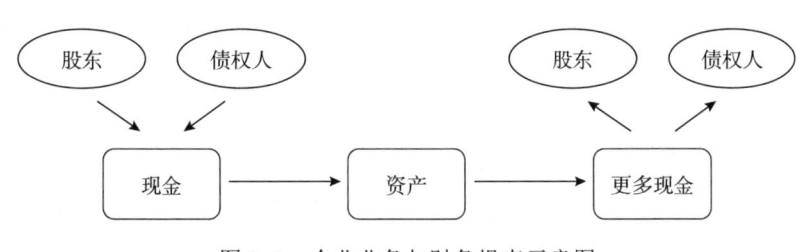

图 2-1　企业业务与财务报表示意图

2. 报表的产生与发展

在某一特定时点，企业对其所拥有的资产以及这些资产在股东和债权人之间的分配情况进行汇总，就形成了企业资产负债表的内容。或许大家已经注意到，资产负债表中存在着一种持续平衡的关系，即资产始终等于企业的负债与所有者权益的总和。这正是本章的一个重点内容：会计恒等式（也称会计等式或会计基本等式）。它是构建所有财务报表的底层逻辑。对该等式的深刻理解，将极大地帮助管理者从财务视角思考企业业务活动在报表中的映射与体现。

> 会计恒等式表达了一个企业在任何特定时点的资产、负债和所有者权益之间的关系。通常表示为：
>
> 资产 = 负债 + 所有者权益

> 等式反映了财务体系的一个基本概念，即企业的资金主要来自两个途径，分别是债务和所有者权益。无论企业进行何种交易或活动，都必须保持这个等式的平衡。这样，会计恒等式为财务报表提供了一个基本框架，确保了财务报表的准确性和可靠性。

如果你希望深入了解企业的盈利状况，仅凭资产负债表显然无法满足要求。因此，在充分理解企业资产、负债和所有者权益的基础上，财务体系对企业在特定时期内的收入与支出进行总结，详尽揭示企业各种类别的支出，包括企业产品成本及各项费用、损益等，并将这些支出与同一时期的收入进行匹配。在同一时段内，将收入减去成本和费用（即支出），得到企业在这个时期的盈利数字。这些信息总结在一起构成了企业的第二张报表，即利润表（也叫损益表）。比较资产负债表和利润表可以发现，资产负债表提供了关于企业整体状况的信息，而利润表提供了企业增值过程的详细说明。

资产负债表和利润表的产生可以追溯到现代会计学的起源，在全球范围内相当长的时间内有且仅有这两张报表。直至19世纪80年代，美国市场爆发了一系列规模较大的企业破产事件，这些事件引起了当时市场投资者和监管部门的震惊。这些企业破产的原因多种多样，其中也包括规模较大且盈利不菲的公司。然而，有盈利的公司为何会突然破产呢？现如今我们很容易理解这背后的原因，即企业的资金链出现了问题，也就是现金流出现了入不敷出的状况。这表明随着市场的发展和企业业务的日益复杂化，资产负债表和利润表提供的信息已不足以满足投资者决策的需要。因此，为解决企业现金流信息的披露问题，会计准则开始要求企业补充提供第三张报表，即现金流量表。从现金流量表的产生背景来看，可以理解它是在前两张报表的基础上，展示企业现金流入和流出状况的一张报表。总体而言，三张报表从不同角度披露了企业的重要状况。对三张报表的综合理解与应用，有助于报表的使用者更全面地分析企业的财务状况，评估潜在风险，更有效地进行相关决策。

2.2 财务报表的底层逻辑——会计恒等式

1. 会计恒等式

尽管会计恒等式表述简洁，即资产等于负债加所有者权益，这个等式在企业实践中的实际应用非常重要。可以说，所有企业的业务活动均可在该等式的框架内找到相应的位置。此外，我们也可以从多个角度对这一等式进行解读。例如，有人将资产视为公司广义的投资，负债和所有者权益的总和则代表了企业广义上的资金来源。这意味着企业的核心任务在于有效筹集资金，随后将这些资金进行投资，以期获得更高的回报。或者，如果将资产视为企业所拥有的经济资源，那么等式的右侧既可被理解为这些资源的来源，同时也是这些资源的最终归属。

$$资产 = 负债 + 所有者权益$$

$$投资 = 融资$$

$$经济资源 = 资源来源（资源的归属）$$

2. 等式的变形

我们可以对会计恒等式进行简单的变形，把资产和负债移动到等式的同一边，便得到了一个新的等式，即净资产等于资产减去负债。这个等式的变形不仅是数学的运算，更深层地反映了经济学内涵。在此框架下，净资产是股东在企业的权益，其价值等于企业总资产扣除全部债务后的剩余价值。因此，净资产又被称作剩余索取权。等式反映出股东与债权人虽然都为公司提供资金，但在企业资产价值的分配中，两者享有不同的优先顺序。

$$净资产 = 资产 - 负债$$

其中，债权人提供的资金以公司的债务形式体现，如公司债券或银行贷款。这类债务通常附带明确的利率和偿还期限，公司有义务依照合约的约定支付利息并归还本金。法律对债权人权益提供了保障，若公司违反合约条款，债权人有权采用法律手段追偿欠款，包括但不限于对公司资产进行扣押或拍卖以偿还债务。相比之下，股东通过购买股票的形式对公司进行投资，其投资反映为公司的股东权益。股东的回报并不受固定利率或期限限制，主要来源于公司的利润分配和资本增值。相较于债权人，股东通常承担更大的风险，其回报与公司业绩紧密相关，而非事先确定。

综上所述，债权人享有相对较高的安全性，而股东则承担更大风险，但同时有机会获得更高的回报。值得注意的是，若公司经营不善，净资产有可能变为负值。这意味着公司因经营问题导致资产贬值，其价值跌破负债水平，从而极大损害了股东权益。总体而言，剩余索取权的概念强调股东是公司价值的最终归属者。公司必须首先清偿债务利息及其他债务义务，之后剩余的资产价值方可归属于股东。也就是说，股东是承担公司经营风险的主体，亦是公司成功的最终受益者。

3. 等式的细化

会计恒等式体现了企业资产负债表的核心原理。在保持资产等于负债与所有者权益之和的基础上，一个真实的企业资产负债表对企业所拥有的资产、负债和所有者权益进行细化。常见的资产项目包括货币资金、应收款项、存货、固定资产和无形资产等，常见的负债项目包括应付账款、应付票据、预收账款、银行借款以及应付债券等。所有者权益同样可以进一步细化。不同于资产和负债，所有者权益涵盖的会计科目相对较少，主要包括实收资本（亦称股本）、资本公积、盈余公积以及未分配利润。这些科目虽同属所有者权益，但各自担负着不同的角色与职能。实收资本和资本公积主要反映了股东对公司的资金投入。例如，公司在发行上市时，通过股票销售获得的股东资金会被分为股票面值（通常为每股 1 元）部分和超过面值的部分，并分别记录在实收资本和资本公积下。相较之下，盈余公积和未分配利润所记录的不是股东的资金投入，而是公司通过经营为股东赚取的利润。其中，盈余公积体现的是公司从税后利润中提取并用于特定目的的收益积累；未分配利润则指公司在补足亏损、提取盈余公积以及分配投资者利润后，留存于公司内部的利润累计。

资产、负债和所有者权益下的常见会计科目。

资产：货币资金、应收账款、应收票据、存货、固定资产和无形资产等。

负债：应付账款、应付票据、预收款项、银行借款和应付债券等。

所有者权益：实收资本（或股本）、资本公积、盈余公积和未分配利润等。

资产负债表作为企业财务状况的集中体现，包含了非常多的具体科目，每一项都有其特定含义和重要性。然而，对于企业管理者而言，对所有科目进行深入了解并不是实现高效管理的关键。实际上，具体的财务处理和操作细节往往由具备专业技能的财务人员负责。对于管理者来说，更为重要的是采

取"抓大放小"的策略,即聚焦于那些对企业运营和发展至关重要的关键科目。以传统制造业企业为例,存货、固定资产及应收和应付账款通常是资产负债表上的关键科目。这些科目直接反映出公司的生产能力、资本投入和供应链管理状况。管理者应专注于这些关键科目的变动,以监控生产效率、资本使用效率和供应链的健康状况。例如,若存货水平持续升高,可能表明销售不畅或生产过剩;固定资产的减少可能预示着设备老化或技术需要更新;应付账款的显著增加则可能说明供应链中存在支付问题或资金流动性紧张。相比之下,轻资产模式运营的高科技企业应更关注研发支出、应收账款、无形资产等科目。无形资产对于重视品牌和专有技术的企业来说非常重要,管理者需要持续关注这些资产的价值及其变化情况,以保持企业的核心竞争力。

因此,在实践中管理者并不需要深入了解每一项会计细节,而应关注那些对企业战略和运营重要的关键科目。通过与财务团队紧密协作,管理者可以将复杂的财务数据转化为可行的管理策略。这种工作方式不仅能够提高管理效率,减少不必要的干预和混乱,还能够帮助管理者更好地识别风险和机会,从而更有效地推动企业的持续发展和成功。

2.3 会计恒等式的延展与应用

1. 等式的延展

会计恒等式不仅可以表述为资产等于负债加所有者权益,还能进一步细化展开。在保持资产和负债不变的前提下,按照之前所述对所有者权益进行详细分解(如图 2-2 所示),可将所有者权益划分为两个主要部分:一部分是股东的投资,包括股本和公积金;另一部分是企业截至年末的未分配利润,即企业为股东所创造的尚未分配的收益。进一步对未分配利润展开，可以拆分为年初未分配利润部分，加上当年企业通过经营所实现的净利润。当然，在计算过程中，应扣除公司当年已经支付的红利，因为这部分利润已经以现金或其他形式返还给了股东，从而减少了企业的未分配利润。

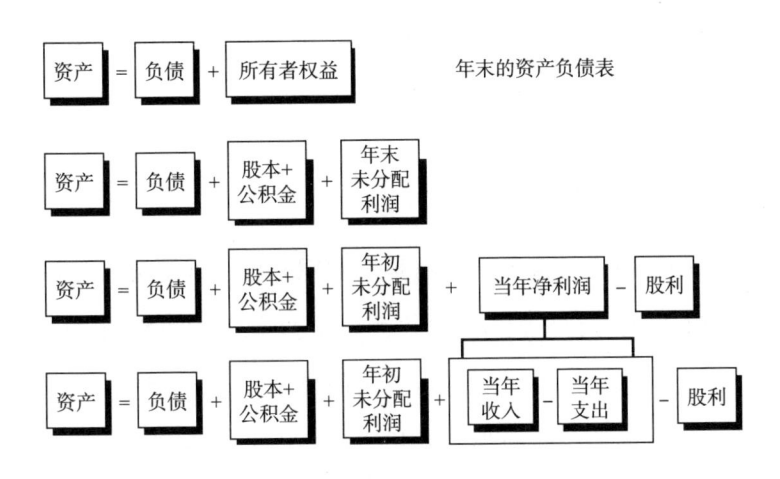

图 2-2 会计恒等式的延伸

最后，当我们审视当年的净利润时，自然会联想到利润表中的相关数据。为了进一步完善这一会计恒等式，我们对净利润进行拆解，将其拆分为当年的收入减去支出。通过这样的分拆，我们得到了一个更为详尽、延展的会计恒等式（见图2-2最后一行）。这一细化过程不仅清晰地展示了各项会计科目之间的关系，也为理解企业的财务状况提供了更为全面的视角。

借助这个延展的会计恒等式，我们能够更清晰地理解利润表与资产负债表之间的内在联系。当比较年初与年末的资产负债表时，如果发现未分配利润有所增加，这一增长部分正是企业在当年通过各种业务为股东赚取的净利润，即收入减去支出的结果。企业取得收入的同时，资产负债表的项目也发生了变化，例如现金的增加或应收账款的增加。因此，仅关注收入数字，忽视其对资产及负债科目的影响,是一种片面的财务信息解读方式,容易导致误判,例如错误地认为收入增加一定伴随现金流入。利润表与资产负债表从不同维度揭示企业的运营成果与财务结构,理解它们之间的关系是管理者作出有效决策的基础。

总而言之,延展的会计恒等式为管理者提供了一种更为综合、全面的会计思维框架,用以解决企业中的重要业务和管理问题。下面我们就结合融资、投资和经营活动的典型业务进行讲解。

2. 融资业务对报表的影响

企业的融资活动将对报表产生何种影响呢?以企业通过发行股票进行融资为例,该融资行为对会计恒等式会产生双重影响:一方面,企业的资产(现金)会增加,这一增加反映了股东对公司的投资;另一方面,与此对应的所有者权益也会相应增加,体现为股本的增长。综上所述,企业向股东的融资会导致资产与股东权益的增加。类似地,如果企业选择向银行借款进行融资,这项融资业务对报表的影响与之前相似,但也有所不同。一方面,资产项下的现金由于融资活动而增加;另一方面,与之相对应的负债也会增加相同金额。

总结一下,企业的融资活动,无论是通过债务还是股权,都会导致企业资产(例如现金)的增加,同时伴随负债或所有者权益的增加。融资方式直接影响着企业的资本结构,即影响资产负债表上负债和所有者权益的相对比重。常用的资产负债率,就是负债总额占负债和所有者权益之和(也就是资产总额)的比重。理解融资活动对报表的影响,有助于管理者在制定融资决策时综合考虑两者的利弊,以维持健康的资本结构。

1）企业向股东融资500万元

　　资产　　　　　=　　负债　　+　　所有者权益

⬆现金500万元　　　　　　　　　　⬆股本500万元

2）企业向银行借款500万元，为期三年

　　资产　　　　　=　　负债　　+　　所有者权益

⬆现金500万元　　⬆长期借款500万元

3. 投资业务对报表的影响

　　假设企业选择以现金形式进行投资，例如投入300万元现金购置一台生产设备，在财务报表上将引发两项主要变化：一方面，现金账户将减少300万元，反映了企业的资金流出。另一方面，作为资产配置的一部分，固定资产科目将增加相应金额，表明企业通过投资活动获得了该生产设备。因此，尽管资产组成发生了变动，从现金转变为固定资产，企业的总资产净值保持不变，资产在现金和固定资产科目之间发生了转移。如果企业资金不足，选择通过借款来购置设备，则对财务报表的影响会有所不同。在这种情况下，当企业获得设备时，固定资产科目会相应增加，反映了资产的增加。与此同时，由于资金来源于借款，负债总额也将增加，通常反映为长期借款或其他应付款项。因此，当企业通过借款进行投资时，财务报表上会同时出现资产的增加和负债的增加，显示出该投资活动既具有投资属性，又包含了一定程度的融资特征。

管理者的财务分析与决策

```
1）企业投资 300 万元购置生产设备
    资产        =      负债      +      所有者权益
   ⇩现金 300 万元
   ⇧固定资产 300 万元
2）企业以向银行借款方式购入一台设备
    资产        =      负债      +      所有者权益
   ⇧固定资产 200 万元  ⇧ 银行借款 200 万元
```

4．经营业务对报表的影响

对于企业而言，日常经营活动尤为频繁，例如商品的采购与销售，可能每天都会发生。报表如何反映采购与销售这两种典型的经营活动呢？

首先来看商品的采购。企业在采购时可以选择现金支付或赊账。假设企业选择赊购，并计划在一个月后向供应商支付款项。这种情况下，采购业务对报表的影响是：在资产负债表中，存货科目将增加相应的购入货物金额。由于款项尚未支付，这笔货物入账的同时企业的应付账款相应增加。值得注意的是，货物的购入与收入无直接关联，因此在利润表上不会反映任何变化。

其次来看商品的销售。当企业完成销售并满足收入确认的相关条件时，该交易在财务处理上通常包括两个步骤：第一步，假设企业通过销售货物获得 150 万元现金，资产负债表中现金科目增加 150 万元。如果企业没有收到现金，则资产中增加的是应收账款。资产增加的同时，企业的收入也增加同等金额，最终反映为所有者权益的未分配利润增加 150 万元。第二步，随着货物转移给客户，企业需要同时记录销售成本。假设上述货物的成本为 100 万元，资产负债表中存货减少 100 万元，同时利润表中确认相应的营业成本 100 万元。成本的发生意味着未分配利润的下降。

综上所述，企业在正常销售过程中，财务报表将反映两个主要财务处理：一是收入的确认；二是成本的确认。只要收入高于成本，企业就实现了净增值。从资产的角度来看，现金增加 150 万元，存货减少 100 万元，资产净增值为 50 万元。这个净增值同样反映在所有者权益的未分配利润增加 50 万元（暂不考虑其他费用和税金），这就是利润进入财务报表的典型过程。

1）购买货物 100 万元，款项 1 个月后偿还

  资产 = 负债 + 所有者权益

 ↑存货 100 万元   ↑应付账款 100 万元

2）销售货物 150 万元，收到现金付款

  资产 = 负债 + 所有者权益

 ↑现金 150 万元   ↑未分配利润（收入 150 万元）

 ↓存货 100 万元   ↓未分配利润（成本 100 万元）

【本章案例】B 公司报表的形成

B 公司是一家生产文具类产品的企业。成立当年发生了以下若干交易。为了深入理解这些交易是如何影响 B 公司的财务状况的，并据此编制企业期末的报表，我们将依据本章所介绍的会计恒等式进行逐项分析。

（1）公司向股东融资 8 000 万元，每股 1 元，股东以每股 20 元购买，共发行 400 万股。

这项业务的发生意味着企业获得了 8 000 万元现金，因此货币资金增加 8 000 万元。同时，资产负债表（见表 2-1）的右侧需要展示资金的来源，即股东对企业的投资，因此对应的所有者权益增加同等金额。对于发行股票获取

融资的具体财务确认由两个科目来记录，其中股票面值的金额记录在股本科目下，发行价高于股票面值的部分计入资本公积。融资业务的发生增加了企业的规模，企业的资产和所有者权益有了等额的增加。

表 2-1　B 公司的资产负债表（一）

单位：万元

资产		负债	
流动资产：		流动负债：	
货币资金	8 000	应付账款	
应收账款		非流动负债：	
存货		长期借款	
非流动资产：		所有者权益：	
固定资产		股本	400
		资本公积	7 600
		未分配利润	
资产总计	8 000	负债和所有者权益总计	8 000

（2）公司投资 7 600 万元现金购买厂房和设备用于产品生产，预计使用 20 年，无残值。

这项业务发生后，B 公司的现金资产减少 7 600 万元，与此同时厂房设备类固定资产增加了同等的数值。因此该业务发生后，企业的资产总额不变，但类别和结构发生了变化。当然在实际业务过程中，企业往往不会全额支付现金，而是以部分现金、部分债务的方式进行资产购置。那样的话，只要减少支付的现金，同时增加资产负债表右侧的对应债务科目就可以反映投资活动对报表的影响。这项业务发生后，企业的资产负债表如表 2-2 所示。

表 2-2　B 公司的资产负债表（二）

单位：万元

资产		负债	
流动资产：		流动负债：	
货币资金	400	应付账款	
应收账款		非流动负债：	

续表

资产		负债	
存货		长期借款	
非流动资产：		所有者权益：	
固定资产	7 600	股本	400
		资本公积	7 600
		未分配利润	
资产总计	8 000	负债和所有者权益总计	8 000

（3）公司向银行借款5 000万元，期限为2年。

这是一笔典型的企业负债融资业务。业务发生后，B公司的货币资金对应增加5 000万元，同时企业的债务（长期借款）也增加相等金额。该融资活动导致企业的总资产额增加到1.3亿元，从而体现出融资活动引致企业资产规模的扩张。因此，当观察到企业资产规模有所增长时，不应简单解释为企业实现了盈利，因为这种增长同样可能源于负债的增加。在评估企业的财务状况时，重要的是要区分资产增长的真实原因，是由于实际的盈利活动，还是作为负债融资结果的一部分。这一区分对于理解企业的财务健康状况及其盈利能力至关重要。业务发生后，企业的资产负债表如表2-3所示。

表2-3 B公司的资产负债表（三）

单位：万元

资产		负债	
流动资产：		流动负债：	
货币资金	5 400	应付账款	
应收账款		非流动负债：	
存货		长期借款	5 000
非流动资产：		所有者权益：	
固定资产	7 600	股本	400
		资本公积	7 600
		未分配利润	
资产总计	13 000	负债和所有者权益总计	13 000

（4）公司以赊购方式购买原材料2 400万元，现金支付1 600万元，其余部分在下一年支付。

这是企业日常经营活动中的采购业务。企业常常选择赊账方式来采购原材料或货物，这种采购方式对财务报表产生显著影响。具体而言，一方面，报表中的存货（原材料）会增加2 400万元；另一方面，现金相应减少1 600万元，而剩余的800万元未付款项会作为应付账款记录在报表的负债部分。这项经营活动导致企业资产规模暂时增加800万元。这与之前提到的融资业务在财务报表上的表现有相似之处，即经营活动产生的应付账款也属于负债。然而，与融资性负债不同的是，赊购产生的负债通常不涉及额外的资金成本，因为产业链上下游之间的债务关系通常不要求支付利息。在实际商业运作中，如果企业能够有效地利用产业链上下游的资金，就会减少对负债融资的依赖，从而有效地降低企业资金成本。这一能力的提高，也反映了企业在产业链中的竞争优势。业务发生后，企业资产负债表变化如表2-4所示。

表2-4 B公司的资产负债表（四）

单位：万元

资产		负债	
流动资产：		流动负债：	
货币资金	3 800	应付账款	800
应收账款		非流动负债：	
存货	2 400	长期借款	5 000
非流动资产：		所有者权益：	
固定资产	7 600	股本	400
		资本公积	7 600
		未分配利润	
资产总计	13 800	负债和所有者权益总计	13 800

（5）当年产品生产消耗2 400万元的原材料，并现金支付生产工人的工资1 200万元，此外还有机器折旧。

接下来，企业进入了生产环节。在这个环节中，企业会消耗原材料，雇用生产线的员工，使用机器设备进行产品制造。因此，这个环节最关键的财务问题就是如何进行成本的核算与结转。企业的存货账户可进一步细分为原材料、半成品及产成品三个子账户，以记录各阶段的成本变动。具体来说，企业采购的原料一般首先计入存货下的原材料账户。生产开始后，这些原材料的价值将根据内部单据从原材料账户转移到半成品账户，这意味着进入了生产阶段。与此同时，支付给一线生产员工的薪酬（直接人工成本），以及生产过程中设备价值的折旧、相关技术人员的薪酬和基础的生产消耗（如水、电等费用），也会计入半成品账户。因此，半成品账户下集结了三大成本构成的元素：原材料（料）、直接人工（工）和制造费用（费）。随着产品的制造完成，存货下面半成品的对应价值会转移到存货下的产成品账户，等待销售。最后，产品销售时，存货下产成品账户的价值减少，同时在损益表上记录发生的营业成本。

了解了产品成本的整个流程后，大家就很容易理解当前这项业务是对生产过程的描述，即从料工费到半成品的成本累计过程。因此企业存货下的原材料减少2 400万元，现金减少1 200万元，固定资产计提一年的折旧。按照之前的说明，7 600万元的固定资产原值按20年折旧无残值计算，当年折旧为原值的1/20，即380万元。在上述资产科目减少的同时，存货下半成品的价值等额上升，总计3 980万元，如表2-5所示。因为表中不区分存货下面的细分科目，因此存货科目记录了原材料下降和半成品上升后的净值，即增加1 580万元。业务发生后，企业资产负债表变化如表2-5所示。

表2-5　B公司的资产负债表（五）

单位：万元

资产		负债	
流动资产：		流动负债：	
货币资金	2 600	应付账款	800

续表

资产		负债	
应收账款		非流动负债：	
存货	3 980	长期借款	5 000
非流动资产：		所有者权益：	
固定资产	7 220	股本	400
		资本公积	7 600
		未分配利润	
资产总计	13 800	负债和所有者权益总计	13 800

（6）年末B公司没有原材料和半成品剩余，3 980万元的产品全部转入产成品。

上一项业务展示了从料工费到存货下半成品的转换，接下来的业务就是完成生产，即从半成品向产成品的转换。根据给定信息，B公司所有的原材料和半成品都没有剩余，意味着全部的存货都转换为产成品的形态。在企业内部，根据产品完成进入产成品仓库，从存货下的半成品科目转换到产成品科目，存货的总金额不发生变化。因此，此次业务完成后，报表没有发生变化。

（7）年末产成品剩余500万元。销售商品收入4 500万元，收到3 000万元现金，余额预计在下个财务年度收到。

产品生产完毕后，接下来进入企业的销售阶段。根据提供的数据，年末剩余产品价值为500万元，假定没有发生其他非预期的损失或损耗，那可以由此推断销售出去的产品价值。在此基础上，企业在财务报表中可准确记录所实现的销售收入及其成本。通常，收入的确认发生在货物发出之时，此时根据大多数销售合同，货物的风险与责任已由销售方转移给购买方。此时，一方面企业需要记录销售收入的增加；另一方面则需记录所得到的资产，如以现金形式收取则记录为现金的增加，如赊销则相应记录为应收账款的增加。对于B公司而言，此次业务对应记录的营业收入增加4 500万元，同时现金增加

3 000万元，应收账款增加1 500万元。

随着销售收入的确认，企业同时需要确认营业成本的发生及存货中产成品的减少。对于B公司，年末剩余的产成品价值为500万元，意味着企业销售出去的产品价值为3 480万元（即3 980万元减去500万元）。因此，企业应在财务报表中记录营业成本3 480万元的发生，以及存货中产成品科目中3 480万元的减少。为简化过程，收入和成本费用的核算在所有者权益的未分配利润科目下进行，分别反映了企业权益的增加或减少。通过这样的会计处理，报表能够清晰地反映销售活动对财务状况的影响，确保财务报表的准确性和完整性。上述业务发生后，企业报表的变化如表2-6所示。

表2-6 B公司的资产负债表（六）

单位：万元

资产		负债	
流动资产：		流动负债：	
货币资金	5 600	应付账款	800
应收账款	1 500	非流动负债：	
存货	500	长期借款	5 000
非流动资产：		所有者权益：	
固定资产	7 220	股本	400
		资本公积	7 600
		未分配利润	1 020
资产总计	14 820	负债和所有者权益总计	14 820

（8）支付管理人员工资150万元。

除了支付产品成本之外，企业还需要支付大量的费用支出，以维系企业的日常经营。其中一个重要的部分就是管理费用，包含管理相关的职工薪酬、管理使用的固定资产折旧和行政办公费等。以管理人员工资为例，若企业支付150万元的管理费用，意味着企业一方面支付了150万元的现金，另一方面企业的费用发生了同等金额的变动。同上，其记录在所有者权益——未分配利润下。业务发生后，企业报表的变化如表2-7所示。

表2-7　B公司的资产负债表（七）

单位：万元

资产		负债	
流动资产：		流动负债：	
货币资金	5 450	应付账款	800
应收账款	1 500	非流动负债：	
存货	500	长期借款	5 000
非流动资产：		所有者权益：	
固定资产	7 220	股本	400
		资本公积	7 600
		未分配利润	870
资产总计	14 670	负债和所有者权益总计	14 670

（9）销售人员工资与营销费用共250万元。

同理，企业需要支付销售相关的费用，包括销售职工薪酬、销售相关的宣传促销费用等。若企业支付了250万元的销售费用，反映到报表上即现金减少了250万元，同时费用等额发生。业务发生后，企业报表的变化如表2-8所示。

表2-8　B公司的资产负债表（八）

单位：万元

资产		负债	
流动资产：		流动负债：	
货币资金	5 200	应付账款	800
应收账款	1 500	非流动负债：	
存货	500	长期借款	5 000
非流动资产：		所有者权益：	
固定资产	7 220	股本	400
		资本公积	7 600
		未分配利润	620
资产总计	14 420	负债和所有者权益总计	14 420

(10) 研发部门当期花费 100 万元现金进行新产品的开发研究。

根据企业会计准则，研发支出应根据其是否能够产生未来经济利益来进行资本化或费用化处理。如果已经达到比较确定能够产生未来经济利益的阶段，就可以将研发支出资本化，也就是将其作为资产计入资产负债表，并在未来的一定期限内按照摊销的方式计入成本。反之，如果无法确定可以产生未来的经济利益，则应当将其费用化处理，即直接计入当期损益中。假设 B 公司到期的研发支出尚不能确定未来的收益，这项开支反映到报表上即现金降低 100 万元，同时研发费用发生 100 万元。业务发生后，企业报表的变化如表 2-9 所示。

表 2-9　B 公司的资产负债表（九）

单位：万元

资产		负债	
流动资产：		流动负债：	
货币资金	5 100	应付账款	800
应收账款	1 500	非流动负债：	
存货	500	长期借款	5 000
非流动资产：		所有者权益：	
固定资产	7 220	股本	400
		资本公积	7 600
		未分配利润	520
资产总计	14 320	负债和所有者权益总计	14 320

(11) 支付银行利息 300 万元。

当期借款所产生的利息费用（财务费用）应从当期的损益中扣除，因此支付利息会降低企业的当期利润，同时减少企业的现金。在现实中，有时候利息能够跨期支付，在这种情况下，费用发生的同时会增加等额的负债项（通常计入应付利息科目），直到用现金支付的时候再同时减少企业现金与该项负债。本案例中现金在当年支付，因此业务发生后，企业报表的变化如表 2-10 所示。

表2-10 B公司的资产负债表（十）

单位：万元

资产		负债	
流动资产：		流动负债：	
货币资金	4 800	应付账款	800
应收账款	1 500	非流动负债：	
存货	500	长期借款	5 000
非流动资产：		所有者权益：	
固定资产	7 220	股本	400
		资本公积	7 600
		未分配利润	220
资产总计	14 020	负债和所有者权益总计	14 020

（12）企业所得税税率为30%。

在所有收入和支出的记录完成之后，企业需根据其税前利润计算应缴纳的所得税。根据本案例提供的信息，B公司当年的总收入减去总支出后，得到的税前利润为220万元。假定所得税税率为30%，则计算出企业的所得税应为66万元。缴纳所得税意味着企业的现金将减少66万元，同时当期利润表中所得税费用也将记录相同的金额，即当期的利润减少66万元。随着这项业务财务确认的完成，企业的资产负债表变化如表2-11所示。

表2-11 B公司的资产负债表（十一）

单位：万元

资产		负债	
流动资产：		流动负债：	
货币资金	4 734	应付账款	800
应收账款	1 500	非流动负债：	
存货	500	长期借款	5 000
非流动资产：		所有者权益：	
固定资产	7 220	股本	400
		资本公积	7 600
		未分配利润	154
资产总计	13 954	负债和所有者权益总计	13 954

至此，企业涉及损益的所有业务活动均已在财务系统中得到确认，进而企业能够编制其第二张财务报表——损益表。损益表详细列出了企业在整个会计年度内实现的所有收入及所发生的全部成本与费用，收入减支出的净额即净利润。B公司的损益表如表2-12所示。

表2-12　B公司的损益表

单位：万元

营业收入	4 500
减：营业成本	3 480
销售费用	250
管理费用	150
研发费用	100
财务费用	300
=营业利润	220
加：营业外收支净额	0
=利润总额	220
减：所得税费用	66
=净利润	154

（13）B公司年末向股东分配现金股利共100万元。

在实现净利润的基础上，尤其是当企业持有大量现金时，企业会考虑向股东分发现金股利，这既是对企业良好经营状况的展示，也是对股东的一种回报。对企业而言，发放股利意味着现金的减少，以及未分配利润的相应下降，因为发放股利意味着企业将资金由公司返还给股东。值得大家留意的是，红利发放属于利润分配的业务活动，其发生在净利润计算之后，因此并不计入损益表，也不会影响企业当期的利润。事实上，股利的分配则是基于已实现的净利润之上，决定将多少利润以现金或其他形式返回给股东。在本案例中，B公司在当年向股东发放了100万元的现金股利，业务发生后的资产负债表变化如表2-13所示，其就是企业当年年末的资产负债表。

表 2-13 B 公司的资产负债表（十二）

单位：万元

资产		负债	
流动资产：		流动负债：	
货币资金	4 634	应付账款	800
应收账款	1 500	非流动负债：	
存货	500	长期借款	5 000
非流动资产：		所有者权益：	
固定资产	7 220	股本	400
		资本公积	7 600
		未分配利润	54
资产总计	13 854	负债和所有者权益总计	13 854

在编制完企业的损益表和资产负债表之后，接下来将关注企业的现金流量表。为此，这里需对所有涉及现金变动的业务活动进行重新梳理，并从经营活动、投资活动及筹资活动三个维度进行分类。分类结果如表 2-14 所示。

表 2-14 B 公司现金流入、流出分析

单位：万元

	现金	来源	分类
1	+8 000	股东投资	筹资
2	−7 600	购买设备	投资
3	+5 000	借款	筹资
4	−1 600	购买原材料	经营
5	−1 200	工人工资	经营
6	+3 000	销售商品收入	经营
7	−150	管理人员工资	经营
8	−250	销售人员工资	经营
9	−100	研发费用	经营
10	−300	支付银行利息	筹资
11	−66	支付所得税	经营
12	−100	发放现金股利	筹资

根据现金流量表的标准格式，将 B 公司当年现金流的流入和流出情况进

行整理,从而编制出企业的第三张财务报表——现金流量表,如表 2-15 所示。

表 2-15　B 公司的现金流量表

单位:万元

项目	金额
一、经营活动产生的现金流量	
销售商品、提供劳务收到的现金	3 000
购买原材料、接受劳务支付的现金	-3 200
其他为经营活动支付的现金(研发+所得税)	-166
经营活动产生的现金流量净额	-366
二、投资活动产生的现金流量	
购建固定资产、无形资产和其他长期资产支付的现金	-7 600
投资活动产生的现金流量净额	-7 600
三、筹资活动产生的现金流量	
取得借款收到的现金	5 000
收到股东投资的现金	8 000
偿还利息支付的现金	-300
支付现金股利	-100
筹资活动产生的现金流量净额	12 600
四、现金及现金等价物净增加额	
现金及现金等价物净增加额	4 634
期初现金及现金等价物余额	0
期末现金及现金等价物余额	4 634

【本章小结】

本章围绕构建会计体系的核心逻辑——会计恒等式展开,介绍了该等式的基本结构及其细化与延伸形式,旨在帮助读者深入理解企业各类经济活动如何最终映射到财务报表中。只有理解了业务活动与财务报表之间的真实联系,才能谈及财务思维的运用,并进一步探讨如何借助财务思维进行有效的决策。

【课后题】

请你结合某个企业的融资、投资和经营业务,借助会计恒等式,分析对应的业务如何影响企业的三张财务报表。

第3章

资产负债表——资产

【学习目标】

本章将重点探讨以下四个方面的内容。

1. 探讨资产的概念及其构成要素。

2. 资产确认的时机以及条件。

3. 讨论资产的定价方法,并深入分析资产减值的根源及其对财务报表的影响。

4. 分析企业资产的组成以及影响资产配置和管理的主要因素。

【思维导图】

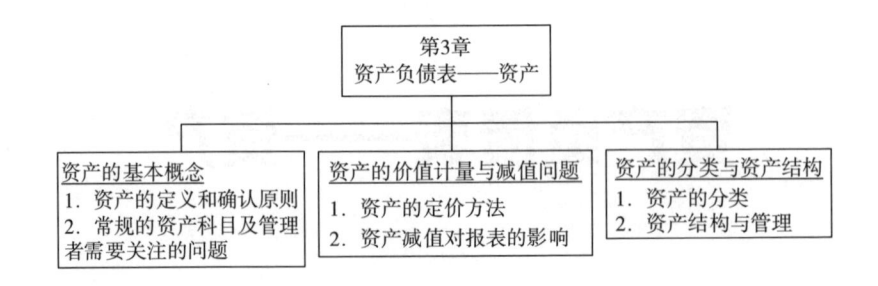

```
                    第3章
                资产负债表——资产
        ┌───────────────┼───────────────┐
  资产的基本概念      资产的价值计量与减值问题    资产的分类与资产结构
1. 资产的定义和确认原则   1. 资产的定价方法       1. 资产的分类
2. 常规的资产科目及管理   2. 资产减值对报表的影响   2. 资产结构与管理
   者需要关注的问题
```

3.1 资产的基本概念

1. 资产的定义和确认原则

根据企业会计准则,资产是指企业过去的交易或者事项形成的、由企业拥有或者控制的、预期能够给企业带来经济利益的资源。这个定义强调了几个关键点:资产必须是企业通过过去的交易或者事项形成的;这些资源是企业拥有或者控制的;这些资源预期能够为企业带来未来的经济利益。

> 资产的特点：
> - 资产是企业所拥有或控制的资源；
> - 资产预期会为企业带来经济利益；
> - 资产的价值可以进行量化衡量。

首先，资产被定义为企业拥有或控制的资源。"拥有"指的是企业对资源具有法律上的所有权，意味着企业有权利使用该资源，并从中获得经济利益。所有权通常伴随着资产的购买、生产或其他方式的获取，使企业能够自由决定该资源的使用方式。"控制"则是指，即使企业可能不直接拥有某项资源法律上的所有权，但企业能够实质性地控制该资源的使用，并从中获得经济利益。这种控制通常来源于合同或其他法律协议，如租赁协议，使企业有权利使用这些资源进行经营活动并从中受益。例如，通过租赁合同获取的设备，虽然企业不拥有该设备的所有权，但企业控制了其使用权，并能够通过使用该设备获取收入，因此租赁合同获取的设备也计入承租企业的资产中。

其次，所有列示在资产负债表上的资产都应该预期能为企业带来经济利益，这意味着该资产能够在未来为企业产生收入、节约成本或带来其他形式的价值增益。这种经济利益可能体现为直接的现金流入，例如通过销售产品或服务而获得的收入；或间接的成本节约，如使用机器设备带来生产成本的下降。资产的这一属性是其被认定并记录在财务报表中的关键条件。资产的经济效益预期基于对其使用期间潜在收益的评估。如果某项资产曾经为企业带来利益，但后续由于环境变化而导致其价值降低，企业需要对该资产的账面价值进行调整，进行相应的减值处理。

最后，资产的价值必须是可以量化的，这是资产得以确认的重要前提之一。在实践中，资产的价值通常通过其获取成本、公允价值或使用价值等多种方法来衡量。获取成本主要是指为获得资产而直接支付的金额，公允价值是指资产在自由市场上的交易价格，而使用价值则基于对资产未来现金流的估计。如果某项资产的价值无法可靠量化，例如部分无形资产（如品牌）的价值往往难以精确评估，根据会计的谨慎性原则，这类资源就不会被确认为资产。因此，尽管某些经济资源对企业可能具有潜在价值并处于企业控制之下，若其价值的不确定性过高或无法准确测量，则这些资源不会作为资产在资产负债表中予以列示。

2. 常规的资产科目及管理者需要关注的问题

下面将对企业常见的资产科目及这些财务科目所代表的业务活动进行阐释。对管理者来说，理解各项资产及其变动所揭示的业务实质至关重要。这不仅有助于将财务数据与实际业务活动相结合，还能有效指导相关的资产管理决策。通过这种方式，管理者能够更好地把握企业资产的运用效率与盈利能力。

1）货币资金

货币资金是指企业在银行或其他金融机构账户中持有的现金和货币资产。货币资金是企业流动性最强的资产，可以随时用于支付债务、采购商品和服务、支付员工工资和福利等。货币资金也是企业进行投资和扩张的重要来源。在企业财务报表中，货币资金通常以期末余额的形式出现在资产负债表中，是企业资产的重要组成部分。

货币资金管理是指企业对货币资金的合理运用和管理。货币资金是企业经营必不可少的资产之一，对企业的经营活动和生存发展起着至关重要的作用。货币资金管理的目标是提高资金使用效率，降低资金风险，确保企业财务安全和稳健经营。现在越来越多的企业已经进行了数字化的转型升级，在数字化财务体系下，管理者可以明确货币资金的使用计划，配合做好短期投资管理，利用运营过程中闲置的资金进行非常短期的投资以提高资金效率，以及加强资金的监控，防止资金风险。

2）应收账款

应收账款指的是企业在其日常经营活动中形成的、其他企业或个人尚未偿还的款项权利。此类款项通常源自企业的产品销售或劳务提供，由于信用销售或赊销等原因，款项暂时未能收回。作为企业的一种流动资产，应收账款将以预计可收回的金额记录于企业的资产负债表中，并预期在一定期限内转化为现金。然而，若应收账款最终无法收回，那将对企业的财务健康状况造成负面影响。因此，管理者需密切监控应收账款的回收风险，并采取有效管理措施以提高账款回收效率。许多大型企业，如华为、中兴等，已经针对其客户群体制定了详尽的信用销售政策，通过对客户信用等级及应收账款额度的评估，确保销售活动中的信用风险处于可控状态。此外，一些企业建立了全面的应收账款管理制度，规范了账款的结算、审查及催收程序，以保障账款的及时回收。同时，有些企业将应收账款的回收率纳入销售人员的关键绩效指标（KPI）中，旨在鼓励销售团队不仅销售好产品，更重要的是确保相关款项的回收。

3）预付账款

预付账款指的是企业为了购买商品或服务而提前支付给供应方的款项，因相关的商品或服务尚未被提供，从而形成了一种短期资产，通常根据预付的金额在企业的资产负债表中进行反映。尽管预付账款在财务报表上被视为资产，但它代表了企业的现金提前流向供应商，因而对企业现金流的管理构成挑战。持续增长的预付账款可能是企业现金流紧张的前兆，也可能暗示着企业在与供应商的谈判中处于较弱的地位。因此，管理者在分析预付账款时，应评估其对现金流的影响、考察与供应链关系的健康度，并审慎评估这种支付安排是否符合企业的最佳利益。通过精细的管理和分析，可以确保预付账款的使用既符合企业采购需求，又不会对财务健康造成不利影响。

4）存货

存货是指企业持有的以备生产、加工使用的原材料和各种辅助材料，以及在加工中的半成品和完成加工等待销售的产成品。对于生产型企业或商品流通企业而言，存货的管理是企业管理中最核心的问题之一。下面两个问题更是重中之重。

（1）存货成本控制

管理者需要密切关注企业存货的成本，包括采购成本、存储成本、运输成本等。合理的采购策略、库存管理和物流规划，可以降低存货成本，提高企业的盈利能力。同时，企业需要确保存货的品质和安全，通过建立合理的存储和管理措施、定期检查存货的品质和数量、确保存货不受损害和不被盗窃等。

（2）存货周转率

这是衡量企业经营效率的核心指标之一，关注存货周转率的同时，企业可以采取相应措施来提高存货周转率，如加强库存管理、推动销售、降低存货积压等。随着企业数字化水平的提升，企业不断优化存货管理流程以提高企业的生产效率和运营效率，例如通过采用先进的ERP系统、物流管理软件和自动化存储设备等来实现存货管理的数字化和自动化。

5）长期投资

长期投资是指企业长期持有的股权投资、债权投资、不动产投资以及其他投资等。长期投资通常不用于日常经营活动，而是用于获取长期的投资收益或实现战略目标。对于企业而言，长期投资的最基本管理目标就是获得企业投资回报，即让企业的资产产生更高的经济利益。为了实现这个目标，管理者需要精选高质量的投资项目，并优化投资组合，以及积极管理和优化投资项目。在此基础上，企业还可以通过投资不同的业务主体来分散经营风险，并通过投资推动企业创新发展和业务发展。

小米集团一直致力于研发最新的科技，例如人工智能、物联网和云计算等。其长期投资目标之一就是加强在这些新兴技术领域的研究和应用，以推动公司的创新和发展。此外，小米集团在产品研发和生产过程中需要与众多产业链合作伙伴密切合作。为了促进合作，小米集团积极进行长期投资，以加强与产业链上下游企业的合作关系，提高产业链整体的竞争力和效率。小米集团一直将智能硬件作为自己的核心业务之一，通过投资智能硬件企业来加强自己在智能硬件领域的优势和竞争力，推动公司的长期增长。

6）固定资产

固定资产是指企业为生产经营目的而持有的、不易迅速转换成现金的有形资产，如房屋、机械设备、运输工具及办公家具等。这些资产为企业的生产和经营活动提供支持，并在其预计使用寿命期间通过折旧来反映其价值的逐渐减少。在企业资产负债表中，固定资产以原值减累计折旧后的净值来呈现。固定资产折旧是指企业为了反映固定资产在使用过程中逐渐损耗和减值的过程，将固定资产原值分摊到其预计使用寿命内的每个期间的过程。

直线折旧法是一种被广泛使用的折旧方法。按照这种方法，如果一台机器的购置成本为100万元，预计使用寿命为10年，且假定无残值，那么其每年的折旧额为10万元。这一金额将分别从固定资产的净值和当期损益中扣除，也就是说折旧同时降低了企业固定资产的价值和当年利润。值得注意的是，折旧年限应基于企业预计能从该资产中获益的期间设定，并且应遵循相关会计准则。但企业会计准则未对每项固定资产的具体使用年限设定明确标准，因为资产的使用年限与企业的经营战略密切相关。如航空公司的例子所示，不同公司的经营策略差异会导致相同固定资产（如飞机）的折旧年限不同。例如，新加坡航空公司以提供高质量的服务和卓越的客户体验为企业的核心战略，因此新航的飞机折旧年限比行业其他公司更短。反之，以低价为战略的航空公司会选择尽可能长的折旧年限。

上面的例子说明，即使对于相同类型的固定资产，其折旧年限也可能因企业的战略定位及资产使用方式的不同而异。固定资产的折旧年限设定是企业根据自身经营策略、资产使用频率及预计使用寿命等因素进行估计的结果。企业需评估资产在其经济生命周期内能够为企业创造价值的期限，以确定合理的折旧年限。因此，管理者在分析和管理固定资产时，应考虑资产的使用效率、维护成本及其与企业战略的契合度。适当选择折旧方法和计算折旧年限，不仅能够合理反映资产的使用状况，还可以优化财务报表展示，为企业的财务规划和战略决策提供准确的数据支持。

7）无形资产

无形资产是指企业拥有的没有具体物质形态但具有经济价值的资产，包括专利权、商标权、著作权、商誉、土地使用权和特许权等。无形资产通常对企业的价值和竞争力具有重要影响。在市场竞争日趋激烈的情况下，为了创新投入大量的研发是所有企业势在必行的举措。那么，这些研发的支出是否可以形成企业的无形资产呢？《企业会计准则第6号——无形资产》中明确提出，对于研究开发项目可区分为研究阶段和开发阶段。研究阶段指探索性的、为了进一步开发活动进行相关准备的阶段，开发后是否形成无形资产等有较大的不确定性，这个阶段的相关支出不能列在资产下面，而是直接计入当期损益，作为费用进行抵扣。开发阶段指的是已经完成了研究阶段的工作，在很大程度上具备了形成一项新产品或新技术的基本条件。这个阶段的支出，在满足了一些条件的基础上，可以确认为无形资产。条件包括以下五点[①]：

（1）完成该无形资产以使其能够使用或出售在技术上具有可行性。

（2）具有完成该无形资产并使用或出售的意图。

（3）无形资产产生效益的方式可以预计，即可以带来经济效益。

（4）具有足够的技术、财务资源和其他资源支持，已完成该无形资产的开发，并有能力使用或出售该无形资产。

（5）归属于该无形资产开发阶段的支出能够可靠地计量。

综上讨论，大家可能已经意识到，将研发支出资本化为无形资产在实践中存在一定难度。因此，尽管某些研发开支实际上可能具有明确的经济效益，它们仍可能因不满足资本化的标准而不得不作为费用直接计入损益表，进而降低当期的净利润。在这种情况下，对企业特别是上市公司而言，可以在公开的信息披露中结合自身的业务情况，充分阐释这些支出对未来预期的正面影响，以便市场投资者能够理解企业财务报告中未直接反映的价值。这种做法不仅有助于投资者深入理解企业的财务状况，也有利于揭示企业长期增长潜力和研发投入的战略意义。

接下来请思考一个更具普遍性的问题：哪些资源虽能为企业带来收益，却不能在资产负债表中列为资产？我们可以从企业的实际情况出发进行分析。虽然不同企业各具特色，但它们在某些方面仍有共性。例如，人才通常被视为企业最宝贵的资源。然而，人才不能作为资产计入资产负债表。一方面，人才的价值难以精确量化；另一方面，人才不像其他资产那样可以被企业拥有。另一个典型的例子是企业自创的品牌，尽管品牌可能具有极高的价值，且是企业所拥有的，但由于品牌价值的不确定性和不可度量性，它也不能作为资产被列入

---

① 相关内容参考了财政部制定的《企业会计准则应用指南（2022年版）》。

资产负债表中。这些例子意味着资产负债表上的资产存在一定的局限性：只有符合会计准则的资源才能被认定为资产并记入报表。因此，资产负债表中记录的资产价值并不能完全代表企业真实拥有的资源价值。

上述发现对管理决策具有如下启示作用。首先，管理者应在财务报表的基础上以更全面的视角评估公司资产的价值和业绩，例如在品牌方面的投入所取得的回报如何更合理地进行评价分析，如何开发有针对性的评估指标及激励机制。其次，管理者在与外部投资者交流的过程中，可以更着重介绍这些不记入表内的"资产"对企业整体价值的贡献，以获得市场的理解与认可。例如，虽然研发开支作为费用直接在当期损益表中扣除，但是企业能够向市场充分展示其研发活动的进展、已取得的成果、产品预期的商业潜力以及市场前景，从而获得投资者对研发的认可并提升对企业的价值评估。这种沟通策略不仅能够增强投资者对企业未来增长潜力的信心，也有助于防范企业价值被市场低估的风险。

3.2 资产的价值计量与减值问题

1. 资产的定价方法

接下来我们将讨论资产的价值计量问题。在财务报表中所有列示的资产均具有相应的价值，这些价值是如何确定的呢？资产定价主要依赖两种方法：历史成本法和公允价值法。历史成本法，也称为购置成本法，顾名思义，是指资产在被企业获取时所支付的成本，用作资产的初始计价基础。而公允价值法则是根据资产的市场价值来设定其价值，通常反映了资产在当前市场条件下的交易价格。如果资产没有明确的市场交易价值，企业也可以采用其他方法进行估值，例如计算资产预期可以产生的未来现金流收益的现值。对比历史成本与公允价值，两者得出的资产价值往往存在差异。如何选择这两种方法取决于具体情况，但现代会计准则越来越倾向于采用公允价值作为资产的后续计量基准。简而言之，资产在获取时首先以历史成本记录，而在后续报告期末，其价值可能会根据公允价值进行重新评估和调整。这种做法有助于更真实地反映资产的市场价值和经济状况。

2. 资产减值对报表的影响

在财务报告期末（例如财年年末），企业根据公允价值法来重新评估资产的价值。如果资产的公允价值低于其账面历史成本，企业需要对该资产的账面价值进行下调，这一过程即资产减值。根据企业会计准则，企业必须在每个报告期末评估资产是否存在减值的情况，如存在减值的资产，则必须采用公允价值法对其价值进行调整。资产减值对企业财务报表的影响如下：首先，根据会计恒等式，资产减值导致资产账面价值下降。其次，减值也影响等式的右侧，即所有者权益。资产减值的损失会被计入当年的利润表中，从而导致企业当年的利润以及最终的所有者权益下降。这种会计处理方法旨在确保财务报表能更真实、谨慎地反映企业的财务状况。若企业发生的减值金额较大，其对财务报表的影响也将十分显著。通过会计恒等式，管理者可以清晰地观察资产减值如何影响财务报表。

企业固定资产发生减值100万元

资产　　　＝　　　负债　　　＋　　　所有者权益

⇩固定资产100万元　　　　　　　　　⇩净利润100万元

对于管理者而言，了解资产的减值非常重要。这意味着在资产购入（或

发生）阶段，如在扩张产能时购买大量固定资产，或在并购过程中产生商誉时，管理者需要预测资产价值可能存在减值的风险。例如，在进行固定资产投资时，不仅需要考虑投资回报，也应评估投资完成后可能面临的减值风险。资产减值常常是导致企业利润下降乃至亏损的一个关键因素。以跨国公司惠普（Hewlett-Packard，简称 HP）为例，2011 年惠普以 110 亿美元收购了一家英国软件公司，仅一年后就为这项投资计提了 88 亿美元的减值，这一巨额损失令惠普连续多年处于财务压力之下。虽然惠普声称这一损失源于被投资公司的收入和利润存在虚报，导致估值过高，但惠普的股东最终承担了这一后果，公司股价在事件发生后迅速下跌了 58%，直接导致惠普在 2013 年退市。因此，理解资产的价值评估方法及资产减值产生的影响，可以帮助管理者进行有效的风险管理，特别是在经济下行或行业调整期间。管理者需要进行前瞻性风险管理，深刻理解行业和宏观经济趋势以预防资产减值。此外，审慎的投资决策和必要的财务控制也是防止投资失败导致资产减值的有效方法。

3.3 资产的分类与资产结构

1. 资产的分类

下面我们讨论资产的分类。在资产负债表中，资产通常分为两大类：流动资产和非流动资产。流动资产是指在一个正常的经营周期内（通常是一年之内），企业预期能够变现、出售或消耗的资产，以及现金本身。典型的流动资产包括货币资金、应收账款、应收票据、预付账款和存货等。

具体来说，应收账款（或应收票据）源于企业与下游客户的业务往来，当企业销售了货物但客户尚未支付现金时，该款项计入应收账款（或应收票据）。

预付账款则涉及企业与上游供应商的交易，当企业提前支付现金给供应商，预付款则作为一项资产记录在账上。存货是指企业从上游供应商购买的货物或原材料。通过这样的分类可以看到，流动资产是企业与产业链上下游业务往来的直接结果，对流动资产的财务分析有助于评估企业的营运效率，特别是在现金管理、应收账款和存货管理等方面的表现。

非流动资产，例如固定资产或长期投资，是指企业预计在超过一年的经营周期内持有或使用的资产。这类资产不像流动资产那样预期在一个经营周期内（通常为一年内）变现或消耗掉，而是用于长期支持企业的经营活动。常见的非流动资产包括：固定资产（包括建筑物、机器设备和车辆等）、投资性房地产、长期投资、无形资产（如专利权、商标权、版权和软件）等。

除了持有时间长短的不同，非流动资产和流动资产的另一个显著区别在于非流动资产主要与企业的投资业务相关，而流动资产则主要用于支持日常的经营活动。财务报表上资产的分类反映出资产的结构。管理者需要考虑的一个关键问题，即如何在流动资产和非流动资产之间进行合理的资金分配。企业既需要一定比例的资金来维持日常运营，又需要资金来进行长期投资，这两者的恰当组合能够使资金发挥最大的效益。流动资产的主要作用是满足企业经营周期中的流动性需求。因此，投入越多的资金于流动资产，企业的流动性越强，面临的风险越低。相反，将较多资金配置于非流动资产可以带来较高的收益，但其流动性较差，相应的风险也较高。在企业经营中，追求收益和流动性的平衡极为重要。对于管理者而言，合理平衡流动资产和非流动资产之间的资金分配，实际上是在风险和收益之间找到一个平衡点，以优化企业的整体资产配置和提高财务效率。

2. 资产结构与管理

资产结构会受到多种客观因素的影响,例如不同行业会展现出不同的资产结构特征。例如,航空业和传统的重工业通常会在非流动资产上投入较大比重,而互联网行业的企业往往更加注重流动资产的投入。除了行业因素外,企业的资产结构还受其战略决策的影响。企业是否采取轻资产的策略,将直接影响其在流动资产或非流动资产上的配置。管理者可以利用财务分析来辅助决策,综合考虑风险与收益,结合对行业和企业未来发展的预期以及资金成本的考量,做出更加明智的投资决策。这种分析不仅有助于优化资产配置,还能提高企业整体的财务效率和市场竞争力。

总结一下,流动资产和非流动资产的平衡是企业财务管理的重要课题。这种平衡涉及风险和收益之间的权衡。流动资产的作用是确保企业在短期内具备足够的支付能力,以降低支付风险;而非流动资产则为企业创造更大的长期价值,但也可能面临流动性不足和风险较高的挑战。企业需要根据自身的经营特点和战略目标,合理配置流动资产和非流动资产,以实现风险和收益的平衡。过多的流动资产可能导致资金未能最大化地创造价值,而过多的非流动资产可能会影响企业在应对突发情况时的能力。

【本章案例】C 公司的资产减值问题

C 公司于 2002 年开始运营,并于 2010 年上市。该公司主要从事光学影像模组、光学镜头和微电子产品的研发、生产和销售,其产品广泛应用于以智能手机、智能家居及智能 VR/AR 设备等为代表的消费电子和智能汽车领域。在约 20 年的发展历程中,C 公司曾在 2012 年做出一个重要的方向拓展决策——进军影像系统领域,并于 2017 年凭借其在该领域的强力发展入围某全球智能手机龙头企业的供应链,为该企业提供摄像头相关零部件。然而,2020 年资本市场爆出

C公司将被停止向该企业供货的传闻,且该传闻在后期得到证实。随后,C公司的利润也由盈转亏。除了收入下滑,造成C公司大幅亏损的另一个主要原因是资产的减值。

根据企业年报中披露的财务数据,C公司资产规模在2015—2019年期间不断扩大,特别是在2016—2017年加入龙头企业的供应链时,C公司的总资产增速高达30%~40%,并在2019年达到405.6亿元的峰值。而在被移出国际龙头企业供应链后,C公司在2020年和2021年经历了连续的资产缩水。类似地,C公司在2015—2019年实现了营业收入的高速上升,但是在2020年和2021年却迎来营业收入的接连下降,且C公司2021年的营业收入(228.44亿元)仅为其2019年营业收入的43.95%。相应地,C公司的净利润也从2020年开始由盈利转为高额亏损,说明公司除了营业成本外还有高额的费用和损失计提。由此可以初步看出,失去国际大客户对C公司的经营造成了致命的打击。

另外,从现金流的角度来看,虽然C公司在2015—2021年期间的总现金流量净额变化并不大,但是经营、投资、筹资等各项活动产生的现金流量净额却发生了较大的变化。从表3-1中可以看出,在2015—2018年期间,C公司将从筹资活动中取得的现金投入至以购建固定资产、无形资产和其他长期资产为主的投资活动中去,且C公司的筹资和投资活动规模在这几年内逐渐扩大。而在2019年后,C公司的现金净流入主要来自企业的经营活动,公司大幅减少了在投资活动的现金投入并增加了用于偿还债务的现金支出,且在2021年首次达到了投资活动的现金净流入。从现金流的变化中可以看出,C公司在被移出供应链前后从大量举债扩张规模的发展期急速转入了相对困难的经营瓶颈期。

表 3-1　C 公司 2015—2021 年主要财务数据

单位：亿元

科　　目	2015 年	2016 年	2017 年	2018 年	2019 年	2020 年	2021 年
资产合计	160.68	234.34	308.38	379.63	405.60	342.27	246.37
营业收入	184.98	267.46	337.91	430.43	519.74	483.50	228.44
营业成本	161.22	236.76	291.40	377.42	468.42	430.76	208.90
净利润	4.78	7.17	8.21	-5.30	5.16	-18.54	-28.28
经营活动产生的现金流量净额	5.85	8.11	3.29	6.45	32.56	40.32	19.98
投资活动产生的现金流量净额	-12.72	-34.14	-40.36	-66.43	-13.19	-9.12	19.62
筹资活动产生的现金流量净额	0.49	22.68	39.18	57.42	-8.24	-31.77	-32.32

仔细阅读 C 公司的利润表，不难发现其业绩下滑的主要原因。如图 3-1 所示，C 公司四大费用的变化较为平稳，但是资产减值损失在丢失国际大客户当年（2020 年）的计提金额高达 27 亿元，较前一年增长超过 7 倍。而 C 公司 2020 年的净利润为 -18.54 亿元，说明其计提的资产减值损失直接导致了净利润出现由盈转亏的情况。

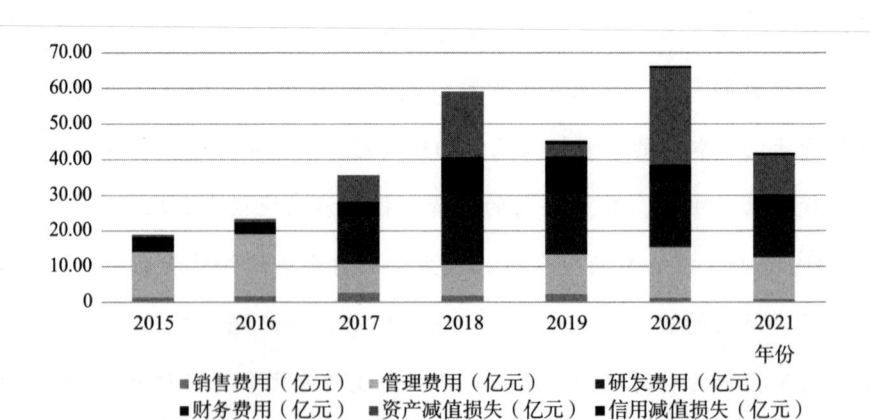

图 3-1　C 公司 2015—2021 年各项费用及减值损失变化趋势①

---

① 根据我国企业会计准则要求，2016 年及之前年份的研发费用要记在管理费用中。

下面对公司的固定资产进行具体分析。

失去国际大客户除了给 C 公司的营业收入带来一定程度的影响外，还导致公司计提了巨额固定资产减值。我们从固定资产投资规模、固定资产专用性和对特定客户的依赖度三个方面来分析 C 公司一直以来面临的潜在固定资产减值风险。

（1）固定资产投资规模大。

2016 年，C 公司通过收购主营微摄像头模组和光学镜头的某公司，正式切入国际龙头企业的供应链。在随后两年，为了满足大客户的订单需求，C 公司投入了以机器设备为主的大量固定资产。C 公司的财务数据显示，其 2016—2018 年固定资产账面原值分别为 64.40 亿元、119.84 亿元和 175.05 亿元，在短短两年内增长了 172%，且固定资产占非流动资产的比例也增长至 68.16%。这说明 C 公司对固定资产的投资规模扩张很快，资产减值风险也因此上升，对之后年度的利润存在潜在的威胁。具体情况如图 3-2 和表 3-2 所示。

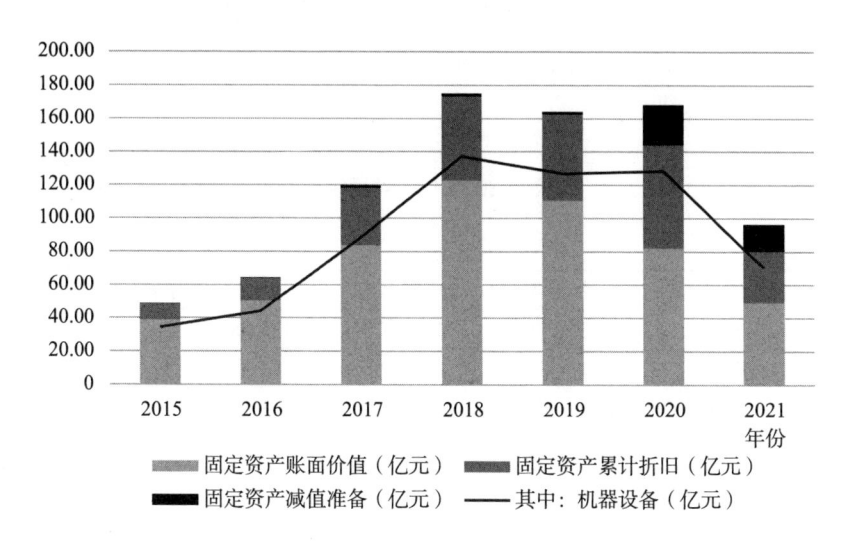

图 3-2　C 公司 2015—2021 年固定资产规模

表 3-2　C 公司 2016—2020 年固定资产变化原因

年份	固定资产发生重大变化原因（摘自年报）
2016 年	本期扩大生产投资，主要购进设备
2017 年	报告期内项目投资增加及非同一控制下企业并购增加房屋及生产设备
2018 年	报告期内项目投资增加及非同一控制下企业并购增加房屋及生产设备
2020 年	主要系特定客户业务本期相关资产减值

（2）固定资产专用性强。

自 C 公司进军影像领域后，先后与三星、索尼、华为、小米、OPPO 和 VIVO 等众多公司缔结了合作关系，并在 2017 年增加了某全球手机龙头企业为大客户。此后，主要为该企业提供特定产品的触控模组和镜头模组。为满足其订单要求，C 公司增加了对应生产线的大量专用资产投资，该类资产因缺乏普适性而具有更高的投资风险。因此，在国际大客户终止与 C 公司的采购关系后，该类专用固定资产减值数额巨大。C 公司在 2021 年初进行了资产价值重新评估与全面清查后，于 2020 年年报中计提了 23.6 亿元以机器设备为主的固定资产减值损失，其占当年固定资产减值总额的 98.74%。而在 2020 年之前，C 公司每年计提的固定资产减值损失均不超过 2 亿元。具体情况如表 3-3 所示。

表 3-3　C 公司 2020 年各类固定资产减值金额

单位：万元

项目	特定客户	非特定客户	合计	其中特定客户占比（%）
固定资产减值损失	235 679.27	2 996.28	238 675.55	98.74
其中：机器设备	235 455.06	2 957.08	238 412.14	98.76
其中：电子及其他设备	224.21	39.20	263.41	85.12

在 C 公司计提减值准备的机器设备当中，已签订转让协议或意向转让的设备约占 60%，该部分设备经评估后的可回收金额仅占账面金额的 47%，因此 C 公司计提了高达 12.8 亿元的减值准备；另外，C 公司还有近 8 亿元无收购意

向方和预计闲置的设备，这类设备计提的减值率高达账面价值的99%，如表3-4所示。由此可以看出，在失去国际大客户后，C公司之前购置的大量专用性较强的生产设备失去了用途，导致C公司迫不得已以低价贱卖或直接报废了相关机器设备，从而出现了固定资产"爆雷"现象。

表3-4　C公司2020年因不同原因所计提的机器设备减值金额

单位：万元

项目	账面价值 A	可收回金额 B	减值 C=A-B	减值率（%） D=C/A×100
注1	240 487.46	112 526.53	127 960.93	53.21
注2	84 734.45	53 056.01	31 678.44	37.39
注3	79 562.34	789.57	78 772.77	99.01
合计	404 784.25	166 372.10	238 412.14	58.90

注1：已签订转让协议或意向转让的设备。以转让协议价格或意向价格确定设备的公允价值，减去相关处置费用作为其可收回金额。

注2：开展新业务的设备。由于无法确定资产的公允价值，以资产预计未来现金流量现值作为其可收回金额。

注3：无收购意向方和预计闲置的设备。该类设备是为境外特定客户生产专用，按照设备的净残值作为其可收回金额。

（3）对特定客户依赖度高。

如前文所述，C公司先后与三星、索尼、华为、小米等众多知名品牌公司缔结了合作关系。但是，从C公司公布的前五大客户销售收入来看，其对各个客户的依赖度存在较大差异。在2015年，前五大客户贡献的营业收入仅占总营业收入的25.22%。然而，随着之后国际大客户的加持，C公司的前五大客户销售额占比持续攀升，并在2020年达到了85.59%。并且，在2018—2020年间，前五大客户内部各个客户贡献的销售额也出现了明显的断层现象，其中第一大客户贡献的销售额占比在30%左右，第二大客户和第三大客户贡献的销售额占比基本超过了20%，但是第四大客户和第五大客户的销售额加总也仅占 10% 左右。由此说明，C 公司约有 70% 的营业收入来自前三大客户。如果前三大客户的经营状况发生重大变化或对产品的需求发生变化，对公司的采购出现突然性大幅下降，则对公司的收入将产生大幅影响，因此 C 公司存在对重大客户依赖度较大的风险。具体情况如图 3-3 所示。

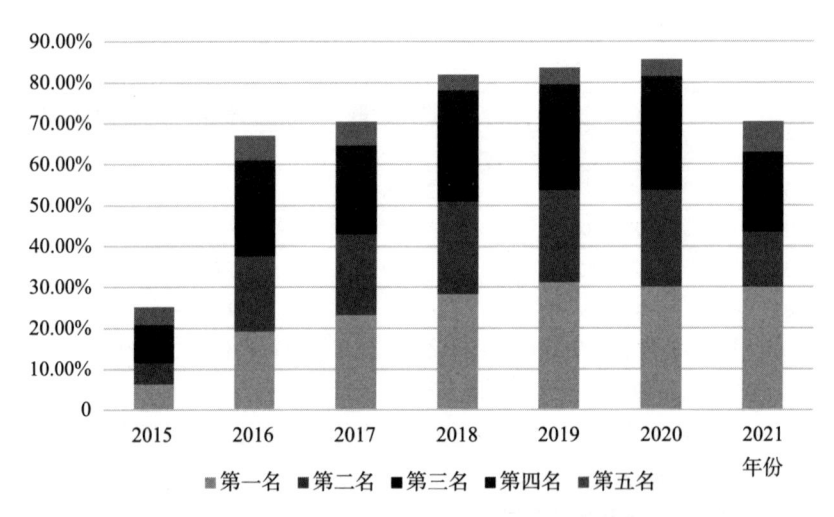

图 3-3　C 公司 2015—2021 年前五大客户贡献的销售额占比

失去重要客户后，C 公司惨淡的财务数据充分反映了其对重大客户的依赖。C 公司的经历也给其他类似企业敲响了警钟，在面对受经济环境影响大、专用性资产需求高、产品更迭速度快的大客户时，企业应当充分评估自身面临的各项财务风险，把控对相关资产的投资规模和扩张速度，避免出现类似的重大固定资产减值现象。

【本章小结】

我们在本章中系统地介绍了资产的基本概念、资产的定价方法，以及企业可能出现的资产减值风险。此外，还探讨了资产的分类以及资产结构的影响因素。资产结构不仅受到企业所处行业客观发展阶段的影响，还受到管理者主观战略决策的影响。通过充分理解资产特征与企业决策之间的关系，管理者可以更好地进行战略思考和决策制定，以优化企业的资产管理和提高企业的资产回报率。

【课后题】

请以某个企业的资产负债表为例，观察该企业资产的项目、资产的分类，思考该企业的资产结构与该企业的行业特征、企业发展战略之间存在着什么样的关系，并考虑是否可以进一步优化其资产结构。

第4章

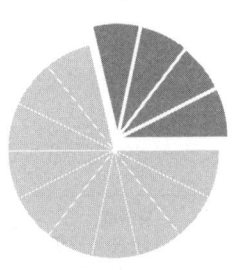

资产负债表——负债

【学习目标】

本章将重点探讨以下三个方面的内容。

1. 负债的基本概念及其典型科目。
2. 如何对负债进行分类以及负债的结构。
3. 两种特殊类型的负债——租赁负债和或有负债,以及这两种负债对企业财务报表与决策的影响。

【思维导图】

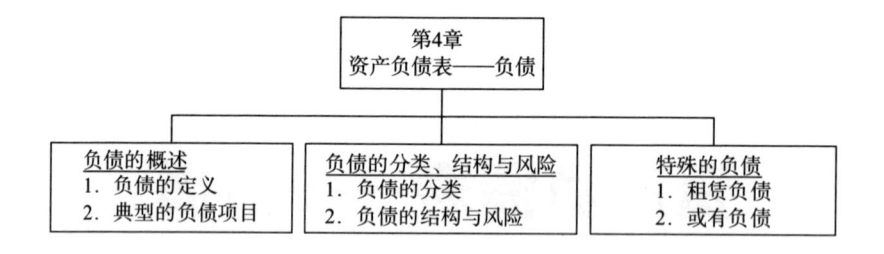

```
                    第4章
                资产负债表——负债
    ┌───────────────┼───────────────┐
负债的概述        负债的分类、结构与风险    特殊的负债
1. 负债的定义      1. 负债的分类           1. 租赁负债
2. 典型的负债项目   2. 负债的结构与风险      2. 或有负债
```

4.1 负债的概述

1. 负债的定义

负债是企业过去的交易或事项形成的现时义务,履行该义务预期会导致企业未来经济利益的流出,例如支付现金或者其他资产、提供产品或劳务等。对负债的理解可以从以下几个方面入手:首先,负债是由企业已发生的交易所引发的;其次,负债的偿还通常发生在未来,且可以通过多种方式进行;最后,负债通常有确切的或合理估计的到期日和对应的债权人。

2. 典型的负债项目

典型的负债项目包括短期借款、应付票据、应付账款、预收款项、应付税金、长期借款，以及应付债券和长期应付款等。这些财务科目反映出企业与不同债权人签订的各种合约。例如，短期和长期借款通常涉及企业与银行的借款合同；应付票据和应付账款通常描述的是企业因商品买卖与供应商之间的债务；预收款项则是企业因预售业务而在交付货物前由客户预先支付的款项所产生的负债；应付债券是企业为融资目的在公开债券市场上发行的债务证券。

以上市公司比亚迪为例，据公司2023年度资产负债表披露，截至当年年末，比亚迪（合并报表）的负债总额达到5 291亿元，其中流动负债为4 537亿元，包含短期借款、应付票据、应付账款、应付职工薪酬和长期借款等常规项目。其中应付账款的金额最大，为1 944亿元，约占总流动负债的43%。这个科目所反映的业务实质就是比亚迪与供应商之间因购买材料、商品或接受劳务而产生的尚未支付现金的部分。同时，公司的非流动负债总额为754亿元，相较于流动负债，其比重较小。这一数据结构表明，比亚迪的财务策略在当前阶段以短期债务为主。从财务管理的角度来看，这样的债务结构既反映了公司在资金周转和短期资金使用上的灵活性需求，同时也意味着管理者需要关注短期偿债风险，以保持财务稳定并支持日常运营。

无论属于哪种类型的债务，它们共同的特性是代表了企业对外部经济实体的偿付义务。从资金流动的角度看，负债表明企业在使用债务属性的资金开展自己的业务活动。因此，管理者需要充分理解和管理企业负债，以优化企业的资金结构和维持财务健康。

4.2 负债的分类、结构与风险

1. 负债的分类

负债可区分为流动负债和非流动负债，其分类原则与资产的分类一致。流动负债是指企业在正常经营周期内（通常指一年之内）需偿还的债务，包括但不限于短期借款、应付票据、应付账款、预收账款、应付职工薪酬和应交税费等。这类负债通常与日常经营活动相关，涵盖了企业短期内的偿付义务，其核心特征是高流动性，即在短期内需要用现金或其他流动资产来偿还。非流动负债又称长期负债，是指企业在一年以后需要偿还的债务，通常涉及更大规模的融资安排，如长期借款、发行债券和长期应付款等。非流动负债对企业的投资策略和财务结构具有长远的影响，通常用于资助企业的长期投资计划和大型项目，反映了企业对长期资本的需求和融资战略。

对比流动负债与非流动负债，除了偿还期限存在显著差异之外，值得注意的是，流动负债中除短期借款外，大部分都源自企业的日常经营活动（如未付的员工工资、水电费等），包含与企业上下游业务交易产生的债务，因此大部分流动负债是不需要支付利息的。相比之下，企业通常需要为非流动负债支付利息，这些利息构成企业资金成本的一部分。在企业的融资中，非流动负债发挥着关键作用，因为它提供了必要的长期资金，使得企业能够进行重大投资、基础设施建设和扩大产能等活动。然而，与之相伴的利息支出也增加了企业的财务负担，管理者需在资金利用效率与偿债能力之间做出权衡。

深入理解不同类型负债的特性和它们之间的差异，对于企业财务管理决策有启示作用。管理者不仅需要把握所有负债的共同特征，还应识别流动负债与非流动负债之间的本质区别，以便能够有效利用负债作为企业融资的渠道。

例如，当企业可以更多地依靠流动负债作为资金来源时，在一定程度上可以降低外部融资压力，并减少资金成本。这种状况通常与企业经营效率的提高是相伴的。相反，如果企业的经营效率较低，运营所需的资金超出了通过流动负债获得的资源时，企业就需要融入更多的外部资金来支持运营。这就导致企业融资规模增大和资金成本的上升。总体而言，管理者需要在流动性和成本效益之间寻求平衡，优化负债结构，以支持企业运营并提升长期财务健康水平。

2. 负债的结构与风险

负债结构的配置及其优化是企业管理中的一个重要决策问题，具体而言，就是合理安排流动负债与非流动负债之间的比重。在前文关于资产结构的讨论中，已介绍企业如何将引入的资金在流动资产与非流动资产之间进行分配，以反映其在经营活动与投资活动中的资源配置决策。同样的逻辑也适用于负债结构的分析。

实际上，负债的结构反映了企业融资的不同来源。常规来说，流动负债是在经营层面的一种资金融入，而非流动负债是企业为了支持长期投资业务而进行的融资。因此，流动负债占比高的企业，可能需要在短期内筹措大量现金来偿还短期债务。如果企业无法及时获得足够的流动资金，就会面临支付风险，甚至有违约的风险。流动负债比重过高的企业更容易受到季节性、市场波动等因素的影响，从而引发经营风险。

相比而言，长期负债占比高的企业偿还债务的周期较长，在一定程度上可缓解短期流动性压力。但企业需要在较长时间内保持足够的偿还能力，否则也可能面临违约风险。长期负债通常伴随着较高的利息支出，如果盈利不足以支付这些利息，则会增加财务压力。长期负债主要用于支持长期投资项目和资本布局，往往涉及高额的资本支出和投资。如果这些投资无法按计划实现预期收益，企业可能会面临长期收益不足的风险。

更进一步，可以把资产和负债结合起来，横向分析企业的流动性。企业流动性在本质上取决于流动资产与流动负债之间的平衡。衡量这一匹配程度的常用财务指标是流动比率（Current Ratio），即以流动资产除以流动负债所得的比值。流动比率越高，说明企业以短期资产覆盖短期负债的能力越强，流动性风险相对较低。反之，流动比率偏低可能表明企业存在短期偿债压力，需要管理者密切关注营运资金的周转效率和现金流管理策略。

4.3 特殊的负债

1. 租赁负债

下面我们将探讨两项特殊的负债。第一项特殊负债是租赁负债，也就是承租人因租赁合同而产生的负债。具体来说，当承租人在租赁合同中获得某项资产的使用权并承诺未来支付租金时，这些未来支付的租金就会被确认为租赁负债。

在深入了解租赁负债之前，先请大家思考一个问题：如果企业签订一份租赁合同来租用一台设备时，企业的报表会发生什么样的变化？很多人可能会本能地认为，租赁设备的企业每年或定期支付租赁费即可，因此租赁合同对报表的影响是租赁费用与对应的现金支出。这种做法在新的租赁准则发布之前，针对被划分为"经营性租赁"的合约而言是正确的。但我国企业会计准则在2018年对租赁合约的会计确认进行了修订，并自2019年年度报告起正式实施，上述确认方法已不再适用。新的租赁准则要求，作为承租人的企业必须将租赁的资产计入财务报表，作为一项资产。而与此同时，企业为获取租赁资产而预期需支付的所有未来现金流出，折现后作为当前的负债计入报表。这一改动的核心逻辑是，将租赁视为一种以未来现金支付换取资产使用权的融资行为，从而提升财务报表信息的完整性和可比性。

利用会计恒等式作为分析工具，可以清楚地观察到租赁对企业的资产和负债同时带来的影响。如果某企业租赁了一台价值500万元的设备，根据新的租赁准则，企业的财务报表中将新增一项名为"使用权资产"的资产，其价值500万元。同时，负债部分也将增加一个名为"租赁负债"的科目，金额同样为500万元。

```
资产        =      负债    +   所有者权益
↑设备500万元       ↑租赁负债500万元
```

新租赁准则简介

2018年12月末，我国财政部修订并颁布了《企业会计准则第21号——租赁》（下称新租赁准则）。《新租赁准则》从所有权模型转换为使用权模型，将租赁定义为：当"合同中一方让渡了在一定期间内控制一项或多项已识别资产使用的权利以换取对价，则该合同为租赁或者包含租赁"。其中的判断重点转移为对资产的控制权。新租赁准则要求承租人进行"两租合一"的会计处理，不再将租赁业务划分为经营租赁和融资租赁进行会计处理，承租人除满足豁免条件外均需采用"使用权模型"进行计量，将所有租赁业务的资产和负债于报表中确认。

在新租赁准则的实施上，"A+H"股公司通常需要从2019年1月1日起开始应用新的租赁准则，以满足更为国际化的财务报告标准。对于仅在A股上市的公司以及非上市公司，新租赁准则的实施时间一般为2021年1月1日。

仔细观察新租赁准则实施后上市公司的负债水平变化，可以发现一些特定行业的企业，例如石化和航空行业的企业，相较新准则实施前出现了负债大幅增加的情况。究其原因，主要是由于这些行业更广泛使用租赁合同来获得大型设备等固定资产所致。以航空公司为例，由于飞机的需求量大且购机资金投入巨大，多数航空公司则会选择租赁方式来扩充机队，因此租赁准则的修订会对航空公司的财务报告产生较大的影响。在我国现有 7 家上市的航空公司中，中国国航、南方航空和东方航空这三家"A+H"股上市公司自 2019 年 1 月 1 日开始实施新的租赁准则，而海航控股、春秋航空、吉祥航空和华夏航空则从 2021 年 1 月 1 日起开始实施。根据年报统计数据（见表 4-1），这些公司实施新租赁准则后，负债水平均有显著上升。例如，中国国航的资产负债率（即负债与总资产的比值，常用于衡量企业的负债水平）从实施前的 58.7% 上升至 66.3%，增长了 7.6%。

表 4-1　新租赁准则对各航空公司资产负债率的影响

（数据来自各航空公司一季度报告）

航空公司	2018 年 12 月 31 日	2019 年 1 月 1 日	增长
中国国航	58.7%	66.3%	7.6%
南方航空	68.3%	74.5%	6.2%
东方航空	74.9%	78.9%	4.0%
	2020 年 12 月 31 日	2021 年 1 月 1 日	增长
春秋航空	56.3%	64.1%	7.80%
吉祥航空	66.3%	74.4%	8.10%
华夏航空	65.8%	74.6%	8.80%
平均值	65.4%	72.3%	6.90%

总之，新租赁准则要求企业对租赁资产和相应负债进行资本化的处理，增加了企业的总资产和总负债规模，通常导致企业资产负债率的显著上升。除此以外，利润表的费用结构也随之发生变化。原先作为经营租赁所计入的租赁费用，在新准则下将被分解为固定资产折旧和租赁负债的利息费用。这种变化又会进一步影响净利润、息税前利润等关键财务指标，从而影响投资者和债权人

对企业财务表现的评估。此外，增加的负债可能对企业的借贷条件和信用评级带来不利影响，尤其在涉及银行授信、债务契约限制时，可能提高融资难度和财务风险。当然，从市场总体来看，新准则要求的更高透明度和财务披露标准，将提升外部利益相关者对企业财务状况的信心。

对于管理者而言，理解新租赁准则的财务特征能够得到如下启示。首先，管理者需要重新评估企业的资本结构和财务战略，尤其是在决定购买资产与租赁资产的策略选择方面。对于原本依赖经营性租赁来避免将潜在负债体现在资产负债表上的企业，新准则的实施意味着所有租赁资产及其相关负债必须被完整地记录在资产负债表中。这样，租赁合同不再能帮助企业以表外形式规避实质性的负债。其次，新准则强化了管理者对现金流规划与债务偿还能力的要求。管理者应在预算编制和财务管理过程中，强化对未来租赁付款义务的预测与保障机制，以确保企业具备良好的偿债能力和财务稳健性。

2. 或有负债

第二项特殊负债是或有负债，指企业在特定情形下可能承担的、具有不确定性的潜在义务。其确认取决于未来某一或某些不完全受企业控制的事件是否发生，因此，这类负债往往无法在当期财务报表中确认为实际负债。

例如，如果企业因产品质量问题与客户发生纠纷，企业需要根据法院的判决支付赔偿，但在判决作出前，是否需要赔偿以及赔偿的金额都不确定，这就构成了或有负债。另一个我国常见的例子是企业为其他经济主体提供担保。当借款方（即被担保方）无法偿还债务时，担保企业需要承担偿付责任。因此，为其他企业提供担保可能引发或有负债。

以上案例表明，或有负债是存在一定可能性的、在未来需要偿付的款项。但是由于这个可能性并不是很高，所以通常都不会记录在资产负债表上。我国会计准则要求，只有当未来的事件导致或有负债变为实际负债发生的可能性大于不发生时，企业才需在财务报表中确认和计量这些负债。在这之前，企业应在财务报表的附注中披露或有负债的存在和相关信息，以便利益相关者能够充分了解企业潜在的财务风险。

以上市公司为例，企业会在年报附注中对所有可能引发或有负债的具体事项做出详细的披露，包括引发负债的事项、或有负债的性质、金额，可能发生的时间和条件等，以帮助财务报表使用者更好地理解企业的财务状况和风险。例如比亚迪在其2023年财务报告附注第十六（2）中，明确地报告了企业当前存在的或有事项有两个：一个是"未决诉讼或仲裁形成的或有负债"；另一个是"本集团提供担保形成的或有负债"。

或有负债客观存在但不包含在报表的负债科目中，这也体现了财务报表在反映企业整体财务风险方面的局限性。更值得管理者和外部投资者思考的问题是，当报表上显示的负债不能完整地反映企业所有的潜在负债时，对自身决策有什么启发。例如银行在对企业进行信贷评价时，不仅要考虑企业报表中已有的负债，还要对企业所有潜在或有事项加以分析，甚至要通过模型把其中一部分转化成真实的负债金额后去评价企业风险。

从外部投资者角度来看，存在经营困难的企业更具有盈余管理的动机，有可能通过低估或延迟确认相应的负债来掩盖真实的负债水平。因此，投资者在进行投资决策时，应结合企业的业务背景和市场情况，进行更全面的判断和评估。这种理解和分析将有助于利益相关者更准确地把握企业的财务健康状况和潜在风险。

【本章案例】D集团公司的负债融资风险

1. D集团公司简介

D集团公司成立于1996年，是一家以制造汽车零部件起家的企业。经过20

余年的发展，D集团公司已具备相当规模，并拥有十余家子公司（其中包含2家A股上市公司），基本形成了以五金冲压件、汽车零部件和整车制造及销售为主营业务的汽车产业链。另外，其还涉猎电子材料和房地产等行业，利用多元化经营分散风险、提高整体收入。可是仅仅2年多后，D集团公司便陷入债务违约的泥沼，最终因不能清偿到期债务，不得已向当地人民法院提交了重整申请。

2. 基本财务信息

图4-1和图4-2展示了D集团公司2015—2019年的资产规模、营收情况和净利润变化趋势。2016年，由于D集团公司将Z汽车公司纳入合并范围，其资产规模和营业收入得到了大幅提升，其中资产总额达到426亿元，增幅为119%；营业收入达到144亿元，增幅为80%。然而，由于宏观行业形势变化和公司自身运营问题，转型后D集团公司的营业收入和净利润的增长仅持续了一年，便进入了下行趋势。2019年，D集团公司的营业收入仅为66.2亿元，较前一年缩水约70%，净利润也由11.6亿元的盈利变为近125亿元的亏损，整体业绩表现发生了巨大的改变。

图4-1　D集团公司2015—2019年资产及营业收入变化趋势

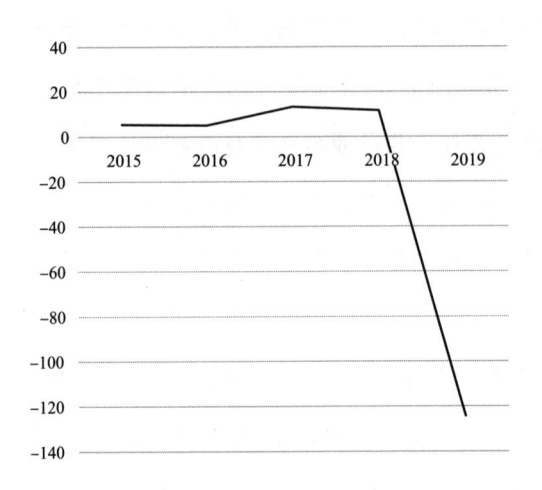

图 4-2　D 集团公司净利润变化趋势（亿元）

作为以制造汽车零部件起家的企业，汽车板块一直是 D 集团公司的主要收入来源。特别是在 2016 年收购 Z 汽车公司后，D 集团公司转型为汽车整车制造商，有 80% 的营业收入均来自汽车板块。然而，伴随着汽车行业景气度下行以及行业两极分化加剧，D 集团公司所产车型在市场中的受欢迎程度下降，汽车零部件销售情况也并不乐观。加之固定成本较高，D 集团公司的汽车板块业务毛利率从 2016 年的 20% 下降至 2019 年的 -3.7%，已经无法给 D 集团公司带来利润流入。虽然 D 集团公司在近几年也发展了房地产、电子材料等其他板块业务，却在 2019 年放弃了传统的五金冲压件及模具板块的经营。但是由于投资有限，其他板块的利润流入难以覆盖主营汽车业务的巨额亏损，D 集团公司最终陷入财务困境，如图 4-3 和图 4-4 所示。

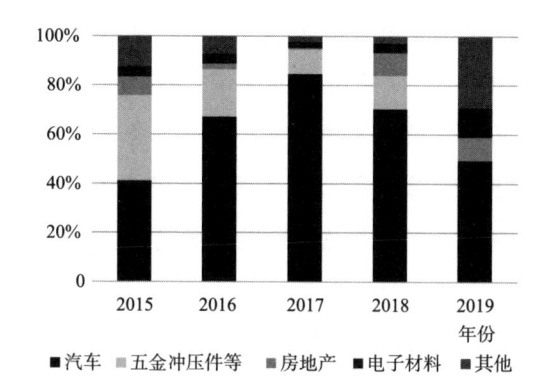

图 4–3　D 集团公司各业务板块收入占比变化

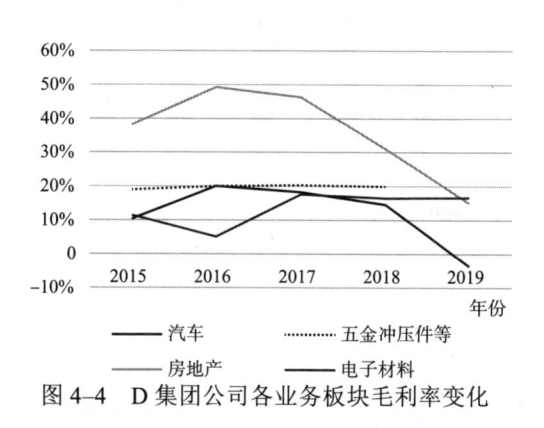

图 4–4　D 集团公司各业务板块毛利率变化

3. 债务违约原因分析

除去主营业务经营业绩恶化这一最直接原因外，D 集团公司的债务违约风险还可以从其债务规模、债务结构、资产受限情况、营运资金挤占情况以及或有负债等方面进行追溯。

（1）债务规模大且结构不合理。

如图 4–5 所示，在 2016 年转型之后，D 集团公司的债务规模[①]均在

[①] 全部债务 = 长期债务 + 短期债务。长期债务 = 长期借款 + 应付债券；短期债务 = 短期借款 + 以公允价值计量且其变动计入当期损益的金融资产 + 应付票据 + 应付短期债券 + 一年内到期的非流动负债。

200亿元以上，负债合计金额均超过320亿元，资产负债率也一直维持在超过70%的水平。在2019年，D集团公司的债务规模虽然从246亿元下降至217亿元，但是由于当年计提较高金额的资产减值准备，公司的总资产账面价值下降幅度大于总负债下降幅度，从而导致资产负债率上升至88%。由此可见，D集团公司的财务杠杆较高，即面临沉重的债务负担。

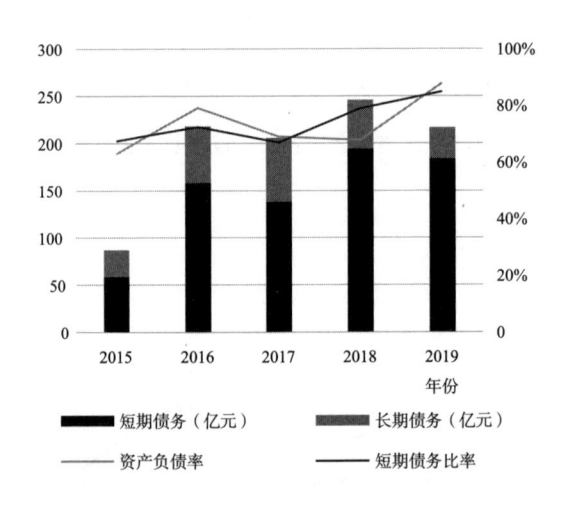

图4-5　D集团公司债务规模及结构

另外，在债务结构方面，D集团公司的债务大部分是短期债务，且短期债务占比持续升高。在2018年和2019年，D集团公司的短期债务金额分别为194亿元和184亿元，占全部债务的比例分别为79%和85%，意味着D集团公司的短期偿债压力极大。但是从图4-6中可以看出，D集团公司的短期债务流动性并不强。2019年末，D集团公司的流动比率已下降为0.86，速动比率更是低至0.59，从此可以看出D集团公司面临着极高的债务违约风险。

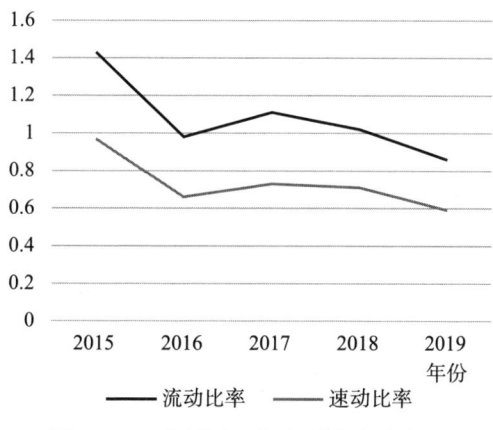

图 4-6　D 集团公司短期偿债能力指标

（2）营运资金被挤占，受限资产多。

近年来，受到乘用车行业景气度下滑的影响，D 集团公司的经销商因销售困难而出现资金紧张，于是 D 集团公司将原有的先款后车结算方式放宽至有一定比例赊销，从而导致公司应收账款规模增加，回款速度变慢，占用了一定比例的营运资金。从图 4-7 中可以看出，近年来 D 集团公司的经营活动现金流净额多次出现负值，应收账款整体呈现持续上升的趋势，说明公司的获现能力较弱。另外，D 集团公司的货币资金则自 2017 年开始大幅减少，其 2019 年的货币资金账面金额为 36 亿元，仅是 2017 年的 45%，货币资金与短期债务之间的资金缺口高达上百亿元。

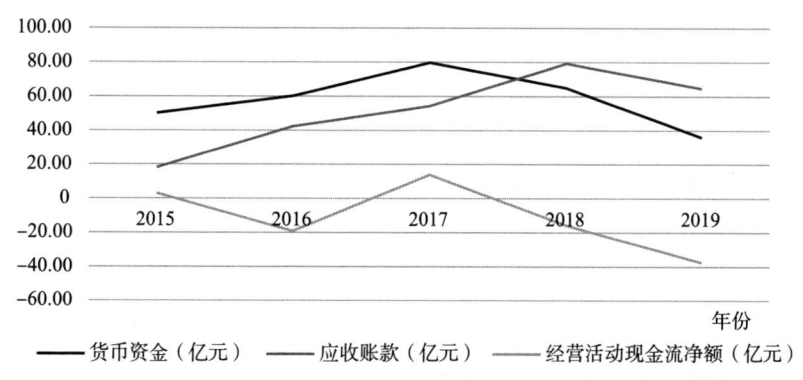

图 4-7　D 集团公司货币资金、应收账款及经营活动现金流净额变化

在D集团公司非常有限的货币资金中，还有较高比例的受限金额。2019年D集团公司的货币资金中有20.92亿元的作为票据保证金受限，受限金额占比为58.90%，较上一年增加近10%。此外，D集团公司流动资产中的应收账款、应收票据和存货中也有部分资产因抵质押贷款而受限。较高比例的受限资产使D集团公司财务状况雪上加霜，还债风险进一步增加，如表4-2所示。

表4-2 D集团公司2017—2019年流动资产受限情况

单位：亿元

	2017年末			2018年末			2019年末		
	账面价值	受限规模	占比	账面价值	受限规模	占比	账面价值	受限规模	占比
资产	503.16	59.32	11.79%	522.76	107.88	20.64%	367.47	95.25	25.92%
流动资产	301.11	29.66	9.85%	301.88	60.46	20.03%	244.58	85.90	24.08%
货币资产	79.75	19.22	24.10%	64.94	31.26	48.14%	36.00	20.92	58.11%
应收账款	54.32	2.50	4.60%	79.32	0.24	0.26%	64.66	12.26	18.96%
应收票据	33.95	7.94	23.39%	9.40	6.93	73.72%	—	0.03	—
存货	101.24	—	—	92.19	22.06	23.93%	77.66	25.69	33.08%

（3）或有负债风险高，再融资困难。

如图4-8所示，D集团公司的对外担保规模较大。在2015年和2016年，D集团公司的对外担保金额均超过40亿元。虽然在2017—2019年之间缩小至25亿元左右，但是由于公司整体经营情况恶化，截至2019年底，公司对外担保金额仍占净资产的51%，存在很大的代偿风险。

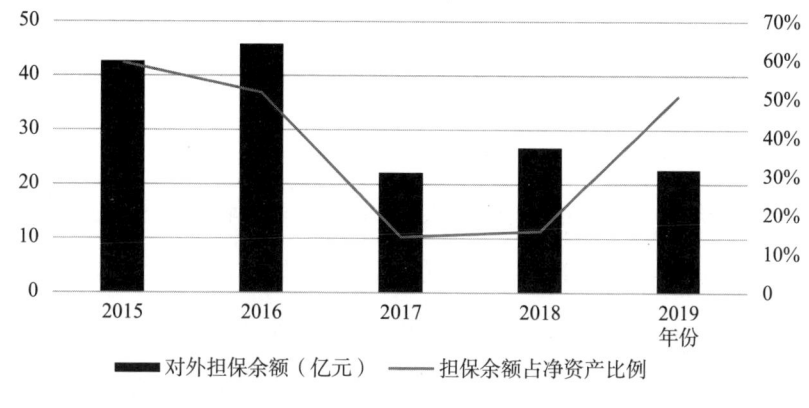

图 4-8　D 集团公司 2015—2019 年对外担保情况

另外，根据上市子公司 Z 汽车公司 2019 年年报披露，Z 公司作为被告/申请人发生的诉讼仲裁共有 489 起，涉及借款合同纠纷、买卖合同纠纷、承揽定作合同纠纷、广告运输合同纠纷、劳动人事纠纷等，累计金额超过 30 亿元。其中包含待开庭及审理中的 137 起，未决诉讼总金额约为 19 亿元。因此，作为母公司的 D 集团公司也存在很大的或有负债风险。

从融资渠道来看，截至 2019 年末，在银行授信方面，D 集团公司已取得银行等金融机构授信额度为 163 亿元，未使用额度仅剩余 20 亿元，D 集团公司的授信额度已经接近枯竭，备用资金十分有限。此外，D 集团公司的受限资产比例较高，且质押的两大上市子公司股份数分别占其持有股份数的 84.5% 和 100%，公司的外部融资渠道受限较大，财务弹性较差。

D 集团公司的债务危机能启发我们如何辨别企业的债务风险。首先，应当关注宏观经济形势和行业景气度对公司经营的影响。营业收入的下滑将直接导致企业的经营现金流入减少，给企业偿债带来压力。其次，在衡量企业的债务风险时，应当重视企业的债务规模和债务结构。过高的短期负债占比说明企业极有可能面临较大的短期流动性风险，高额的对外担保和较多的未决诉讼会给企业带来或有负债风险。最后，资产冻结和股权质押等情况会严重影响企业的偿付能力，投资者应当对财务报表附注中的资产受限情况给予额外关注。

【本章小结】

本章首先介绍了负债的基本概念、负债的分类，特别指出的是对这些概念和分类的学习应该结合其背后所反映的企业业务模式。此外，本章还向大家介绍了两类特殊的负债——租赁负债和或有负债，并说明了它们在财务报表中的处理方式及潜在风险。在实际企业运营中，当企业使用租赁合同，或存在可能引发或有负债的情形时，管理者和财务报表使用者可结合本章所学内容，深入分析其对企业财务状况与经营决策的影响。

【课后题】

请以某个企业的资产负债表为例，仔细阅读企业的负债及其对应的报表附录，理解负债与企业业务之间的联系。

第5章

资产负债表
——所有者权益

【学习目标】

本章将重点探讨以下三个方面的内容。

1. 理解所有者权益的基本概念及其主要构成要素。

2. 掌握企业各类业务活动如何影响所有者权益的变动。

3. 熟悉管理者应重点关注的核心财务指标及其管理意义。

【思维导图】

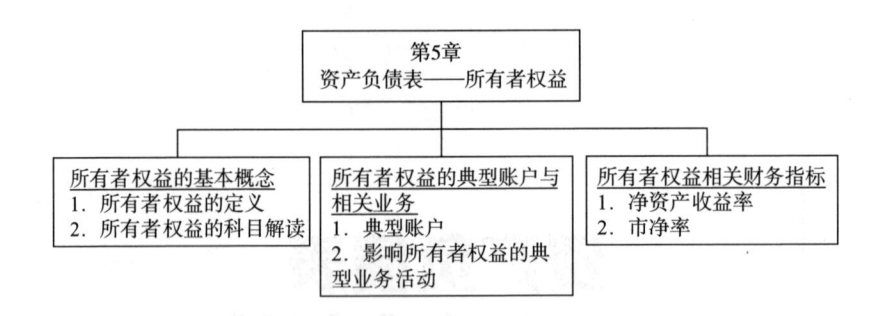

```
              第5章
        资产负债表——所有者权益
    ┌───────────┼───────────┐
所有者权益的基本概念  所有者权益的典型账户与  所有者权益相关财务指标
1. 所有者权益的定义   相关业务              1. 净资产收益率
2. 所有者权益的科目解读 1. 典型账户           2. 市净率
                    2. 影响所有者权益的典
                       型业务活动
```

5.1 所有者权益的基本概念

1. 所有者权益的定义

所有者权益也称为股东权益，指的是企业总资产扣除总负债后的剩余部分，因此也被称为净资产。前面章节已介绍过，资金的提供者有两类，分别是股东和债权人。净资产的概念体现了股东对企业价值的索取权位于债权人之后。在企业进行破产清算时，必须首先清偿债权人的债务。只有在债权人的债务全部清偿后，企业剩余的价值才归属于股东。因此，股东作为承担企业最终风险的资本提供者，其权益的保障尤为重要。公司治理机制，如股东大会和董事会的设立，就是在保护那些不享有优先索取权的资金提供者，即股东的利益。这些治理机制赋予股东对企业重大事务的决策权，并通过董事会对管理层进行监督，从而确保股东能够在企业经营中有效行使其权利，维护其在剩余价值中的合法权益。

2. 所有者权益的科目解读

所有者权益通常包含的典型账户有：实收资本（也称为股本）、资本公积、盈余公积、未分配利润、库存股和其他综合收益等。以上市公司美的集团 2023 年年报公布的数据为例，截至当年年末，公司拥有的实收资本为 70.26 亿元，资本公积为 212.43 亿元，盈余公积为 107.03 亿元，库存股为 –128.72 亿元，其他综合收益为 –1.64 亿元。

影响企业所有者权益的典型业务活动可以分为三类，包括股东资金注入、企业经营的盈亏状况以及对股东的利润分配。首先，当股东为企业注入资金，如购买新发行的股票或进行后续股权投资时，企业所有者权益会相应地增加，主要表现为股本和资本公积两个账户的增长。这些资金可以用于支持企业运营、扩展规模、研发创新等长期战略项目。其次，企业的盈利会导致盈余公积和未分配利润的增加，从而提高所有者权益。相反，企业的亏损则会减少盈余公积和未分配利润，导致所有者权益相应减少。最后，企业向股东发放的现金红利也会减少未分配利润账户的余额，进而降低总的所有者权益。

5.2 所有者权益的典型账户与相关业务

1. 典型账户

下面我们对四个最常见的所有者权益科目的概念和相关业务进行具体介绍：股本、资本公积、盈余公积和未分配利润。这四个科目通常被分成两组：

一组包含股本和资本公积，另一组包含盈余公积和未分配利润。股本和资本公积主要反映了股东对企业的资金投入，这些资金构成了企业经营的基础资本。而盈余公积和未分配利润则代表了企业通过经营为股东创造的价值，即企业赚取的尚未返回给股东的盈利部分。

1）股本和资本公积

股本，又称实收资本，是指企业投资者按照合同或协议的约定，以现金或其他资产形式实际投入企业并计入资本的部分。资本公积，又称资本溢价，是企业在接受投资时超过股本部分的出资金额。这两个科目最典型的形成方式是企业进行股票发行：其中股票面值部分计入股本，超出面值的溢价部分则计入资本公积。

假设某企业准备发行1万股股票，每股面值为1元，发行价格设定为5元。在这种情况下，通过股票发行，企业将收到5万元的资金流入，这相当于每股有额外4元的资本溢价，总计4万元。这些资金流入企业后，会相应地增加企业的资产和所有者权益。具体而言，实收资本将记录股票面值的部分，即1万元（1万股乘以每股面值1元）。超出面值部分的4万元，则会记录在资本公积中。这样的处理不仅体现了资金的实际流入，也准确反映了股东权益的增加。

同样的会计处理逻辑在后续股份增发中同样适用。增发价格往往不同于初次发行价格，例如企业以每股10元的价格增发500股，获得的5 000元资金中，500元（500股×每股面值1元）记录在股本下面，其余的4 500元将计入资本公积。无论增发价格如何变动，实收资本始终记录每股的面值部分即每股1元，超出面值的部分计入资本公积。股票面值1元是中国资本市场的规定，这种规定具有一个特别的优势，即实收资本的金额直接反映了企业发行在外的股份数量。

2）盈余公积和未分配利润

盈余公积是指企业按照规定从税后利润中提取的留存利润，通常包括法定盈余公积和任意盈余公积两部分。盈余公积的用途是特定的，包括弥补亏损、扩大经营和转增资本（或股本）。未分配利润是指企业在过去的经营活动中所累积的尚未分配给所有者的留存利润，这些利润可以留作企业内部再投资或未来分配给股东。

假设企业经过一年运营，实现了 8 000 元的净利润。根据相关法规，企业首先从净利润中提取法定盈余公积，再将剩余的部分转入未分配利润。在实际处理时，企业会按照法定提取比例将净利润进行划分。例如，其中 10%，即 800 元，计入盈余公积；剩余的 90%，即 7 200 元，计入未分配利润。

需要注意的是，盈余公积与未分配利润都属于所有者权益的一部分，两者既有共性又存在明显的区别。共同点在于，两者均源于企业经营活动所实现的盈利，体现了企业尚未分配给股东的内部资本积累，属于企业自有资金的重要组成部分。差异表现为盈余公积与未分配利润在法定要求、使用灵活性及目的上存在明显不同。盈余公积是根据国家法律或公司章程的规定，从净利润中按一定比例提取，其金额和用途均受到较严格的限制，主要用于弥补亏损、转增资本等特定用途。而未分配利润的使用则更具灵活性，企业可以根据经营需要和股东大会的决议安排其用途，包括留存发展、用于再投资，或以现金或股票形式分配给股东。

2. 影响所有者权益的典型业务活动

1）发放红利

发放红利是影响所有者权益的一项重要企业业务。企业取得了一定的盈利后，会通过分发红利的方式向股东返还部分收益。股利可以以两种形式发放，其中最常见的是现金红利。

（1）现金红利

企业以现金形式向股东发放红利，会如何体现在财务报表上呢？具体来说，企业支付红利导致现金减少，资产负债表中的现金余额对应下降；与此同时，所有者权益下的未分配利润也会相应减少。这种处理反映了一个基本的核算原理：未分配利润账户记录了企业经营活动为股东所赚取的资金。当从这些资金中拿出一部分以红利形式发放给股东时，相应的未分配利润余额就因此减少。

在考虑是否发放现金红利或者发放多少时，管理者需要综合考虑企业财务的稳健性和分红的可持续性，因为资本市场对红利发放的预期往往是长期的。这意味着管理者需要评估公司当前以及未来的现金流情况，确保红利发放不会影响企业的日常经营或未来的发展计划。此外，管理者还应当密切关注行业竞争环境和市场动态，以便及时调整红利政策以保持竞争力。通常，在企业取得盈利且有匹配的现金流情况下，资本市场会对发放现金红利的企业给予更高的评价。中国A股上市公司近年来红利支付呈现增长趋势。例如美的集团（2023年年报披露）自企业2013年整体上市以来，已累计现金分红超过1 070亿元，充分体现了其稳定的盈利能力与对股东回报的重视。

（2）股票股利

另一种常见的股利形式是股票股利，即企业以股票而非现金的方式向股东分配利润。例如，企业按每10股发放额外3股的比例进行分红，相当于30%的股票股利。这种分配方式在财务报表中的体现有所不同：由于未发生现金流出，企业的现金余额与资产总额保持不变，因此相关的会计处理仅涉及所有者权益内部各科目之间的调整。具体来说，企业在发放股票股利时，会将相应金额从未分配利润转入实收资本和（或）资本公积，从而导致未分配利润减少，而股本（与资本公积）相应增加。这种处理方式反映了利润留存内部结构的变化，但不改变所有者权益总额。

股票股利的发放方式在国际资本市场上被广泛采用，一个主要原因是股票股利增加了流通在外的股份数量。如果企业总市值保持不变，新增股份会导致每股价值相对降低。这种降低有助于增加股票的市场流通性，尤其是当股价处于较高水平的时候。因此，发放股票股利往往可以促进股票市场的流动性，这也是许多企业采用股票股利发放形式分红的根本原因。

2）股票回购

在中国股票市场，近年来企业进行股票回购的行为日益频繁。股票回购也是影响所有者权益的企业活动，通常被视为一种与股票发行相对的操作。股票回购对企业财务报表的影响较为直观：从资产角度看，企业使用现金购买股票，因此现金会相应减少。按照会计恒等式来分析，等式右侧所有者权益会伴随现金减少而下降。因此，股票回购本质上是一个资产减少、所有者权益减少的过程。

股票回购导致的所有者权益减少，体现在库存股这个账户上。库存股又称为已回购的股份，是一种企业已发行、随后从市场上回购的股票。在财务报表中，库存股通常作为"负项"记录在所有者权益中，因此会减少公司的股东权益总额。这些股份在被回购后不具备投票权也不参与利润分配，而是被企业持有，直到决定重新发行或注销。

企业实施股票回购通常基于多重战略考虑。首先，当管理层认为企业股价被市场低估时，通过回购减少市场上的流通股份，有助于提高每股收益和提升股票内在价值，从而增强市场信心。其次，股票回购也可以作为防御性措施，抬高潜在收购者的成本，以降低敌意收购的风险。最后，回购股份还可用于实施员工激励计划，如股票期权或限制性股票，增强企业吸引和留住核心人才的能力。总的来看，股票回购不仅能改善财务指标（如每股收益），还可以在一定程度上优化资本结构，提升企业的市场形象与治理灵活性。因此，它已成为上市公司在资本运作中广泛使用的重要工具。

当企业将回购的股票重新出售到二级市场时，会引发财务报表的两个主要变动：首先，库存股账户将减少被出售股票的成本价值，相应地所有者权益余额对应上升；其次，现金账户会因出售库存股票所得而增加，反映了企业通过股票出售获得的资金。值得关注的是，如果出售价格不同于回购的成本，产生的差价并不作为利润确认，而是计入"资本公积"。例如，股票回购成本是每股 5 元，而出售价格是每股 6 元，这每股 1 元的差价并非营业利润，而是股东为公司额外提供的资本，因此计入"资本公积"。

3）其他综合收益

下面介绍一个比较特殊的权益账户——其他综合收益。该账户指的是在报告期内产生但并未计入利润表中的收益或损失项目。其他综合收益通常包括一些不经常发生的或较为特殊的收益或损失，如公允价值变动、外汇汇兑差额等。虽然这些项目不会影响企业的净利润，但其变动会直接反映在所有者权益中，因此对企业的财务状况仍具有重要影响。

从业务性质来看，其他综合收益并不直接来源于企业的融资活动，更常见于企业的经营或投资活动。例如，其中"公允价值变动"的发生，来源于企业投资某类金融资产而产生的公允价值变动损益，具体准则可参考《企业会计准则第 22 号——金融工具确认和计量》。根据该准则的规定，满足两个条件的金融资产，以公允价值计量且变动计入其他综合收益。[1]

---

[1] 《企业会计准则第 22 号——金融工具确认和计量》提到的两个条件分别是：① 企业管理该金融资产的业务模式既以收取合同现金流量为目标又以出售该金融资产为目标；② 该金融资产的合同条款规定，在特定日期产生的现金流量仅为对本金和以未偿付的本金金额为基础的利息的支付。

为了更好地解释这一概念，让我们考虑一个简单的例子：假设 A 公司投资了另一家公司发行的债券，预计持有期限为两年。根据这些条件，这笔投资会被记录在 A 公司资产负债表的投资账户下。这类金融资产在市场上可公开交易，因此具有较为公允的市场价值。与其他类型的资产类似，金融资产在年末也需要根据公允价值进行重新估价。然而，与其他资产不同的是，大部分其他资产仅在其公允价值低于历史成本时计提资产减值，不允许进行"资产增值"的处理。但是对于金融资产，由于其公允价值具有客观和透明等特性，会计准则允许企业在年末对比购买成本与期末公允价值，并据此上调或下调该资产的账面价值。当资产的价值被调整时，相应地也需要在所有者权益的其他综合收益项目中进行调整，以反映这项资产价值增减给股东带来的影响。

理解其他综合收益的概念和特性，有助于我们更准确地评估企业总体的财务表现。例如，某公司 2023 年的净利润为 500 万元，同时该年因金融资产公允价值下降导致 100 万元的损失被记录在其他综合收益（表现为"负"项的收益）项目中。一个谨慎的评价策略是将这两部分合并，即考虑净利润与其他综合收益的综合结果，从而将企业的"实际"绩效视为 400 万元。因为尽管这 100 万元的损失当前未反映在当年的利润表中，但其他综合收益所反映的金融资产价值减少可能在未来发生。这也是在利润表之后，准则要求企业必须提供"其他综合收益的税后净额"以及综合收益总额两项重要信息的初衷。

5.3 所有者权益相关财务指标

1. 净资产收益率

下面介绍两个与所有者权益相关的财务指标。首先是净资产收益率（Rate

of Return on Common Stockholders' Equity，简称 ROE）。该指标的计算方法相对简单，将净利润除以企业的净资产即可。其中，分母的净资产代表了股东在企业中的经济利益。而作为分子的净利润则是公司在一年经营活动后归属于股东的价值增长部分。因此，净资产收益率实质上衡量的是企业为股东带来回报的能力。为了提高计算的精确度，也可以使用年平均净资产作为分母。

$$净资产收益率 = 净利润 / 净资产$$

净资产收益率是评估公司盈利能力的重要指标。鉴于该指标所反映的经济含义，中国证监会将其作为监管企业融资及股票发行的关键会计指标之一。对企业管理者来说，净资产收益率既是股东评估公司运营绩效的关键标准，也是管理层致力于提升的财务目标。本书第 12 至第 14 章将专门讨论通过财务分析提升股东回报的相关策略。

在应用净资产收益率或任何其他财务指标时，需特别注意的是，财务指标受到会计政策和管理行为的影响，存在被人为调整的空间。其中，不仅净利润受到企业主观判断的影响，净资产（即股东权益）也存在相似的问题。比如，企业在年末进行股票回购，会降低期末的净资产水平，从而提高净资产收益率。因此，使用净资产收益率以及任何其他财务指标之前，管理者或投资者都应该进行谨慎分析，识别财务指标背后的具体影响因素，从而对企业真实财务状况作出更加合理的评估。

2. 市净率

除净资产收益率外，市净率（Price-to-Book Ratio，简称 P/B）也是一个与所有者权益密切相关的重要财务指标。市净率指的是每股股价与每股净资产的比率。以美的集团为例，在公司 2023 年年报公布的当日，企业的收盘价为每股64.58元,年报给出的每股净资产为23.18元,两者相除得到当天公司的市净率为2.78,与家用电器类同业公司的平均水平2.7比较接近。

$$市净率 = 每股股价 / 每股净资产$$

从上述计算可以看出,市净率衡量的是企业市场价值与其账面价值之间的关系。该指标反映了投资者愿意为每单位净资产支付的市场价格。当市净率大于1时,意味着市场参与者认为公司的净资产价值被低估或公司拥有高于账面价值的无形资产或增长潜力;反之,如果市净率小于1,则可能表明市场对企业资产质量、盈利能力或未来发展存在担忧。

以上市公司为例,绝大多数公司的市净率是大于1的。这背后的原因主要有两个方面。首先,如第3章所述,会计系统在确认资产时采用了非常谨慎的态度,即资产的减值会被确认,而增值通常不能反映在资产负债表中。此外,对于一些可以给公司带来未来经济效益的资源(如品牌价值、技术、人才等),因其效益难以量化也未能被记录为资产。对资产的谨慎评估方式导致报表上净资产的估计也是偏谨慎的。如果市场对这些"表外"资源的价值有较高的认可,就会给予企业更高的股票价格,这就是市净率大于1的第一个原因。其次,市场在对企业价值进行评估时,不仅关注当前企业的净资产,还会考虑企业的盈利能力及其未来增长的潜力。具有较高增长潜力的企业,即使当前净资产不高,仍可能获得较高的市场估值,从而形成市净率远高于1的情况。

对企业而言,市净率是资本市场衡量企业资产管理效率的重要指标。管理者可以通过观察市净率的变化来了解外部投资者对公司财务状况和未来增长潜力的看法。企业不仅要关注净资产收益率,还应该关注市净率。既做好企业自身的盈利,又能够与资本市场对接,这也是市值管理的一个大方向。在收益率一定的前提下,如果市净率较低,往往意味着公司的股票价值被市场低估。若市净率持续低于行业平均水平，则提示企业管理层应深入审视内部治理效率、未来成长性以及信息披露的充分性与透明度。针对上述问题，管理者可通过提升盈利能力、优化资产结构、强化资本市场沟通与信息披露质量等手段，有效提升市净率，增强市场对企业的价值认同，从而实现股东价值的持续增长。

【本章案例】E公司的股东权益变动表

在实际企业运营中，影响所有者权益的业务活动种类繁多，结构更为复杂。在一定期间内所有活动对所有者权益的综合影响，通常会通过股东权益变动表予以系统反映。为了更清晰地进行介绍，下面将以E公司为例，详细解析一家上市公司在实际经营中所有者权益变动所涉及的各项事项。

1. E公司简介

E公司成立于1982年，并于2004年在深圳证券交易所挂牌上市。E公司是以半导体显示业务、新能源光伏及半导体材料业务为核心的科技集团，旗下的TV面板市场份额稳居全球前列，曾入选"世界品牌500强"榜单。2022年至2023年初，除因获得净利润等常规事项而导致股东权益变动外，E公司还因发生再融资新增股份上市、可转债转股、股份支付、股份回购、现金分红、转增股本等事项而导致股东权益发生了较大变动。因此本章选择E公司为案例对其股东权益变动表进行解读。

2. 导致股东权益变动的主要事项

表5-1为E公司2022年的合并股东权益变动表。合并股东权益包括归属于母公司股东权益和少数股东权益。其中母公司股东权益下具体列示了股本、其他权益工具、资本公积、库存股、专项储备、其他综合收益、盈余公积、一般风险准备、未分配利润等项目的金额。表5-1显示，2022年初E公司的合并股东权益合计为1 196.62亿元，年末为1 321.39亿元，增加了124.77亿元。下面我们将逐一介绍当期导致E公司股东权益变动的各个事项。

第5章 资产负债表——所有者权益

表5-1 E公司2022年合并股东权益变动表

单位：千元

	2022年度										
	归属于母公司股东权益									少数股东权益	股东权益合计
	股本	其他权益工具	资本公积	库存股	专项储备	其他综合收益	盈余公积	一般风险准备	未分配利润		
一、上年年末余额	14 030 642	200 334	6 079 267	(1 885 557)	1 549	(409 447)	2 550 173	8 934	22 458 340	76 611 057	119 645 292
加：会计政策变更	—	—	—	—	—	—	—	—	6 809	9 753	16 562
二、本期期初余额	14 030 642	200 334	6 079 267	(1 885 557)	1 549	(409 447)	2 550 173	8 934	22 465 149	76 620 810	119 661 854
三、本期增减变动金额	3 041 250	(200 334)	6 443 526	570 976	752	(402 375)	1 162 100	—	(2 978 420)	4 839 423	12 476 897
（一）综合收益	—	—	—	—	—	(415 837)	—	—	261 319	1 602 081	1 447 564
（二）股东投入和减少资本	3 041 250	(200 334)	7 822 900	570 976	—	—	—	—	—	8 109 948	19 344 740
1. 股东投入资本	3 041 250	—	6 668 566	—	—	—	—	—	—	8 109 948	17 819 764
2. 股份支付计入所有者权益的金额	—	—	26 559	76 664	—	—	—	—	—	—	103 223
3. 发行债券计入所有者权益的金额	—	(200 334)	1 127 775	907 083	—	—	—	—	—	—	1 924 524
4. 其他	—	—	—	(502 771)	—	—	—	—	—	—	(502 771)
（三）利润分配	—	—	—	—	752	—	1 162 100	—	(3 212 103)	(2 962 104)	(5 011 355)
1. 提取盈余公积	—	—	—	—	—	—	1 162 100	—	(1 162 100)	(381 108)	(381 108)
2. 提取一般风险准备	—	—	—	—	752	—	—	—	—	—	752
3. 对股东的分配	—	—	—	—	—	—	—	—	(2 050 003)	(2 580 996)	(4 630 999)
4. 其他	—	—	—	—	—	—	—	—	—	—	—
（四）所有者权益内部结构	—	—	—	—	—	13 461	—	—	(13 461)	—	—
其他综合收益结转留存收益	—	—	—	—	—	13 461	—	—	(13 461)	—	—
（五）其他	—	—	(1 379 374)	—	—	(811 822)	—	—	(14 174)	(1 910 502)	(3 304 050)
四、本期期末余额	17 071 892	—	12 522 793	(1 314 581)	2 301	—	3 712 273	8 934	19 486 730	81 460 233	132 138 753

（1）获得净利润。

2022年，E公司的归母净利润为2.61亿元，因此股东权益表上的未分配利润科目增加2.61亿元。

（2）其他综合收益变动。

2022年，E公司因采用权益法核算的被投资单位在将来可能重分类进损益的其他综合收益中所享有的份额、现金流量套期工具公允价值变动、外币财务报表折算差额及其他权益工具的公允价值变动等因素，产生了相应的损益，导致归属于母公司的其他综合收益减少了4.02亿元。截至2022年年末，归属于母公司的其他综合收益余额为-8.11亿元。

（3）提取盈余公积。

2022年，E公司及其子公司按适用于本公司的企业会计准则及规定，按净利润的10%提取法定盈余公积金。2022年，E公司提取的法定盈余公积为11.62亿元。因此，盈余公积增加了11.62亿元。

（4）再融资新增股份上市。

2022年12月，经证监会许可，E公司以3.42元/股的发行价格向19家机构投资者定向发行了票面价值为1元的普通股2 806 128 484股。扣除保荐承销费用、律师费、审计验资费、信息披露费及股权登记费等费用后，E公司的募集资金净额约为94.75亿元。与公司当年其他股东投入资本业务合计，当年股本增加30.41亿元，资本公积增加了66.69亿元。

（5）可转债转股。

2020年11月，E公司经深交所同意，向广发证券等20位特定对象发行了面值为100元/张的2 600万张可转换公司债券，该次可转换公司债券解除限售日期为2021年8月3日，转股期起止日期为2021年5月31日至2022

年 11 月 29 日。

2022 年第二季度，E 公司定转 2 因触发有条件回售条款，完成回售注销减少 77 万张，未发生转股。2022 年第三季度，E 公司定转 2 因转股减少 50.01 万元（5 001 张），转股数量为 121 975 股。截至 2022 年 11 月 30 日，E 公司定转 2 已到期并摘牌。

在可转债转股的 5.29 亿股中，其中 2.93 亿股来自公司回购的库存股，导致 2022 年减少库存股 9.07 亿元；其余 2.35 亿股为新增股份，导致公司股本增加 2.35 亿元，资本公积增加 11.28 亿元。同时，可转债转股时减少了记录于负债中的一年内到期的非流动负债（在 2021 年由应付债券重分类至该科目）的相应金额和记录于股东权益中的其他权益工具——可转债的全部金额（2 亿元）。

（6）股份回购。

2022 年 3 月，基于对公司未来发展的信心和对公司价值的高度认可，为维护股东利益并兼顾公司员工激励的需要，E 公司拟通过回购专用证券账户以集中竞价交易方式累计回购公司股份，用于员工持股计划或股权激励，并在董事会会议上审议通过了《关于 2022 年回购部分社会公众股份的回购报告书》。

2022 年 6 月，E 公司披露了《关于 2022 年回购社会公众股份实施完成的公告》，说明公司于 3 月 23 日至 6 月 24 日通过回购专用证券账户以集中竞价交易方式回购公司股份数量共计 106 484 364 股，最高成交价为 5.01 元/股，最低成交价为 4.34 元/股，成交总金额约为 5.03 亿元。因此，本次交易导致 E 公司的库存股增加 5.03 亿元，股东权益金额减少 5.03 亿元。

（7）股份支付。

2022 年 8 月，E 公司发布了《2021—2023 年员工持股计划（第二期）持有人会议决议公告》，本次股权激励以 4.35 元/股的授予价格向不超过 3 600

名激励对象授予 3 262.11 万股股票，本次股份支付以权益结算计入资本公积的金额为 0.27 亿元（同时确认费用 0.27 亿元）。另外，还有往期员工持股计划的实施导致库存股减少 0.77 亿元，因此本年股份支付导致股东权益增加 10.3 亿元。

本期持股计划的资金来源为公司计提的 2022 年持股计划专项激励基金 5.03 亿元，公司回购专用证券账户所持公司股票 106 484 364 股[(3) 中提到的回购股份数量]已于 2022 年 12 月 28 日非交易过户至"E 公司集团股份有限公司——2021—2023 年员工持股计划（第二期）"证券账户。

（8）现金分红。

2022 年 4 月，E 公司以可参与利润分配的股本 13 666 683 905 股为基数（总股本 14 030 642 421 股减去公司回购专用证券账户不参与利润分配的股份 363 958 516 股），向全体股东每 10 股派发现金红利 1.5 元（含税），共计分配利润 20.5 亿元，因此未分配利润减少 20.5 亿元。

（9）转增股本。

另外，E 公司在 2022 年年报中披露的资产负债表日后事项中提到了转增股本事项。根据公司董事会决议审议通过公司 2022 年度利润分配及资本公积金转增股本议案，以 2023 年 3 月 30 日公司股本 17 071 891 607 股为基数，以资本公积金向全体股东每 10 股转增 1 股，转增股本后公司总股本变更为 18 779 080 767 股。因此，E 公司的股本在转增股本后将增加 17.07 亿元，资本公积则将减少 17.07 亿元，股东权益金额不变。

【本章小结】

本章首先介绍了所有者权益的概念、涵盖的主要报表科目及其特征；其次系统阐述了对所有者权益产生影响的典型业务活动；最后详细解释了两项与股东权益密切相关的财务分析指标——净资产收益率和市净率，并探讨了其在企业管理与战略决策中的应用价值和启示。

【课后题】

请你以一个真实的企业为例，计算该企业当前的净资产收益率和市净率，并从业务和战略层面，思考该企业如何能够提升这两个财务指标。

第6章

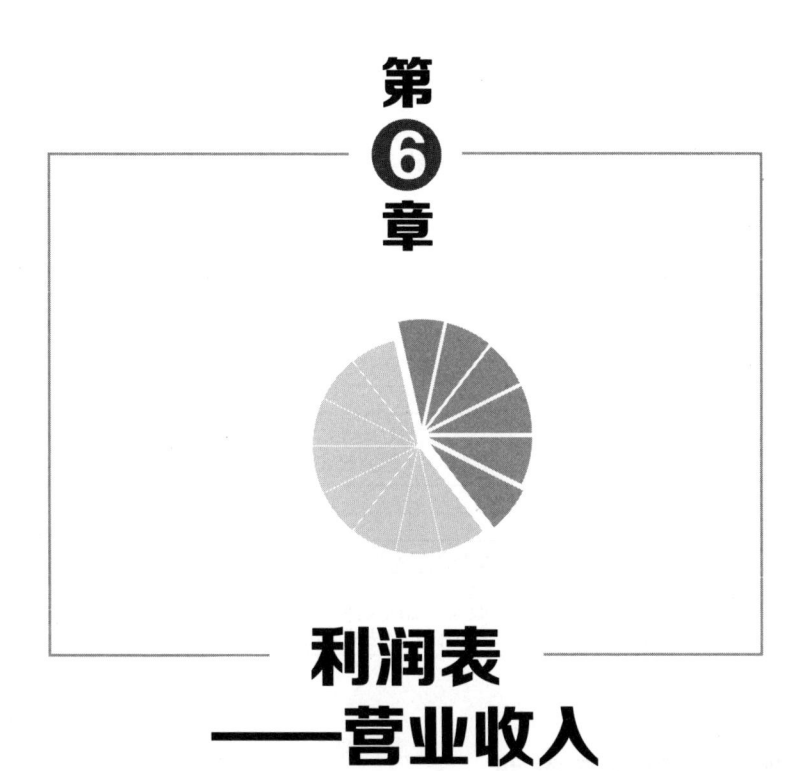

利润表
——营业收入

【学习目标】

本章将重点介绍以下三个方面的内容。

1. 营业收入的定义与概念，以及收入的类别。

2. 收入的确认原则——企业在何种情况下满足收入确认的条件。

3. 收入和收到现金的关系，以及企业应该采取哪些风险防范措施。

【思维导图】

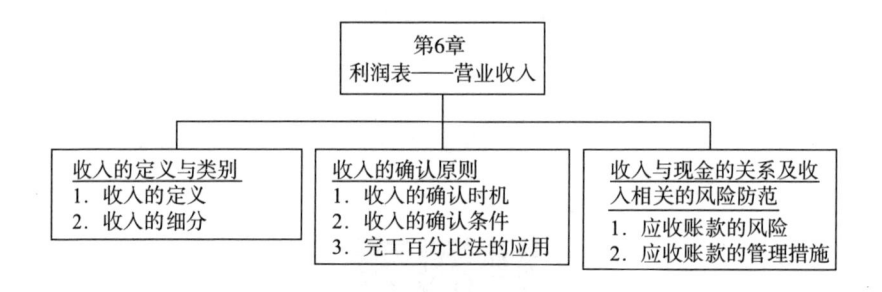

```
                    第6章
                 利润表——营业收入
        ┌───────────────┼───────────────┐
   收入的定义与类别      收入的确认原则      收入与现金的关系及收
   1. 收入的定义         1. 收入的确认时机    入相关的风险防范
   2. 收入的细分         2. 收入的确认条件    1. 应收账款的风险
                         3. 完工百分比法的应用  2. 应收账款的管理措施
```

6.1 收入的定义与类别

营业收入是衡量企业经营状况的重要指标之一，反映了企业在某个会计期间内经营活动的规模和效益。《企业会计准则第14号——收入》给出了收入的定义：收入指的是企业在日常活动中产生的、能够引起所有者权益增加的经济利益的流入，但这种增加并非来源于所有者对企业的资本投入。

收入的定义反映了收入的几个特点：首先，收入主要来源于企业的主要业务及其他经常性业务活动，如销售商品、提供服务等。其次，收入的确认会增加企业的净资产，即所有者权益。但是这种增加与股东的直接投资无关，而是通过企业经营活动为股东带来的价值增值。最后，经济利益的流入形式多样，不仅包括现金的流入，还可能表现为应收账款的增加、其他资产的增加，或相关负债的减少（如预收账款的下降）。

企业的收入通常来源于日常经营活动，包括销售商品、提供劳务或转让资产使用权等。商品销售是商品流通和制造业企业的主要收入来源，而服务业企业则以提供劳务来获取收入。在当前的商业模式中，商品与服务经常是同时被提供的，例如销售软件产品时附加的个性化配置、技术支持等服务。在这种情况下，即便商品和服务来源于同一份销售合同，按照会计准则依然需要在收入确认时对不同业务所带来的收入进行拆分，即分别确认商品销售收入和服务收入。其中，商品销售收入在交付验收之日确认，而服务收入确认则基于合同中的服务完成时点。

上市公司在年报中会对收入进行非常详细的披露。以中国调味品行业的龙头企业海天味业 2022 年年报披露的信息为例，公司当年的营业收入总额是 256.1 亿元。其中，合同产生的收入为 255.9 亿元，租赁收入为 0.19 亿元。在报表附注中，企业为合同收入 255.9 亿元从多个维度进行细化，包括主营业务收入 237.9 亿元与其他业务收入 18.2 亿元；或者根据商品类型、商品转让的时间进行分类，如表 6-1 所示。

表 6-1 海天味业 2022 年营业收入

单位：元

合 同 分 类	合　　计
商品类型	
酱油	13 861 182 323.73
蚝油	4 416 534 600.86
酱类	2 584 008 717.63
其他调味品	2 932 176 836.96
原材料、包装物及废渣	993 323 035.27
物流运输服务	736 957 047.84
其他	66 385 108.24
合计	25 590 567 670.53
按商品转让的时间分类	
在某一时点确认收入——销售商品收入	24 853 610 622.69

续表

合同分类	合　　计
在某一时段内确认收入——物流运输收入	736 957 047.84
合计	25 590 567 670.53

6.2　收入的确认原则

1. 收入的确认时点

收入的确认时点是财务处理中至关重要的问题。为了理解收入确认的原则和依据，可以设想企业实现一笔收入所经历的完整业务流程：从最初在市场中寻找潜在客户、与客户接洽、协商并签订销售合同，到准备货物、安排发运，最终收到客户付款。

在这一系列过程中，会计系统所关注的"收入确认"是指将该笔收入正式计入企业财务报表的具体时点，这一时间点并不等同于合同签订或客户付款的时刻。在商业实践中，人们可能会认为只要合同达成，就可以认定企业实现了收入。但根据会计准则，收入的确认必须满足一系列条件，其确认时点通常晚于合同签订时点，甚至晚于货物发出。

这种延后确认的安排体现了会计的谨慎性原则，即在尚未完全满足确认条件之前，不轻易将经济利益计入报表。对企业管理者而言，理解收入确认的时点及其背后的逻辑尤为重要。这不仅关系到企业财务数据的真实性和可靠性，也直接影响企业的业绩评价、纳税义务及投资者预期管理等核心管理事项。

2. 收入的确认条件

企业会计准则对收入的确认条件有着明确的规定。《企业会计准则第 14 号——收入》指出，企业只有在满足准则要求的条件时才能将收入计入财务报表。这些条件列示如下：

第一点，合同各方已批准该合同，并承诺将履行各自的义务。

第二点，该合同明确规定了各方与所转让商品或提供劳务相关的权利和义务。这两点主要强调的是，合约赋予了合约双方这样一种法律效应的存在。

第三点，该合同有明确的与所转让商品相关的支付条款。这里强调的是一个支付条款，也就是说合同的客户方、购买方会支付相应的金额，并已经明确了。

第四点，该合同具有商业性质，即履行该合同将改变企业未来现金流的风险、时间分布或金额。这一点是指销售方企业在未来将会收到对应的现金。

第五点，企业因向客户转让商品而有权取得的对价很可能收回。"很可能"这三个字意味着现金可以不在当前回收，而在未来。但是，企业要有一个基本的判断，也就是说未来的这笔资金是大概率可以收到的。

当上述收入确认条件得到满足时，意味着商品或服务所附带的主要风险与报酬已实质性转移至买方，且企业能够可靠计量收入金额及相关成本，并具备实现相关经济利益的高度可能性。虽然会计准则在收入确认方面的规定较为详尽复杂，但在实际工作中，最常见的收入确认时点是商品发出之日。然而，需要明确的是，之所以可以在发货时确认收入，是因为在该时点，依据企业与客户签订的合同条款及实际履约情况，已满足准则中对收入确认的相关要求，而并非发货本身即自动触发收入确认。

相反，在某些情况下，如合同明确将客户的验收作为风险转移的前提条件，则企业需待客户完成验收并签字确认后，方可确认收入。这强调了收入确认应根据合同约定及实际履约情况进行判断，而非简单依据某一特定的业务节点。

此外，《企业会计准则第14号——收入》强调，对于包含多项履约义务的合同，企业应对每一项义务进行单独识别和会计处理。具体而言，企业应依据各项履约义务的单独售价或其合理估计值，将合同总对价合理分配至各项履约义务，分别在满足收入确认条件的时点确认收入。

假设一家企业销售某种设备，同时提供三年的维护服务。根据收入准则，企业首先需要基于各项服务的独立销售价格或合理估计的价格来分配合同金额到设备销售和服务合约上。在此基础上，设备销售部分的收入在设备交付且风险转移给买方时确认，通常发生在发货的时点。而对于服务部分，收入应根据服务的提供进度逐年确认，即在每个会计年度结束时根据服务完成的比例计入财务报告。

深刻理解收入准则对管理者的启发体现在两个方面：首先，深入理解和遵守收入准则是确保收入以及利润表信息准确、合规的基础。这不仅有助于提升财务报告质量，也为企业赢得投资者和监管机构的信任提供保障。其次，管理者可通过优化合同条款和业务流程来加强管理，不仅确保了收入确认的合规性，还可能加速收入的确认时效。从而改善企业的财务节奏，增强现金流管理能力，为实现企业战略目标和提升财务稳健性提供有力支持。

3. 完工百分比法的应用

当企业执行长期合同项目时，如建筑工程、大型设备制造或定制软件开发等，其收入、成本和项目完成进度可能跨越多个会计期间。在这种情况下，可以采用完工百分比法来进行收入的确认。该方法根据报告期末合同履行的完成程度来确认收入和成本，从而能够合理地反映企业在当前会计期间的经营成果。以上市公司中国建筑为例，公司（2023年年报）针对客户合同中的不同业务采用了不同的会计方法来确认，其中工程承包合同收入的确认正是采用了完工百分比法。

> **工程承包合同收入的确认**
>
> 本集团与客户之间的工程承包合同收入通常包含房屋建筑建设和基础设施建设履约义务。由于客户能够控制本集团履约过程中的在建资产,本集团将其作为在某一时段内履行的履约义务,按照履约进度确认收入,履约进度不能合理确定的除外。本集团按照投入法,根据发生的成本确定提供服务的履约进度。履约进度不能合理确定时,本集团已经发生的成本预计能够得到补偿的,按照已经发生的成本金额确认收入,直到履约进度能够合理确定为止。
>
> 资料来源:中国建筑2023年年报

具体而言,使用完工百分比法需经历以下几个关键步骤:首先,企业需对整个工程项目的总收入、总成本以及总工作量作出合理估计,并将项目拆分为若干履约阶段;其次,根据报告期末实际完成的工作量占项目总工作量的比例,计算履约进度百分比;最后,企业以该进度比例乘以预计总收入和总成本,确认相应期间的营业收入与营业成本。

举例来说,如果企业签订了一份合同总价为1 200万元的项目,在第一年完成了30%,则当年可以确认的收入为360万元(1 200万元×30%);当期成本如果是300万元,则当期产生的利润为60万元(360万元-300万元)。采用完工百分比法能够使财务报告更恰当地反映企业的经营状况,收入和成本的确认与项目实际进展相一致。然而,完工百分比法的有效应用依赖于企业具备健全的项目管理体系和高质量的内部控制机制。企业需要能够准确、可靠地测量项目进度,并在履约过程中按照合同约定的节点获取客户验收确认,从而证明履约义务已完成且风险已转移。只有在企业能合理估计项目总收入、总成本和完工进度的前提下，该方法才具有可行性和可信度。因此，管理层在选择采用完工百分比法时，必须充分评估企业的项目控制能力和信息系统支持水平，以确保该方法在实际执行中能够提供真实、完整和一致的财务信息。

如果企业无法满足上述条件，就不能应用完工百分比法，而要等合同约定的履约义务全部完成后才能进行收入的确认，这也是财务系统谨慎性的一个典型体现。但是，有些应用完工百分比法确认收入的企业，在业绩不能达到预期水平的时候，利用虚增"完工水平"来虚增收入。例如某设备制造业的上市公司，通过高估长期建造合同在当期完工的百分比，导致当期收入虚增过亿元，净利润也因此虚增超过 5 000 万元。此类案例表明，虽然完工百分比法能够提高财务信息的及时性，但其应用极易受到企业内部管理动机的影响，进而损害信息的可靠性。

为防止此类操纵行为，监管机构对采用完工百分比法的企业通常会采取更为严格的审查措施。企业在确认收入时需提供充分、可靠的外部证据作为支撑，例如由第三方监理机构出具的项目进度报告、客户付款进度凭证或验收确认文件等。这些验证性证据有助于审计人员、监管部门及投资者判断企业披露的收入信息是否真实可靠，从而提高财务报告的透明度和可信度。

6.3 收入与现金的关系

现在请大家思考一个问题：收入与收到现金之间是什么关系？或者说，当企业确认收入的时候，是否一定会有对应现金的流入。值得注意的是，收入确认准则给出的五个确认条件与收到现金的时机并无直接的对应关系。因此，企业可能在收入确认的同时（例如发货日）收到对应的现金，也可以早于这个时间收到客户的预付款，或者在收入确认后的一段时间内才收到现金。由此可见，收入与收到现金之间绝不能简单地画上等号。

在实际中，如果一个企业大部分收入都伴随现金的流入，说明该企业采用的是现金销售的模式，即商品交付和现金流入同时发生，类似于"一手交钱，一手交货"的情况。例如食品行业企业老干妈就是采用现金销售模式的一个典型案例。采用现金销售模式的企业通常会有很少的应收账款，同时企业经营活动能带来充足的现金流。

与现金销售模式相比，采用预售模式的企业会在实际交付商品或服务之前就从客户那里收取款项，现金流入比收入确认更早。因此，采用预售模式的企业财务处理不同于现金销售模式。客户支付款项意味着企业现金增加，由于此时企业尚未提供商品或服务，因此不能记为收入，而是记为预收账款（即负债）的等额增加。直到风险和收益转移给客户且履约义务完成时，这些预收款项才会转化为收入。如何确定预收账款向收入结转的时点呢？还是要依靠收入准则所列示的条件，通常发生在货物发给客户、风险转移的时点。

预售模式在许多有竞争力的知名公司中得到了广泛应用，苹果公司便是其中的一个典型代表。特别是在每年秋季推出新产品时，苹果公司通常会采取预售策略，允许消费者在产品正式发货前通过官网或授权平台预先支付，从而提前获得现金流入。由此可见，预售模式不仅可以优化现金流，还能增强市场预期和消费者参与度。

当然，苹果公司能够成功使用预售模式有着其更深层次的原因，包括建立企业产品的市场吸引力和品牌忠诚度。消费者之所以愿意提前一个月甚至更长时间支付货款，很大程度上是由于对苹果产品的高度热情和对其持续创新的信赖。苹果公司的市场策略强调不断的技术革新和产品迭代，这种策略不仅巩固了其市场地位，也使得预售模式成为其销售策略中的一个重要组成部分。通过预售，苹果公司能够有效地管理供应链和生产计划，同时确保其新产品发布能够产生最大市场影响力。因此，销售模式的选择并非一个独立的企业策略，而是企业战略部署中的一环。

观察企业的实际经营情况可以发现，多数企业采用的并非现金销售或预售模式，而是更为普遍的赊销模式。在赊销模式下，尽管企业在货物发出、完成风险转移并确认收入的同时实现了会计上的收入确认，但相关的现金尚未流入企业，收入的实现往往表现为资产负债表中应收账款的增加。

对于以赊销模式为主的企业，管理者需要特别关注应收账款的管理，通常以降低应收账款的规模、缩短回收期为目标，因为高额的应收账款和较长的回收期会给企业带来更大的风险和更高的成本。从风险管理的视角来看，应收账款的回收期限越长，无法回收的风险相应也会越大，这意味着应收账款更有可能转变为坏账。因此，若企业具备健全的财务管控制度，就可以及时根据应收账款的账龄结构调整坏账准备的计提比例，以避免利润虚增。但若企业未及时计提减值准备，则会削弱财务报表的可靠性，影响利润质量。

即便企业的客户信誉良好且最终有能力偿还，高额的应收账款也会给企业带来更高的成本。当应收账款金额较大时，企业的大量资金被锁定在应收账款中，从而减少了用于其他投资或运营的可用资金。在这种情况下，企业需要额外融资来满足其业务的需求，进一步增加了资金成本。因此，优秀的企业会通过改善管理和提高效率来减少应收款项余额，缩短回收期限。相反，管理不善的企业可能会遇到应收款持续高企的问题，客户出现严重的支付问题的风险加剧，最终企业不得不对这些高风险的应收款进行一次性的大额减值计提，严重影响当期及未来的净利润。

例如，某新能源材料企业对大客户的应收账款及应收票据总额已超过2亿元，且存在大量逾期的账款到期未兑付的汇票，因此存在无法收回的风险。由于企业在之前年度没有对这笔应收款进行充足的坏账计提，导致企业在风险爆发的财年一次性计提了超过 1.5 亿元的信用减值损失（即坏账损失）。当年的净利润比上年下滑超过 50% 之多。为了应对这一问题，该企业采取了多项措施，包括提示付款、上门催收、签订付款协议等，并要求客户提供资产抵押作为付款保证，最终渡过了难关。

6.4 收入相关的风险与防范

收入和应收账款的管理对企业而言非常重要。常规性地审视企业应收账款与营业收入之间的比率、应收账款回收时间，并做好与同业其他可比公司之间的比较，都有助于提升管理的效率，并及时发现风险进行管控。反之，如果管理者一味地追求收入以及利润的数字，忽视了对应收账款的管控，则很容易出现收入的增长低于应收账款的增长的问题。伴随应收账款周转率不断下降、应收账款逾期增加等问题，在积累了一定时间后，客户风险爆发，大额应收款变成坏账，企业不得不一次性计提大额的减值损失，甚至超过前几年的利润。

在优秀的上市公司中，高效的应收账款管理是防范财务风险的重要保障。许多企业已经建立了高效的管理措施，其中之一便是引入客户信用管理系统。当企业发展到一定规模后，可利用大数据工具来构建客户信用评级系统。该系统能够评估客户信用水平，并据此调整赊销政策，优化信贷控制，进而通过事前管理来降低信用风险。

在实践中，企业还应加强对应收账款的分级授权和审批机制。当应收账款额度超过规定限度时，需提交给更高层级管理机构如管理层或董事会审批。同时，建立系统化的应收账款催收流程，根据不同客户特征制定监管策略，加速应收账款的回收，并提高回收效率。

在企业内部管理中，将应收账款的回收指标纳入相关业务部门及管理人员的绩效考核是一项切实可行的管理机制。该做法能显著提升各部门对应收账款问题的关注度，并促进跨部门的协同合作，从而加快应收账款的回收，降低坏账风险。此外，企业还可借助金融市场的外部资源，例如银行或担保机构提供的应收账款保理与担保服务。这类工具可以有效增强企业的现金流稳定性，并为企业提供更大的财务灵活性。综上所述，构建完善的应收账款管理体系，应从信用评估、审批控制、催收执行、绩效考核及金融工具配套等多个层面协同推进。管理者可根据企业实际情况选择适当的措施，以实现应收账款风险的可控化和管理效率的最大化。

管理者还需要重点关注的一个问题就是收入确认的合理性，谨防虚增收入的行为。一些企业为了实现特定的利润目标，通过虚构业务、提前确认收入、提高完工百分比的估计等各种方法来"调高"收入。这些不规范的财务处理，不仅损害了企业的财务健康和透明度，还直接影响着企业的市场信誉和投资者信心，甚至可能导致严重的法律后果及行政处罚，影响企业的持续经营。

为防范此类风险，企业应该建立健全的内部控制体系，覆盖收入确认过程的每一个关键环节，从制度层面杜绝虚增行为的发生。同时，制定并严格执行收入确认政策，确保只有在满足准则明确规定的条件下（如货物交付、服务履行或风险转移完成），收入才能得以确认。此外，管理层不仅自身要具备较高的财务合规意识，还应加强对全体员工的培训，特别是财务与业务部门的员工，提升其对财务诚信的认识。通过加强制度建设与员工教育双重保障，企业方可有效防范收入确认失实的问题，保障财务信息的真实性和可持续发展基础。

【本章案例】F公司的收入确认

1. F公司简介

F公司成立于2004年，并于2020年在上交所科创板上市。F公司主要为政府、企业和事业单位等各类型客户提供新型水污染治理装备、水环境整体解决方案以及水污染治理项目运营服务。公司核心技术曾获得国内外多项奖励，在行业内处于领先地位。然而，F公司的上市之路也并非一帆风顺，2019年4月，F公司首次申请科创板IPO，但由于申报存在信息披露不规范问题，F公司在三次问询之后选择主动撤回了申请，而后又在2020年4月重新提交申请，最后终于在2020年11月如愿登陆科创板。

2. F公司的主要盈利模式

公司的主要盈利依赖于水污染治理装备、水环境整体解决方案与水污染治理项目运营服务三位一体的业务体系，通过三大业务的开展来获取收入和利润。

（1）以生产并销售水污染治理装备来获取销售收入。

在此类业务中，F公司依托自主研发的FMBR工艺为客户提供成套化、标准化、一体化的水污染治理装备。具体而言，公司在此类盈利模式下还进一步将水污染治理装备划分为"仅销售成套污水处理设备"和"一并实施安装相关配套土建工程的水污染治理设备销售"两种类型。其中，前者涉及项目现场沟槽开挖、卫生清扫等少量零星劳务，由F公司承担，后者则是由客户承担。

（2）以提供水环境整体解决方案服务来获得项目收入。

在此类业务中，F公司结合项目处理规模、进水水质和出水要求等进行设计与配置，通常以现场浇筑的智能化地埋式混凝土结构池体代替工厂化生产的标准化罐体，并在现场进行设备集成安装、管道连接，通过提供项目建设服务来获得收入和利润。

（3）以提供水污染治理项目运营服务来收取污水处理费。

在此类业务中，F公司通过提供专业污水处理运营服务来获得收入和利润，具体可以分为BOT（建设—经营—移交）、BOO（建设—拥有—运营）和O&M（委托运营）模式，如表6-2所示。

表6-2　F公司以提供水污染治理项目运营服务来收取污水处理费的模式

模式	含义
BOT	对于以建设—经营—移交模式运行的工程，客户与企业要签订协议，特许企业承担污水治理设施的投资、建设、经营与维护。在协议规定的期限内，企业向客户定期收取运营费用，以此回收项目的投资、融资、建设、运营和维护成本并取得合理回报；特许经营期结束后，企业将设施所有权移交给客户
BOO	对于以建设—拥有—经营模式运行的工程，客户与企业要签订协议，特许企业承担污水处理设施的投资、建设、经营与维护，建成后产权归企业所有。运营期内，企业向客户按照事先约定的标准定期收取污水治理运营费用，以此回收项目的投资、融资、建设、运营和维护成本并取得合理回报；运营期结束后，污水处理设施不移交给客户，企业拥有其所有权
O&M	委托运营是指客户将建成后的污水治理项目委托专业公司提供专业污水治理运营服务，并向专业公司支付委托运营费

（4）以提供售后维保服务来获得其他业务收入。

在此类业务中，F公司对售出的装备及设施提供售后维保服务，以获得相关收入。此服务模式主要有按期间签约计费和按次签约计费两种。

在第二次上市申报中，F公司着重说明了前两种模式的差异（见表6-3），再次强调水污染治理装备业务应当定性为设备购销项目，而水环境整体解决方案则视为工程性质项目，为不同业务收入确认方法的选择做了铺垫。

表6-3　F公司水环境整体解决方案与水污染治理装备业务的主要差异

业务类型	产品与服务形式	业务环节	项目特点
水环境整体解决方案	以FMBR、JDL设施中的系统集成为主	标准化设计、物料采购、预加工及二次开发、现场系统集成、调试、维保等	工程性质的项目
水污染治理装备业务	以FMBR一体化技术装备为主	物料采购、工厂成品制造、安装调试、维保等	设备购销项目

3. F公司的收入确认方法及变化

F公司在申报IPO时，主要针对水污染治理装备、水环境治理解决方案、水污染治理项目运营及其他劳务三类业务的收入确认方法进行了说明。表6-4展示了F公司两次申报招股说明书中收入确认方法的比较。

表6-4　F公司两次申报招股说明书中收入确认方法的比较

业　务	第一次申报	第二次申报
水污染治理装备	在设备安装调试完成并取得客户签章的《设备安装调试完成确认单》时确认收入	水污染治理装备安装调试完成取得《设备安装调试完成确认单》，并满足合同其他附加验收条件后确认收入
水环境整体解决方案	预计项目工期超过6个月且合同金额超过1亿元的，按照完工百分比法计算对应的收入。不达到该标准的于竣工时一次性确认收入。公司于资产负债表日，按照累计实际发生的合同成本占预计总成本的比例确定完工百分比，乘以合同预计总收入减去之前累计确认的收入，作为当期收入；乘以预计总成本减去之前累计确认的成本，作为当期成本；差额作为工程毛利	与第一次申报基本一致
水污染治理项目运营及其他劳务	在取得客户确认的运营费确认单据或其他有效确认资料时，对应确认相关收入	在第一次申报阐述的收入确认方法的基础上，对BOT、BOO、O&M业务的收入确认方法进行了细化说明。BOT：建造期间，对于所提供的建造服务按照水环境整体解决方案收入所述会计政策确认相关收入和费用；BOO：建造期间，不确认收入；BOT、BOO：项目建成后、O&M运营期按照水污染治理项目运营及其他劳务收入所述会计政策确认相关收入

两次申报中变化比较明显的一项是水污染治理装备的收入确认。在第二次申报中，F公司对于水污染治理装备的收入确认政策更加严格，在取得《设备安装调试完成确认单》的基础上，还需要满足合同附加验收条件才可以确认收入，具体的细化内容如表6-5所示。

（1）水污染治理装备的收入确认。

表6-5　F公司第二次申报时关于水污染治理装备业务收入确认方法的细化

业务类型	验收条件类型		收入确认方法和主要依据
仅销售成套污水处理设备	1. 以安装调试完成作为验收条件		安装调试完成并取得《设备安装调试完成确认单》
	2. 以安装调试完成并附加其他审慎性条款作为验收条件	验收条款中附加水质检测要求	安装调试完成并取得《设备安装调试完成确认单》，并取得水质检测报告或水质检测的保护性条款生效
		验收条款中附加试运行要求	安装调试完成并取得《设备安装调试完成确认单》，并满足试运行要求
一并实施安装相关配套土建工程的水污染治理设备销售	1. 无项目整体验收要求，按照设备销售验收		安装调试完成并取得《设备安装调试完成确认单》。如合同附加其他验收要求，还需满足仅销售成套污水处理设备相应的收入确认条件
	2. 有项目整体验收要求		安装调试完成并取得《设备安装调试完成确认单》，并满足客户明确的竣工验收要求后确认收入。如合同附加其他验收要求，还需满足仅销售成套污水处理设备相应的收入确认条件

在首次申报的过程中，针对水污染治理装备的收入确认，交易所在第一轮问询中要求F公司"披露水污染治理装备产品从生产完成到收入确认所需流程"（问题9）。在第二轮问询中又进一步要求其"说明水污染治理装备收入确认的验收环节的具体内容、标准，是否需待所售装备用于的项目建设完工后与项目整体验收；结合同行业可比公司的收入确认及验收情况，说明发行人的验收内容、时点及收入确认时点是否符合行业惯例；结合报告期内销售水污染治理技术装备所应用的项目时间情况及收入确认情况，是否存在提前确认收入的情形"

(问题3)。而在第三轮问询中，交易所在提出的14个问题中包含了3个关于水污染治理装备的问题（问题1～问题3），着重针对装备的安装调试和试运行与收入确认时点的关系进行询问。

在交易所的多番问询下，F公司终于意识到其在水污染治理技术装备的收入确认方法中存在的问题，因此在第二次申报的过程中进行了细化和会计差错更正。表6-6为F公司在变更收入确认方法前后确认的水污染治理装备收入金额，可见F公司在首次申报时确实存在收入确认不规范（提前确认收入）的问题。

表6-6 2017—2019年F公司水污染治理装备收入金额的调整情况

单位：万元

项 目	2019年度	2018年度	2017年度
水污染治理装备收入金额（调整前）	43 435.38	55 646.82	32 732.13
水污染治理装备收入金额（调整后）	45 361.29	57 002.27	30 037.58
会计差错调整余额	1 925.91	1 537.45	-2 694.55
会计差错调整金额/水污染治理装备收入金额（调整前）	4.43%	2.77%	-8.23%
会计差错调整金额/水污染治理装备收入金额（调整后）	4.25%	2.70%	-8.97%

（2）水环境整体解决方案的收入确认。

F公司在两次申报中对于水环境整体解决方案的收入确认政策基本一致，核心为对于较大的项目采用完工百分比法确认收入，对于相对较小的项目则采用终验法确认收入。不过，这一项会计政策在申报前也经历了变更（见表6-7）。值得注意的是，F公司第一次申报IPO的日期为2019年4月15日，而这一项会计政策是在2019年4月1日变更的，两者时间相距很近。另外，F公司还披露了因这一项会计政策变更所进行的追溯调整，其中2017年、2018年财务报表无须调整，2016年财务报表追溯调整如表6-8所示。

表 6-7 水环境整体解决方案业务收入确认会计政策

业务类型	变更前会计政策	变更后会计政策
水环境整体解决方案	完工百分比法	公司的水环境整体解决方案预计项目工期超过 6 个月且合同金额超过 1 亿元的，按照完工百分比法计算对应的收入，不达到该标准的于竣工时一次性确认收入

表 6-8 2016 年 F 公司因水环境整体解决方案收入确认会计政策变更对财务报表进行追溯调整

单位：万元

项 目	2016 年度		
	追溯调整前	调整金额	追溯调整后
营业收入	20 009.63	7 264.60	27 274.23
税金及附加	238.98	223.81	462.79
所得税费用	814.68	733.77	1 548.45
净利润	4 300.21	4 223.48	8 523.68

（3）水污染治理项目运营及其他劳务的收入确认

对于水污染治理项目运营及其他劳务的收入确认，F 公司在第二次申报时主要是对 BOT、BOO 和 O&M 模式的收入确认做了更细致的介绍。在首次申报 IPO 时，交易所在第一轮问询中关注了三个模式的合同条款、会计处理方式和收入确认政策（问题 11）。在第二轮问询中，特别针对 BOT 模式下的收入确认时点、合同中关于 BOT 移交期间相关权利及义务的具体约定情况、建造合同的收入确认方法等问题进行了详细问询（问题 4）。在第三轮问询中，进一步要求 F 公司对 BOT 模式下收入确认的细节以及在建工程转入无形资产的具体依据（问题 5）做出解释。

于是在第二次申报时，一方面，F 公司在招股说明书中加入了关于三种模式收入确认方法的详细介绍，并将 BOT 项目建造期收入确认时点由原取得内部竣工验收报告后一次确认收入，调整为项目竣工并取得建设单位、监理单位、施工单位等相关外部验收参与方共同盖章确认的竣工验收报告后一次确认收入，从而更加符合企业会计准则的相关规定和谨慎性原则（因报告期内各 BOT 项目内、外部竣工验收报告出具日均在同一自然年内，BOT 项目建造期收入确认时点变更对报告期内财务报表无影响）。另一方面，基于成本与收入相匹配的原则，F 公司还对 BOT 项目的转固时点进行了变更，即从 BOT 项目在达到预定可使用状态并且取得竣工决算报告时变更为政府认可的正式运营时间，并在此基础上追溯调整了无形资产、在建工程、营业成本、管理费用、预计负债和盈余公积等科目金额。

【本章小结】

本章详细介绍了利润表中最核心的财务项目——收入。通过对收入准则的介绍，结合企业销售业务模式，清晰地阐释了收入的确认过程，以及销售业务在企业的利润表和资产负债表中的表现形式。对这些内容的深入理解有助于管理者通过高效管理提升收入的同时，还能够有效地进行风险管控。

【课后题】

请结合一家以赊销为主要销售模式的企业，分析企业所处的环境、行业特点和发展阶段，是否面临应收账款回收的风险，并探讨应如何有效管理和控制这一风险。在进行分析时，综合考虑企业的财务政策、客户信用管理、行业支付习惯及经济环境等因素，以判断应收账款的风险，并提出合理的管控策略。

第 7 章

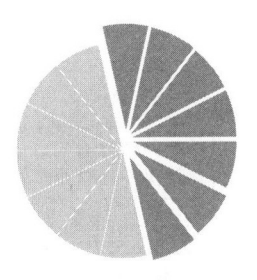

利润表
——营业总成本

【学习目标】

本章将重点介绍以下三个方面的内容。

1. 营业总成本的定义及其构成。

2. 成本和费用的基本概念，以及成本与费用确认原则的异同。

3. 成本与存货的关系，以及成本管理的理念与分析方法。

【思维导图】

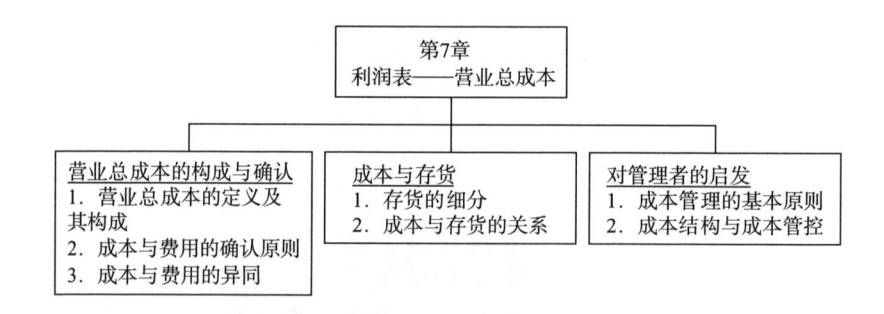

```
                    第7章
                 利润表——营业总成本
        ┌───────────────┼───────────────┐
  营业总成本的构成与确认      成本与存货          对管理者的启发
  1. 营业总成本的定义及    1. 存货的细分       1. 成本管理的基本原则
     其构成              2. 成本与存货的关系   2. 成本结构与成本管控
  2. 成本与费用的确认原则
  3. 成本与费用的异同
```

7.1 营业总成本的构成与确认

1. 营业总成本的定义及其构成

营业总成本是企业在某个会计期间内，为生产和销售产品或提供服务所发生的各种开支的总和，反映了企业正常运营活动的资源消耗情况。首先，我们看一下营业总成本的构成，即利润表中归属于营业总成本的细分科目，主要包括营业成本、税金及附加、销售费用、管理费用、研发费用和财务费用。值得一提的是，自2018年起研发费用开始作为独立的费用项目在利润表中单独列示，此前通常归入管理费用中。这个调整也反映出市场和监管机构对企业研发投入的关注程度不断提升。

以手机制造业上市公司传音控股为例，该公司2023年年报提供的利润表显示（如表 7-1 所示），公司当年的营业总成本为 557.9 亿元，具体包括营业成本 470.6 亿元、税金及附加 2.5 亿元、销售费用 48.9 亿元、管理费用 15.1 亿元、研发费用 22.6 亿元以及财务费用 –1.76 亿元。其中，财务费用之所以出现负值，根据财务报表附注的解释，主要是因为财务费用的构成包括企业的利息支出、利息收入（与费用是反向的），以及外币与人民币换算形成的汇兑损益（收益的部分就形成费用的反向）。而公司在 2022 年和 2023 年都存在大额的利息收入与汇兑收益，超出了同期利息支出的金额，从而使财务费用整体呈现负值。

表 7-1 传音控股利润表节选（2023 年年报）

单位：百万元

	2023 年末	2022 年末
营业总成本	55 791.87	43 623.27
营业成本	47 063.27	36 659.39
税金及附加	248.87	122.90
销售费用	4 892.69	3 622.24
管理费用	1 507.03	1 268.36
研发费用	2 255.98	2 078.04
财务费用	–175.97	–127.66

构成营业总成本的这些科目可以区分为成本和费用两大类。

1）成本

成本，指的是企业为了生产产品或者提供劳务而发生的各种耗费。以典型制造企业为例，成本包含三个主要的部分，分别是原材料、直接人工和制造费用，简称为"料工费"。原材料成本涵盖了用于生产产品所需的各种基本物料和组件。直接人工成本包括与生产直接相关的员工工资和福利。制造费用包括与生产相关的设备和厂房折旧、维护、间接人工的工资、水电费等。

以传音控股为例，该企业的主要产品是手机，成本主要涵盖生产手机所需的核心支出。其中原材料成本包括手机的各个组成部分，如芯片、镜头、屏幕、手机外壳等。在生产线上直接参与组装和机器操作的员工工资和福利，构成成本中直接人工部分。最后，生产手机所购置的生产线、设备折旧，生产消耗的水电费，以及对一线加工制造的工人提供指导或监督的人员薪资构成制造费用。

2）费用

料工费之外的开支不允许计入产品成本，而是计入不同类型的费用当中。费用也被称为期间费用，是指企业在某一个期间为了销售商品、提供劳务所发生的成本以外的经济利益流出。经常发生的费用包括企业的研发开支、广告费用、差旅开支等。费用在报表当中被归纳为四个大的类别：销售费用、管理费用、研发费用和财务费用。

销售费用，是指与销售产品或服务直接相关的费用，旨在促进销售和将产品送达客户手中。典型的销售费用包括：销售人员的工资、奖金和提成；广告和宣传费用；物流和分销费用等。

管理费用，是指与企业整体管理和运营相关的费用，用于支持企业的日常管理和行政活动。典型的管理费用包括：管理人员的薪资、奖金和福利；办公室租金、设备租赁和维护费用；行政人员的薪资和办公用品费用；一般性行政费用，如保险、法律顾问费用等。

研发费用，是指用于研究和开发新产品、技术、服务或业务流程的开支。典型的研发费用包括：研究人员的薪资、奖金和福利；实验室设备和材料费用；专利、知识产权和技术许可费用等。

财务费用，是指与企业融资和资金管理相关的费用。典型的财务费用包括：利息支出，如债务利息和贷款利息；融资手续费，如债券发行费用；汇兑损失或收益等。

2. 成本与费用的确认原则

理解了成本和费用的基本概念后,本节将讨论这两个项目在利润表中的体现及其确认时点。企业的实际管理中,往往对成本或者费用的确认存在一些误解,例如认为只要支付了现金,相应的费用应在当期确认;反之,如果还没有支付费用就不予确认;或认为产品一旦完成生产、原材料被消耗,成本便应立即确认等。这类认知通常源于对业务流程的直观理解,而非对会计准则的准确把握。

1) 配比原则

企业会计准则明确规定,企业应遵循配比原则来确认成本和费用。该原则要求企业在某一会计期间内取得的收入与为获取该收入所发生的成本和费用进行匹配。以年报为例,利润表中首先列示了企业当年实现的收入。一旦收入得到确认,接下来的核心任务便是确保同一会计期间内相关的成本和费用也得到确认,以保证成本费用与收入的合理配比。

在会计体系中,配比原则十分重要,是确保利润表真实和准确的基石性原则。只有收入及其相关成本和费用在同一会计期间内被正确匹配,两者相减得到的利润数字才能合理反映企业的真实盈利状况。反之,如果企业的成本与收入配比不当,例如将今年的成本错误地记录在下一年,则今年的利润虚高而下一年的利润虚低,这就会扭曲利润表的真实表现。同理,如果错误地把明年的费用记录在今年,则今年的利润略低于真实水平,而明年的利润又因此高于真实水平,造成利润增长的假象。这种错误的会计处理不仅误导了管理者和投资者的决策,还可能对企业的财务透明度和市场声誉造成不良影响。

应用配比原则时,有几个关键点需要管理者留意。首先,在配比原则的定义中,不包含现金支付的前提条件。也就是说,在应用配比原则的时候,并不需要依据现金流的实际发生状况，只要该项成本或费用的发生与当期的收入相匹配，就应该在当期予以确认。例如，企业为当年的负债而承担的利息费用为 100 万元，这笔费用，即使在年末尚未支付现金给银行，也需要在利润表中记录为财务费用。根据前面所学的会计恒等式来理解这笔业务处理，即在企业当年记录一笔财务费用增加 100 万元，同时记录应计利息（流动负债）增加 100 万元。

其次，配比原则意味着在收入记录的同一个报表期间，企业要确认为实现当期收入而发生的成本。例如，一个生产机器的企业在当年生产了 1 000 台产品并售出其中的 800 台。大家可以先思考一下，成本的确认应该以哪个数量为基准呢？理解了配比原则，我们可以从产生收入的产品入手。因为收入的确认是基于 800 台已出售的产品，相应地，企业在同一期间内应该确认 800 台产品的成本，未售出的 200 台产品继续作为企业的存货留在资产下。

最后，费用的确认同样遵循配比原则，与其产生收益的期间相匹配。但是与成本科目不同，大部分费用如管理者的薪酬（管理费用）、负债融资的利息（财务费用）与产品销售数量的关联度较低，因此费用的配比通常按照时间期间进行，在实现收入的同时确认当期为产生这些收入而发生的所有费用。

2）研发费用的财务确认原则

下面重点介绍研发费用的财务确认原则。研发费用的确认依据其所处阶段及是否能够带来明确的经济利益来判断。通常，企业的研发活动可划分为两个主要阶段，分别是研究阶段和开发阶段。在研究阶段，企业进行创新探索和基础性研究以获得新的科学或技术知识。这一阶段的支出通常应直接作为费用处理，并在利润表中立即确认。这是否违背了配比原则呢？并不是所有研究阶段的开支在当期确认为研发费用的根本原因，在于这些开支产生的经济利益存在高度的不确定性。基于财务系统的谨慎性原则，未来收益存在较大不确定性的开支就需要尽快以费用的形式计入利润表，以防止利润虚高的问题出现。

研发的第二个阶段叫作开发阶段。进入开发阶段的项目通常要符合一系列的条件，其中包括：项目技术上可实现、企业能够完成开发，产品将用于销售或内部使用；能够证明产品将产生未来经济利益；存在市场或内部使用的意图；相关成本能够可靠计量等。开发阶段的支出可以资本化，也就是计入无形资产下的开发支出科目。根据配比原则，这些资本化的研发支出将在产品带来经济利益的期间内进行摊销，逐渐在利润表中确认为费用，从而确保费用的确认与收益的实现时期相匹配。

接下来请大家思考一个问题：如果企业对售出的产品提供未来三年的保修服务，那么保修服务在未来将要产生的开支应该在什么时间确认？根据配比原则，虽然这些保修服务的真实开支（包括现金支付等）将在未来发生，但企业应在产品售出时对未来的保修费用进行估计，并在当年进行确认。也就是要将预期的保修支出与销售产品的收入在同年进行匹配。若企业选择在保修费用实际发生时（产品销售以后的年度）才进行记录，则违反了配比原则。当然，可能有人会质疑，未来发生的开支当前如何确认金额？虽然无法掌握确切的金额，但企业可以结合历史经验、行业惯例对这类不确定的支出进行估计，从而用估计的金额在当期进行会计确认，这也是财务体系常用的估计方法。

3. 成本与费用的异同

最后我们来探讨成本和费用之间的异同。

成本和费用之间的差异显而易见。从财务确认的角度来看，两者与收入的关系体现了其核心区别：成本直接与产品销售挂钩，并按照当期实际销售的产品数量进行确认，未销售的产品留在存货项下。相对而言，费用的确认不依赖产品销售数量，而是与发生的时间相关；即使产品未售出，当期发生的费用如广告费和管理费等仍需完全确认。这种处理方式确保了费用确认的及时性，但其金额与企业产品的实际销售数量没有直接对应的关系。

理解了上面的差异性，我们可以看出，如果错误地把费用计作成本，企业的净利润就会出现虚高的问题。例如某软件开发企业，由于企业研发和产品开发人员有部分重合，因此在财务处理过程中，企业把很多本该属于研发费用的开支错误地计入在产品成本下，在产品销量不好的期间，这些开支就作为"存货"记录在资产下，而没有在当期作为费用确认。这种财务处理虚增了当期的利润，被有关部门发现后企业受到了处罚。

成本与费用的相似性是什么呢？虽然两者的确认方式存在显著区别，但最大的共同点在于：都是企业为了获取收入所必须承担的支出。显然，从对利润的影响角度看，无论成本还是费用，都是为了实现收入而产生的支出，因此均被视为减少利润的科目。因此，企业往往将成本和费用的控制视为管理的核心目标，以增加净利润并提高股东的回报。

对于管理者而言，对营业总成本的理解有助于思考如何更加系统地进行管控。需要强调的是，营业总成本的管控并非简单地等同于对构成总成本的每一个项目进行简单削减，而是选择对本企业最优的成本组合。以啤酒行业的企业为例，有的企业通过控制原材料成本、优化生产流程来提升毛利率，同时严控各类期间费用，从而提升整体利润；也有企业选择在销售费用上加大投入，如加大广告支出、强化市场推广，以此提升品牌影响力和销量。即使毛利率未发生显著变化，但由于销量大幅增长，利润总额依然实现显著提升。这两种策略的路径各不相同，但都可以带来良好的盈利结果。关键在于企业如何结合自身的资源禀赋和战略定位，制定适宜的成本管控方案。

7.2 成本与存货

1. 存货的细分

资产负债表上的存货通常包含三种细分的形态，分别是原材料、在产品和产成品。原材料指的是尚未投入生产的原料，存放于专门的仓库中。在产品是指在生产过程中尚未完成的半成品，通常存放在生产车间。产成品是指企业已完成生产但尚未售出的产品，通常存放在产成品的库房中。当原材料从仓库转移至生产车间时，存货的二级科目"原材料"的金额会相应减少，而同等价值则转移到"在产品"科目下。这种会计处理反映了原材料的流向和生产过程的进展，有助于存货账目的准确性和透明度。

在生产过程中，企业为生产产品而发生的原料、人工和制造费用的消耗将被计入"在产品"这一科目下。如第2章中B公司的案例所示，这些成本将被逐步汇总并归集到在产品科目中，形成正在加工中的产品价值。当产品完成全部生产流程并从生产车间转移至产成品仓库后，其存货属性随之发生变化："在产品"科目的金额减少，同时"产成品"科目的金额按同等价值增加。这些处理均在存货科目内部完成，尚未影响到企业的成本。只有当企业确认销售收入时，即产品权益转移到买方时，企业才会同时确认相应的成本支出，即减少产成品的存货价值并确认营业成本的支出。

> 举例说明。以会计恒等式来展示报表的影响如下：一个手机生产企业在2023年10月1日销售了1 000台手机产品（发货），单品售价为3 000元，销售收入为300万元。

```
资产      =      负债   +   所有者权益
应收账款 300 万元          ⇧ 收入 300 万元

每个产品的成本为 2 500 元，则企业的成本总价为 250 万元：
资产      =      负债   +   所有者权益
存货 250 万元              ⇩（成本 250 万元）
```

结合会计恒等式，上述例子说明，销售交易的处理需同时确认收入与成本，以全面反映交易的经济效果。一方面，收入与应收账款同等增加；另一方面，成本增加同时存货（产成品）下降。汇总而言，上述例子中的销售交易完成后，企业的资产净增加 50 万元，同时当年利润（等式中的所有者权益）也相应增加 50 万元。

2. 成本与存货的关系

理解了财务系统的确认原则后，我们接下来思考存货与成本的关系。上面的例子表明，售出存货价值（250 万元）也就是成本的确认金额。也就是说，企业的成本控制很大程度上取决于存货成本的有效管理。如果存货成本高，则产品销售时相应的营业成本也必然增加。因此，企业通常从存货阶段就开始进行成本控制，特别是从原料采购阶段开始。例如，当前越来越多的大型企业集团通过集中采购的方式来控制成本，这就是原料成本控制的一个典型措施。集团内部各公司提交采购需求后，由集团或相关事业部统一与供应商进行谈判。由于采购规模较大，通常能够获得更优惠的价格条件。这种集中采购策略作为企业成本控制的关键环节之一，有效降低了原材料成本，从而整体降低了企业的营业成本。

当然，仅仅降低原材料采购成本还远远不够。对于生产制造型企业而言，全方位加强生产环节的成本控制是管理的核心任务之一。例如，一家为国际知名鞋业品牌代工的大型企业，在生产成本管理中展现出极高的效率。该企业配备了三条生产线，并按照严格的时间表逐一启动，尽管各生产线启动时间相差仅 1～2 小时，但由于生产规模庞大，这种时间优化策略每年为企业节省的水电费用高达数百万元。这一案例充分体现了通过优化生产流程实现成本节约的"精细化管理"理念。

在产成品环节，企业同样面临成本控制的压力。如果产成品长时间滞留在仓库中，不仅可能导致物理损耗，还可能因市场需求变化而降低产品的市场价值。因此，企业需要更准确地预测销量以确保生产与销售的有效匹配。为应对这一挑战，近年来许多企业已经着手开发和实施了数字化管理系统，以提高运营效率并加强生产环节的成本控制。例如，美的集团开发了供应商管理库存系统。该系统将供应商库存与企业库存系统对接，同时与经销商系统连接，实现产业链上下游对销售动态的实时反馈。这种集成的管理方式不仅避免了原材料的过量采购和存储，还有效防止产成品的长期滞销和仓储成本上升，从而在全链条范围内实现成本的优化。通过信息系统驱动的协同控制机制，在提升企业自身的运营效率的同时，也增强了整个供应链的协同能力，构成了一种更先进的成本控制策略。

7.3 对管理者的启发

1. 成本管理的基本原则

大量案例显示，具有财务背景的管理者通常习惯于依赖数字进行决策，并善于发掘各种成本和费用的削减机会；而业务背景的管理者则更关注业务扩展，往往认为某些支出是业务增长必需的、不可削减的。最有效的管理恰恰应该融合这两种思维方式，建立起财务与业务之间的桥梁，从而能全面考虑企业面临的管理挑战。

在此，我们重申一个管理的基本理念：有效管理应该同时关注业务发展和财务数据，这两者互为补充。业务发展关注市场的扩展、产品的创新与服务质量，这是企业增长和竞争力的直接来源。而财务数据则提供了企业运营的量化分析，包括成本控制、资产管理、利润情况和投资回报等，是评估企业健康状况和战略实施效果的关键指标。只有将业务逻辑与财务分析有机结合，管理者才能做出更加科学、可持续的决策，推动企业实现高质量发展。

2. 成本结构与成本管控

理解营业总成本的构成后，管理者可以重新思考企业的决策如何影响产品的成本结构。例如，当企业选择外购更多原料来替代自产时，成本构成中直接材料的比重就会增加。又如，企业决定投资新的生产线或设备以减少人工成本时，制造费用在成本中的比重也会对应发生变化。

把握好企业决策对业务和财务两个方面的影响，有助于管理者从更全面的视角思考并优化决策。例如，如果企业对未来产品市场持乐观态度，外部供应商的价格较低且能持续提供所需原材料，增加外购比例可以进一步减少原材料成本，提升利润率。然而，这个策略的前提是供应商能持续供应具有价格优势且质量可控的原材料。若无法确保这一点，企业可能面临原材料质量波动、供应中断等风险，甚至引发额外的采购和库存成本。因此，管理者在决策时应该从业务和财务两个角度对不同方案的成本与收益加以分析评判，在充分评估不确定性与可控性的基础上，做出最符合企业当前战略目标的选择。

理解成本结构的不同特征对企业的管理具有重要意义。当企业进行大规模的固定资产投资时，如设备和厂房投资，成本当中制造费用的比重会不断提升，导致企业成本的黏性增高。这意味着无论企业在当年的收入如何，都需支付一个比较稳定的费用。这主要是因为固定资产的使用期限确定后，每年计提折旧的金额就会固定下来。相比而言，如果企业采用"轻资产"的运营策略，对固定资产的投入比重偏低，则产品成本构成中固定开支较少，成本的黏性也会相对较弱，企业更容易根据经营状况调整采购量。由于宏观市场变化导致市场需求下降时，企业可以选择减少采购以降低成本。但同时，"轻资产"策略也意味着企业对上游供应商的依赖增加，需要迅速扩产时可能受到更大的制约，从而带来更高的供应链风险。

最后需要再次强调的是，管理者在关注成本控制时，不应局限于单一项目的成本减少，而应全面考量企业的整体成本结构和效益。有效的成本控制策略应从提升整体经营效率和盈利能力的角度出发，而不是简单地降低各项具体成本或费用。

不同的业务部门由于其功能定位存在差异，承担着不同性质的成本或费用。例如，研发部门主要承担研发费用，而生产部门则承担直接生产成本。作为管理者，需要关注的并非某一个部门的支出，而是企业整体的资源配置和成本结构，特别是要注意不同支出项目之间可能存在的联动关系。以研发投入为例，尽管其在短期内会增加费用，但若成功带来新专利或新产品的开发，则有可能显著提升毛利率。也就是说，增加研发支出可能在整体上降低单位产品的成本，提升企业的盈利能力。不同开支间的联动也恰恰说明，单纯削减某类费用可能反而不利于企业长远发展。

进一步来讲，管理的目标不是单纯地压缩成本费用的总和，而是通过优化资源配置和业务流程来提升企业的价值。这种优化可能涉及对供应链的改进、生产效率的提高、产品质量的改善，或是市场定位的调整。例如，通过研发投入可以开发新产品以改善现有产品结构，从而提高产品的市场竞争力和企业的利润率。这种基于价值创造的成本控制思维，是推动企业高质量发展的保障。

【本章案例】G 集团的成本费用管控策略

1. G 集团简介

G 集团成立于 20 世纪末，并于 2013 年在深交所上市，主要以家用电器的生产、制造和销售闻名，目前已经发展成为一家覆盖消费电器、暖通空调、机器人与自动化系统、数字化业务四大业务板块的全球科技集团，曾多次上榜《财富》世界 500 强。G 集团的成功离不开其自 2011 年提出的"产品领先、效率驱动、全球运营"战略。在转型过程中，G 集团不断加强成本管控，在竞争激烈的家电行业中站稳了脚跟，盈利能力也有较大的提升。

2. 基础财务分析

图 7-1～图 7-3 分别展示了 G 集团在 2010—2016 年期间的资产负债情况、盈利情况和现金流情况。从资产负债表来看，G 集团的资产规模从 2010 年的 710 亿元持续增长至 2016 年的 1 706 亿元，增长幅度高达 140%。在此期间，G 集团的资产负债率稳中有降，基本维持在 60%～70%，说明企业的融资结构基本没有发生变化。

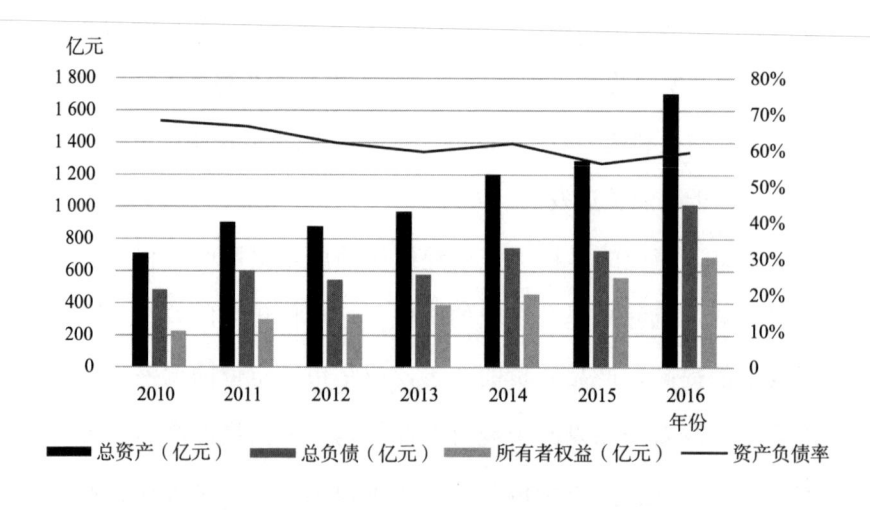

图 7-1　G 集团 2010—2016 年的资产负债情况

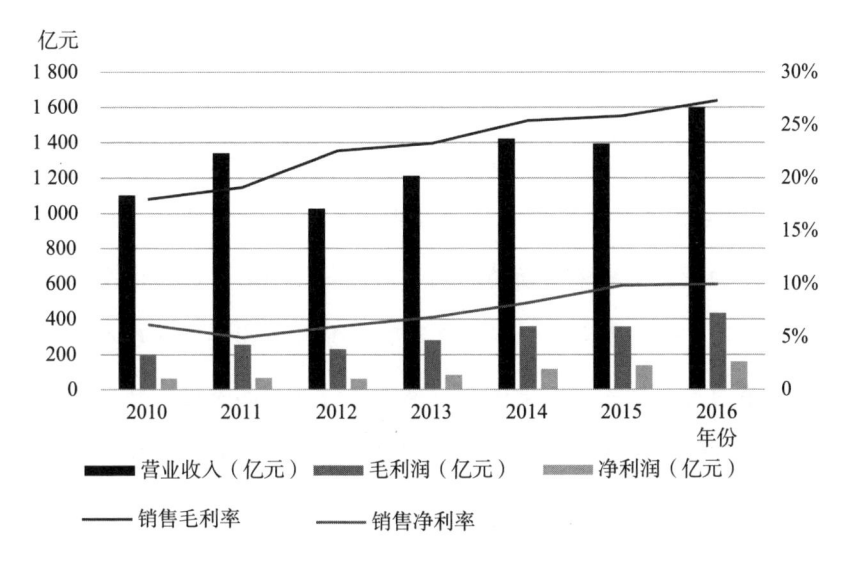

图 7–2　G 集团 2010—2016 年的盈利情况

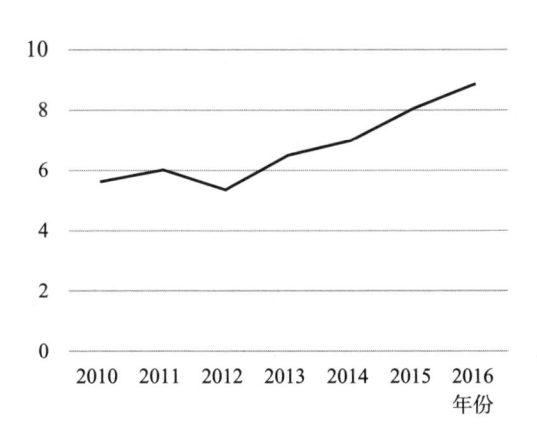

图 7–3　G 集团 2010—2016 年的存货周转率（次）

从利润表来看，G 集团的营业收入在 2010—2016 年期间整体上呈上升趋势，但期间屡次出现起伏。相对而言，G 集团的毛利润和净利润的上升趋势更为稳定。从财务比率来看，G 集团的销售毛利率和销售净利率也表现得十分亮眼，分别从 18.0% 和 6.2% 增长至 28.9% 和 9.1%，初步说明 G 集团在成本管控策略的实施上取得了不错的效果。

3. 战略转型后的成本管理分析

（1）营业成本管控：优化产品结构，搭建智能生产线，加强物流运作。

2011年，在意识到规模导向的粗放式增长模式存在的弊端后，G集团决定将公司迅速彻底转向效率驱动的利润导向经营。当时，G集团全部产品的型号一度高达2.2万个，甚至其中有些产品型号连G集团高层管理人员都未曾听闻。面对复杂的产品结构，G集团大刀阔斧地对产品品类进行精简，在半年时间内砍掉了7 000余个产品型号，叫停了30余个产品平台，几乎将非家电业务全部关闭，以聚焦于白电板块。

在产品精简之后，G集团选择对保留的工厂开展自动化改造，由快速高效的自动化生产线代替人工操作。2016年，《焦点访谈》栏目采访了位于武汉的G集团空调智能工厂，发现该工厂中的柔性智能生产线可以生产工厂80%的产品，且将一条生产线上原本需要投入的70个人工劳动力削减到30个，实现了真正的降本增效。

除了生产线实现智能化以外，G集团还着重发展物流配送的智慧互联，以解决家电行业普遍面临的物流成本高的痛点。依托于旗下子公司安得物流的运作，G集团以"一盘货"的方式将库存数据即时、准确地传输到销售库存系统，实现统仓统配，支撑集团供应链高效运营。

随着生产和物流的智能化，G集团开始推行"T+3"订单模式：订单申报是开始（T周期），经过物料采购（T+1周期）、成品生产（T+2周期）、物流配送（T+3周期）三个周期，将订单按时交付给客户。这种模式利用供应链优势进行产供销联合，优化了生产交付流程，缩短了产品供货周期，也进一步降低了企业的库存成本。如图7-3所示，在2010年到2016年，G集团的存货周转率从5.6提升至8.9，说明"T+3"模式取得了较好的效果。

通过产品结构、生产制造、物流配送等各方面的提升，G集团最终实现了良好的营业成本管控。如图7-4所示，G集团的营业成本占收入的比例在2016年下降至72%，较2010年足足减少了10%。

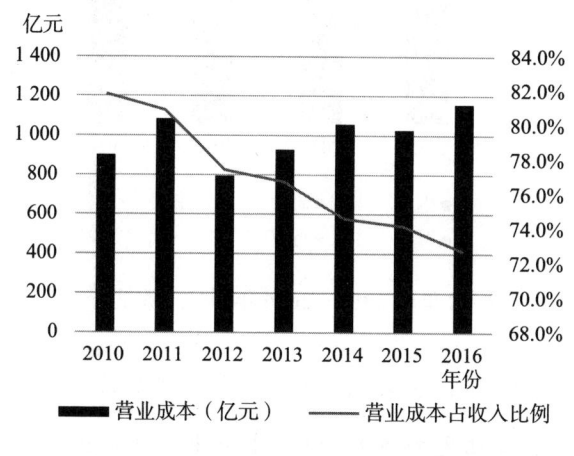

图7-4　G集团2010—2016年营业成本

（2）费用管控：调整组织部门架构，提升管理和研发效率。

为了配合整体战略的实施，G集团重新调整了组织架构。G集团旧有的管理层级大部分都在3级及以上，层级过多导致管理效率低下。在这次改革中，G集团将二级公司的管理平台撤销，形成"集团＋事业部"的两层架构组织，并对人员结构和办公室规格做了大幅调整——取消了大部分高管配备的秘书，并将高管的独立办公室削减了九成以上。

员工结构的变化也是公司效率的直接体现。图7-5展示了G集团2013—2016年的员工数量。在集团规模近乎翻倍、收入也出现大幅上涨的期间里，G集团的员工数量反而从2013年的10.9万人下降至2016年的9.6万人，由此说明G集团在管理效率上获得了一定的提升。具体来看，除了研发人员数量出现了小幅增加之外，生产、销售、财务和行政人员数量均出现了明显的下降。

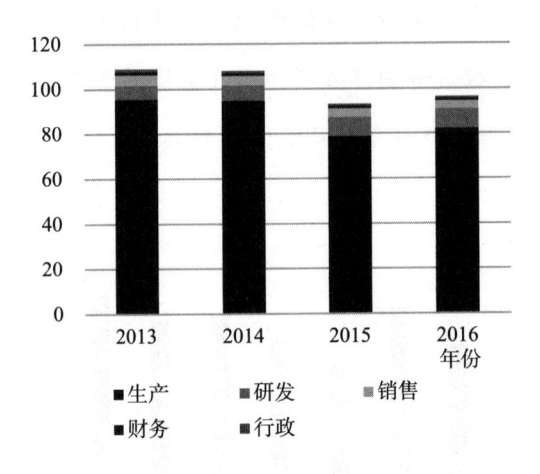

图 7-5　G 集团 2013—2016 年的员工数量（千人）

在产品领先的战略下，G 集团也不忘加大对研发的投入。不过相较于格力等其他家电企业，G 集团更加注重研发的投入和产出。虽然研发人员的占比自 2013 年的 5.7% 提升至 2016 年的 9.1%，但是这个数值在行业中其实并不算高。除了自有的研发人员外，G 集团还积极与麻省理工学院、加利福尼亚大学伯克利分校、伊利诺伊大学厄巴纳—香槟分校、斯坦福大学、普渡大学、清华大学等国内外多所高校建立深入的产学研合作关系，打造了全新的创新生态系统。G 集团亮眼的研发效率从其专利申请情况上可见一斑。在 2016 年，G 集团申请专利 13 000 余件，累计拥有授权专利 26 000 余件，在家电领域排名第一。

图 7-6 展示了 G 集团 2010—2016 年管理费用（含研发费用）的变化情况[①]。综合了人员成本的下降和研发投入的增加，G 集团整体的管理费用（含研发费用）出现了小幅上升，其增幅略高于营业收入，但远低于其规模扩张的速度。由此说明，G 集团在"效率驱动"这一战略的落实层面还是成功的。

---

① 注：在表格列示期间，研发费用列支在管理费用下。

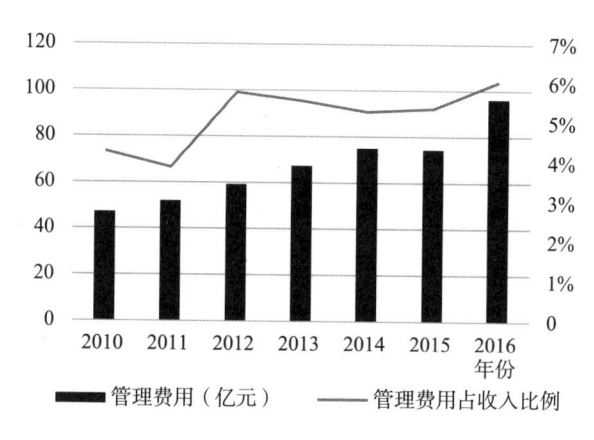

图 7-6　G 集团 2010—2016 年管理费用与占比

【本章小结】

本章重点介绍了利润表中第二个核心项目——营业总成本的基本概念。我们将其拆分为成本和费用这两项支出，分别就二者的确认原则、它们之间的异同点进行了探讨。对于管理者而言，既要理解成本与费用在本质上的共同点，也要准确把握它们在确认时点、关联的业务方面的差异。这种全面的理解有助于在成本控制、资源配置及绩效评估等方面作出更加有效的决策。

【课后题】

请你结合某家企业利润表的成本和费用分布特点及其与业务之间的关联关系，思考如何进一步加强成本和费用的控制。

第8章

利润表
——损益项目

【学习目标】

本章将重点介绍以下内容。

1. 利润表中其他损益项目的定义和确认原则。
2. 损益项目与业务活动之间的关系，具体包括其他收益、投资收益、公允价值变动收益、信用减值损失、资产减值损失、资产处置收益以及营业外收入和支出。

【思维导图】

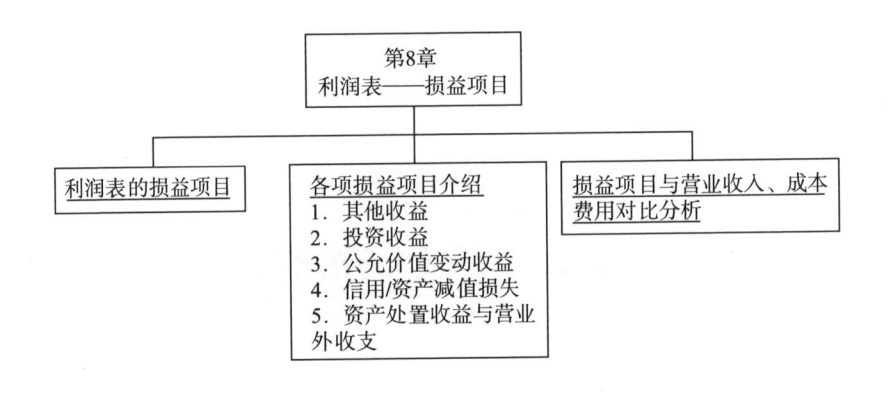

```
            第8章
         利润表——损益项目
    ┌────────┼────────┐
利润表的损益项目  各项损益项目介绍     损益项目与营业收入、成本
              1. 其他收益          费用对比分析
              2. 投资收益
              3. 公允价值变动收益
              4. 信用/资产减值损失
              5. 资产处置收益与营业
                 外收支
```

8.1 利润表的损益项目

在本章中，我们继续学习利润表中的损益项目。除了前面两章介绍的营业收入和营业总成本之外，利润表上还有若干项目影响最终净利润的水平。具体来说，利润的计算开始于营业收入，扣除营业成本以及各项费用之后，再调整以下几个关键的损益项目得到营业利润，包括其他收益、投资收益、公允价值变动收益、信用减值损失、资产减值损失及资产处置收益。这些项目反映了企业在日常运营之外的其他活动对营业结果的影响。

计算出营业利润之后，企业还需对营业外收入和支出进行调整，将来源于非日常经营活动的一次性收入或损失纳入利润核算，从而得到利润总额。在此基础上，扣除所得税费用后，就得到企业当年的净利润。如果该数值为负，则表示企业当年的经营出现净亏损。

以海天味业 2023 年年报中披露的利润表为例（表 8–1），该企业在 2023 年的营业收入为 245.59 亿元，扣除营业总成本（181.84 亿元）后为 63.75 亿元。在此基础上，加入其他收益 1.44 亿元、投资收益 0.17 亿元、公允价值变动净收益 2.13 亿元、减去资产减值损失 374 万元、信用减值损失 20 万元和资产处置损失 61 万元后得到企业当年的营业利润 67.45 亿元。加减营业外收入与支出的部分，形成企业利润总额 67.39 亿元，最后再扣除所得税费用 10.97 亿元后，企业在 2023 年实现了净利润 56.42 亿元。

表 8–1　海天味业 2023 年利润表

单位：百万元

	2023 年 12 月 31 日	2022 年 12 月 31 日
营业总收入	24 559.31	25 609.65
营业收入	24 559.31	25 609.65
营业总成本	18 184.26	18 517.97
营业成本	16 028.54	16 471.82
税金及附加	194.01	207.19
销售费用	1 305.75	1 378.05
管理费用	525.68	441.74
研发费用	715.42	751.34
财务费用	−585.14	−732.17
加：其他收益	144.16	144.18
投资收益	17.28	13.11
公允价值变动净收益	212.85	121.26
资产减值损失	−3.74	−16.55
信用减值损失	−0.20	−2.59
资产处置收益	−0.61	1.19
营业利润	6 744.79	7 352.28
加：营业外收入	10.30	13.39

续表

	2023年12月31日	2022年12月31日
减：营业外支出	16.05	1.46
利润总额	6 739.04	7 364.21
减：所得税	1 096.85	1 161.04
净利润	5 642.19	6 203.17

如表8-1所示，除了营业外收入和营业外支出，其他收益或损失在财务体系下被认定为与营业相关的项目，因此共同构成企业的营业利润。纵然如此，这些项目与前面介绍的营业收入与成本费用之间依然存在显著的差异。在本章接下来的部分，我们将逐一介绍这些损益项目的定义及其对应的业务类型，并在最后进行归纳讨论，以进一步明确它们与传统营业项目之间的具体差异。对这些差异的理解，可以帮助管理者更深入地解读利润表，从而提升其在企业业绩分析与经营决策中的应用能力。

8.2 各项损益项目介绍

1. 其他收益

根据企业会计准则的规定，其他收益主要反映企业取得的与主营业务相关但不符合收入、成本或费用列报条件的政府补助及其他相关金额。以表8-2中2022年中国中铁年报中披露的信息为例[年报四(61)合并财务报表项目附注]，企业当年的其他收益为13.9亿元，主要来源包括政府的企业扶持补助、税收返还、岗位补贴、科研补贴、财政贡献奖励及其他未明确的收益。

表8-2 2022年中国中铁其他收益

单位：千元

项　目	2022年度	2021年度	与资产相关/与收益相关
企业扶持补助	608 934	488 976	与收益相关

续表

项　目	2022 年度	2021 年度	与资产相关/与收益相关
税收返还	342 938	314 926	与收益相关
岗位补贴	152 479	302 152	与收益相关
科研补贴	149 755	171 363	与收益相关
财政贡献及财政局奖励	34 028	30 769	与资产相关/与收益相关
其他	104 817	50 338	
合计	1 392 951	1 358 524	

《企业会计准则第 16 号——政府补助》就政府补助对企业报表的影响进行了详细界定。需要特别注意的是，只有与企业日常经营活动相关的补助才可以计入其他收益，否则只能计入营业外收入。当企业收到来自政府补助的资金时，企业资产负债表中的货币资金对应增加，同时利润表的其他收益也相应地增加。如果政府承诺的补助到年末尚未到账，则相应金额会在资产负债表中以其他应收款形式列示，对利润表的影响则保持不变。

对于上市公司而言，大多数其他收益都来源于政府补助或税收返还，这体现了企业利润构成的一个特点。以 2022 年数据为例，全体上市公司其他收益平均占营业收入的 7%，对于一些利润较低的企业，这项收益甚至可能成为盈亏的决定性因素。以中国中铁为例，2022 年与 2021 年的数据可以看到，尽管其他收益的具体来源金额有所差异，但总额在连续两个年度间显示出一定的持续性。

2. 投资收益

投资收益是指企业对外投资所取得的经济利益（如果是负值即为投资损失），主要包括对外投资取得的股利和债券利息、根据股权比例确认的被投资企业利润，以及投资到期收回或到期前转让得到高于账面价值的差额等。由此可见，投资收益与企业的投资业务是紧密关联在一起的。投资是企业实现长期发展的关键战略之一。通过投资，企业可以扩大产能、拓展业绩增长空间、提升核心竞争力、增强价值创造能力，并更有效地应对市场环境的变化。

从财务的视角来看，企业对外投资首先分成债权投资和股权投资两类，分别通过购买其他公司的债券或股权来实现。如果购买了其他公司的债券并且准备长期持有（例如对方发行的是企业债券），则企业的投资收益项目下就包含了债券在当年支付给企业的利息收益，以及到期（或到期前）收回该投资时发生的损益。

在我国，上市公司更普遍的投资形式是股权投资。伴随股权投资产生的收益同样计入投资收益。但需要注意的是：企业在进行股权投资时，依据所持股权比例及意图持有时长的不同，会在财务系统中采取不同的会计分类方法，进而影响投资收益的确认方式与核算处理。

《企业会计准则第2号——长期股权投资》针对长期股权投资进行了规范。该准则要求企业首先根据持股比例将股权投资方进行区分。当投资方直接或者通过子公司间接持有被投资企业20%以上但低于50%的表决权时，一般认定为对被投资企业有重大影响。当然，持股比例只是界定是否拥有重大影响的一个量化指标，为了避免企业对这个指标进行"操纵"，通常对重大影响的判定还要结合投资企业对被投资企业的一些具体的制度安排或实际影响力，例如投资方在被投资企业的董事会是否派有代表并享有实质性的参与表决权等。反之，如果股权比例没有达到20%或者虽然达到了但是在实质层面没有真正的影响力，这类投资企业被认定为没有重大影响的投资人，也称为被动投资人。

对于不具备重大影响力的被动投资人，只有当被投资公司宣布分配红利时，投资方企业才能将预期获得的红利确认为投资收益，该方法称为成本法。相比之下，如果投资方对被投资企业具有重要影响力，则采用权益法计算投资收益。权益法的主要特点在于投资方不需等待被投资方宣布红利分配即可确认投资收益。根据权益法，只要被投资企业当期实现净利润，投资方即可根据持股比例计算其所享有的投资收益。

假设被投资企业盈利100万元，并准备以10%的当期盈利进行分红。在这种情况下，持股低于20%的被动投资人企业将采用成本法确认投资收益，这意味着只能以所收到的分红部分作为当年的投资收益纳入自己的利润表。假设一个投资人的持股为20%，如果以成本法计算，该企业从这项投资可以得到的投资收益为2万元（100万元×10%×20%）。

假设在同样的持股比例下，如果投资人在被投企业中有董事会席位和一定的影响力，根据权益法，则该投资人可以确认的投资收益为20万元（100万元×20%）。这个例子清楚地展示了两种投资收益核算方法的差异。为了更早且最大限度地确认投资收益，某些企业会努力使其持股比例超过20%的标准，或者即便略低于这一标准，也会在实质影响力方面进行论证，以达到权益法的适用条件。当然，若被投资企业当年出现亏损，则在持股比例超过20%的情况下，投资方必须在自己的利润表中确认相应比例的投资损失。

此外，在投资收益的计算中，企业因处置投资所产生的价差也是重要的组成部分。具体来说，若出售价格超过了投资成本，超额部分将被计入当期的投资收益。这种处理方式可确保投资收益的核算反映出投资的实际盈利情况。

下面以中芯国际2022年年报披露的投资收益为例进行阐述。通过表8-3可以观察到，中芯国际在2022年的投资收益主要包括四项内容：权益法核算的长期股权投资收益7.9亿元，此项收益是企业根据其在有影响力的被投资企业中的持股比例，将被投资企业的当期利润按比例纳入自身损益的结果；处置联营公司和子公司所得的投资收益3 784万元；基于公允价值计量的金融资产在持有期间所产生的利息和股利收益244万元。分析前后两年的数据变化可以发现，由于企业投资行为的改变，各类投资收益的细分项目在年度间表现出显著波动，其中因处置投资所得的收益在持续性方面表现最为不稳定。

表8-3 2022年中芯国际投资收益

单位：千元

项　目	本期发生额	上期发生额
权益法核算的长期股权投资收益	791 484	1 432 049
处置联营公司产生的投资收益	37 836	—
处置子公司产生的投资收益	—	1 487 361
以公允价值计量且其变动计入当期损益的金融资产在持有期间取得的投资收益	2 444	7 478
合计	831 764	2 926 888

3. 公允价值变动收益

公允价值变动收益是指在企业持有的金融资产或金融负债的公允价值发生变化时确认的收益或损失。该项目与刚刚讨论的投资收益有类似之处，即两者都与企业的投资业务相关，但涉及的投资类型存在显著区别。投资收益通常与企业长期持有的债权或股权投资相关，这些投资多具长期性，企业通过持有可获取定期的分红、利息等收益，部分投资还具有战略性质，有助于企业建立或维持与被投资方的长期合作关系。

相比之下，公允价值变动收益通常与企业短期持有的交易性金融资产和金融负债相关，这类资产主要通过二级市场的买卖实现价差而获利。企业投资交易性金融资产主要是为了提高短期闲置资金的使用效率，同时获取资本收益或实现股息、利息等短期收益。

近年来，上市公司越来越多地通过二级市场的交易性金融资产进行现金管理。一个典型的应用场景是，企业在收到客户款项与向上游供应商付款之间存在时间差，这一时间差可能非常短暂，可能仅为数周或数日。在这种情况下，企业可以将这一时期的临时闲置资金投资于二级市场的交易性金融资产，以此实现资金增值。如果企业进行了此类投资，资产负债表就会出现一项交易性金融资产。若到年终报表日期企业仍持有这些资产，根据资产定价准则，企业需根据二级市场的定价确定这些交易性金融资产的公允价值，并因此产生公允价值变动收益（或损失）。

当企业持有交易性金融资产时，主要可获得两类收益。首先，是来自被投资企业的分红或利息收益，这部分收益会计入投资收益项目。其次，企业在财务报告期末持有的交易性金融资产，其价值需按照公允价值进行计量。如果被投资企业的股票在期末升值，根据公允价值计量，这将导致资产负债表中相关金融资产的账面价值上升，并在利润表中以公允价值变动收益的形式予以确认。也就是说，当交易性金融资产的公允价值高于或低于企业购入成本时，企业应按照公允价值调高或调低该资产的价值。

通常企业不会持有过多的交易性金融资产，因此公允价值变动收益（或损失）通常不会很大。反之，如果看到某个企业的公允价值变动收益的金额很大（例如相比企业当年利润总额的比重远超出其他同行可比公司），则可以根据上面的财务逻辑一步步地分析其究竟是如何发生的，进而判断企业的财务信息质量及其反映的企业经营实质。

总之，大额的公允价值变动收益显著提升了当年的利润总额，同时公允价值的增加反映了资产价值的提升。但是，也需要留意一些潜在的风险或问题。因为公允价值变动收益的波动性较大，本财年的增加未必能够在下一个财年依然存在，因此导致企业利润出现波动。一些企业可能会借助公允价值变动收益来掩盖企业核心业务实际运营状况不佳，因此，分析利润表的时候还应该关注同期的企业营业收入变动以及营业收入扣除营业总成本的水平变化等细节，否则容易高估企业的价值。

4. 信用/资产减值损失

本节重点介绍两个减值损失项目——信用减值损失和资产减值损失。其中，信用减值损失是指企业按照《企业会计准则第22号——金融工具确认和计量》的要求计提的各项金融资产尤其是应收款项减值所带来的损失。相比之下，资产减值损失的适用范围更为广泛，涉及企业持有的多种非金融资产，包括固定资产、无形资产以及长期股权投资等。当这些资产的可回收金额（即企业通过持续使用或处置该资产所预期能够收回的金额）低于其账面价值时，企业应确认相应的减值损失，并计入当期损益。

1）信用减值损失

在第6章关于营业收入的内容中，我们讨论了企业常见的销售模式，即赊销。在赊销模式下，企业在确认收入的同时，会形成应收款项，如应收账款和应收票据。到财务年度结束时，企业需要根据当年的应收款项的金额和特性，结合客户的信用状况，评估其中可能无法收回的部分，即坏账，并进行相应的账务处理。由于企业无法确切知道未来实际会产生多少坏账，因此往往采用财务预测方法来估计可能发生的金额。预计无法收回的金额将从当前的资产中扣除，同时在利润表上作为信用减值损失予以确认。

举例来说，如果某公司年末的应收账款是100万元，预测其中5%的款项无法收回，则企业需要同时下调应收账款和当期利润。具体而言，假设年初的坏账准备为0（例如这是企业经营的第一个财年），则年末应收账款减少5万元，年末应收账款净值变成95万元，同时利润表中确认信用减值损失5万元，这意味着当年的利润减少了5万元。以海天味业为例，企业在2023年度利润表（见表8-1）中确认了20万元的信用减值损失。

信用减值损失的确认是会计准则要求的重要环节。通过计提信用减值损失，企业能够在财务报表中准确反映应收款项的可收回金额，从而避免高估企业资产和盈利能力，使得财务报表更加真实、可靠。

试想一下，如果企业不对应收款项进行任何调整，结果将如何？这会导致利润表上的净利润和资产负债表上的应收账款金额同时虚高，导致管理者对相关风险认知不足，也会导致外部投资者高估企业的价值。企业应该从行业特性、客户特点及应收账款历史坏账发生概率等多个维度进行综合分析，充分预测其中无法收回的金额。依此对资产负债表的应收款项以及利润表的信用减值损失项目进行相应调整，以确保资产和利润的信息更为谨慎。

如果企业未能充分预提坏账，虽然当前净利润和资产价值虚高，一旦客户企业陷入财务困境、无法偿还款项时，企业将不得不一次性计提大额的信用减值损失。这不仅会导致当期利润大幅下滑甚至以亏损告终，还可能引发资本市场对企业财务信息质量的质疑，甚至造成投资者的信任危机。本章末的案例详细介绍了某上市企业在应收账款管理中遇到的一次性大额信用减值损失问题。

在合理的财务确认基础上，如果企业的信用减值损失超过行业平均水平，这表明企业在应收账款的风险控制与预防方面存在不足。为有效防范信用减值损失的发生，企业可以采取多项措施，例如建立完善的客户信用风险管理系统，制定明确的信用政策、流程，并加强对债务人的尽职调查、定期评估和监控债务人的信用状况等。

2）资产减值损失

资产减值损失是指企业对各类非金融资产发生减值时所确认的损失，适用于如存货、固定资产、无形资产等资产项目。以海天味业为例，企业在2023年年度利润表（见表8-1）中确认了374万元的资产减值损失，全部是由于存货跌价损失所导致的。本书第3章已经详细介绍了资产减值的认定标准和准则，并通过案例充分讨论了资产减值的业务起因及其对财务报表的影响。因此，对于资产减值损失的具体处理原则，在此不再详细展开。

下面补充介绍两点有关减值损失的深入思考。在会计体系中，企业持有的非金融资产发生减值时，相关的损失会在利润表中确认，而增值却不能入表。这与公允价值变动损益项目形成对比，后者反映了金融资产增值或减值都可以计入报表的处理原则。财务准则的差异引出一个值得思考的问题：是否存货或固定资产等非金融资产在现实中不能升值？显然并非如此。这种处理是会计谨慎性原则的体现。在存在不确定性时，该原则要求避免高估资产和收益，或低估负债和费用。对于金融资产，其增值可以被确认，这主要是因为金融资产如股票和债券通常在公开且活跃的市场中交易，市场提供的透明和即时的定价信息，使金融资产的价值易于量化和确认。此外，金融资产具有高流动性，可迅速以明确的市场价格转换为现金。相比之下，非金融资产的公允价值较难准确判断，其价值受主观估计和未来预期影响较大，导致相关收益具有较高的不确定性。因此，只有在这些资产通过实际交易实现其价值时，相关收益才能被明确并在财务报表中予以确认。

企业会计准则对于减值损失是否可以回调，结合资产类别存在不同的规定。具体而言，流动资产如应收账款和存货的减值损失往往是可以回调的，因为这类资产的价值通常受市场价格波动的影响较大。例如，在存货发生减值后，如果市场价格出现回升，导致其实际可变现净值高于减值后的账面价值，企业便可将原来确认的减值损失部分或全部回调。相反，对于非流动资产，如固定资产，其减值损失在多数情况下不可回调。因为这类资产具有较长的使用寿命和较高的初始成本，其减值往往源于不可逆的变化，如技术进步导致设备过时、市场需求萎缩或法律政策发生重大调整等，这些因素将持续影响资产未来的经济利益。出于谨慎性原则的考虑，以及为了防止企业借减值转回操作利润的空间，企业会计准则明确规定：固定资产等非流动资产的减值损失一经确认，不得转回。

5. 资产处置收益与营业外收支

1) 资产处置收益

资产处置收益通常是指企业在出售资产时所获得的收益，等于售价超过资产账面价值的金额。其中账面价值是指资产在企业财务报表上记录的净值，并考虑了所有相关的累计折旧和减值损失。例如，企业的固定资产在使用多年之后被出售，如果售价高于固定资产账面净值，则在售出时就增加了一笔资产处置收益。反之，如果售价低于资产的账面净值，则记录为负值，也就是资产处置损失。例如，海天味业2023年利润表（表8–1）上确认的资产收益为 –61万元。也就是说，企业当年处置资产形成了61万元的损失。

在利润表中，资产处置收益通常作为一项非经常性收益，因为与之相关的业务并非企业的主营业务活动，而是资产的一次性转让。这类收益有时候可以对企业的财务绩效产生重大影响，尤其是在出售重大资产时。然而，因为其不具备持续性，投资者和分析师在评估企业的持续盈利能力时往往会从利润中扣除这部分收益。

每年10月份左右，经常会有新闻报道某些上市公司出售房产。通常房产属于固定资产，且售出价格往往高于原购置成本。因此，这类交易在会计处理上通常伴随着显著的资产处置收益，从而推高企业当年的利润水平。尽管这类收益能计入营业利润，但与企业通过其核心业务（销售产品和提供服务）所获得的利润在持续性方面根本无法相比。更重要的是，大部分企业出售固定资产的原因是主营业务盈利能力不足，以资产处置收益来弥补利润缺口。这种情形下，对财务报表有深入理解的投资者就能"看懂"净利润的真实含义，即便短期利润上升，企业的市场价值可能反而下滑，因为价值的基石是企业可持续的盈利能力。

2）营业外收支

最后，我们来看一下利润表上两个与营业无关的项目：营业外收入和营业外支出。营业外收入反映了企业发生的营业利润以外的收入，主要包括与企业日常活动无关的政府补助、盘盈利得、捐赠利得等。营业外支出反映了企业除营业利润以外的支出，主要包括公益性捐赠支出、非常损失、盘亏损失、非流动资产毁损报废损失等。由于这些收支与企业的核心经营活动无关，它们通常不被视为衡量企业经营能力的关键指标。在财务分析中，这些项目往往被认为是质量较低的收益或损失，持续性很低，与企业长期经营业绩的关联较弱。如果一个企业的净利润中有较高的比重来自营业外收入，这往往意味着企业的主营业务盈利能力不足，无法通过其主要产品或服务实现足够的盈利，而不得不依赖非常规的收入来支撑其财务表现。

8.3 损益项目与营业收入、成本费用对比分析

汇总一下，本章介绍了其他收益、投资收益、公允价值变动收益、信用减值损失、资产减值损失，以及资产处置收益和营业外收入与支出。了解这些收益和损失项目的财务确认原则后，我们可以回到本章开头提出的问题：这些损益项目与之前学习的收入、成本和费用项目有何本质差异？在探讨差异之前，首先关注这些利润表项目的共同特征。除营业外收入与支出外，其他项目如投资收益、资产减值损失、公允价值变动收益等，通常被归入营业利润的组成部分，与收入、成本和费用在会计处理上具有一定的相似性，均反映了企业在日常经营活动中产生的损益变化。

然而，损益项目与收入成本的差异也十分显著，主要体现在两个方面。首先，这些项目背后的业务与企业核心经营活动之间的关联程度不同。相比于收

入成本背后的销售业务，损益类项目通常与主营业务的相关度较低。其次，是持续性差异。与收入和成本费用的稳定性相比，资产处置收益和投资收益等损益项目的持续性较低，不能保证每年都持续发生。

理解利润表不同项目之间的区分及其特点对于准确解读财务报表至关重要。市场投资者在评估一个企业的价值时，会大量参考利润表中的数据。其中，最关键的是由企业核心经营活动产生的利润。与企业核心业务关联度最低或持续性最差的项目被称为非经常性损益，这些项目对企业价值的贡献相对很有限。因此，为满足市场和投资者对企业经营能力的关注，财务报表要求企业对与核心业务相关的收入、成本与费用指标进行详细列示，便于全面分析企业经营绩效。相对而言，损益类项目在报表中通常仅以净额形式呈现。这种处理方式有助于投资者更清晰地识别企业的主要经营成果与财务状况，并在此基础上合理评估企业的长期盈利能力与内在价值。

理解财务报表中不同项目的差异对管理者同样重要。首先，管理者应聚焦于核心经营活动所创造的利润，因为这类利润不仅体现了企业的主营业务竞争力，更代表了其可持续盈利能力与长期价值创造能力。只有稳定、可复制的经营成果，才能为企业提供持续增长的基础。其次，针对非经常性的损益项目，应该避免在决策中高估其对企业价值的贡献，以免掩盖核心业务存在的问题，导致战略判断失误。因此，优秀的企业应该坚持以核心盈利能力为导向，不断优化主营业务的资源配置与运营效率，通过提升产品附加值、市场拓展能力和客户黏性，实现利润的质量提升。同时，建立健全的利润质量分析机制，主动剖析财务报表中的各类收益来源，从而在战略层面提升企业的财务稳健性与可持续发展能力。

【本章案例】H公司的减值问题

1. H公司简介

H公司成立于2014年，是一家从事锂电池材料研发、生产和销售的新能源材料企业，其产品主要应用于新能源汽车动力电池、储能设备和电子产品等领域。经过几年的发展，H公司依靠专业高效的研发团队和广泛认可的研发成果形成自主创新优势，成为行业领先企业，并于2019年正式登陆科创板。然而，在上市第一年，H公司的净利润就出现了严重下滑，引来众多投资者关注。

2. 基本财务信息

从H公司披露的相关财务数据（表8-4、图8-1～图8-4）来看，H公司在2016—2019年的营业总收入分别为8.85亿元、18.79亿元、30.41亿元和41.90亿元，呈现出较为稳定的上升态势，并占据较大的市场规模。然而从净利润来看，H公司在2016—2019年的净利润分别为0.07亿元、0.31亿元、2.13亿元和0.87亿元，在上市前的2016—2018年期间呈现出与营业收入相匹配的增长趋势，但是在2019年出现断崖式回落，其净利润较2018年下降了58.94%。结合H公司的营业成本和毛利润变化分析后不难发现，H公司净利润出现"腰斩"的主要原因并非营业成本的上升，而是来自费用和其他损益项目变化。

表8-4 H公司部分财务数据及财务指标

单位：亿元

科　目	2016年	2017年	2018年	2019年
营业收入	8.852	18.787	30.413	41.897
营业收入同比增长率		112.24%	61.88%	37.76%
营业成本	7.781	16.005	25.358	36.031
营业成本同比增长率		105.70%	58.44%	42.09%
毛利润	1.071	2.782	5.055	5.866

续表

科　目	2016年	2017年	2018年	2019年
毛利润同比增长率		159.79%	81.67%	16.05%
净利润	0.069	0.311	2.129	0.874
净利润同比增长率		352.63%	583.92%	-58.94%

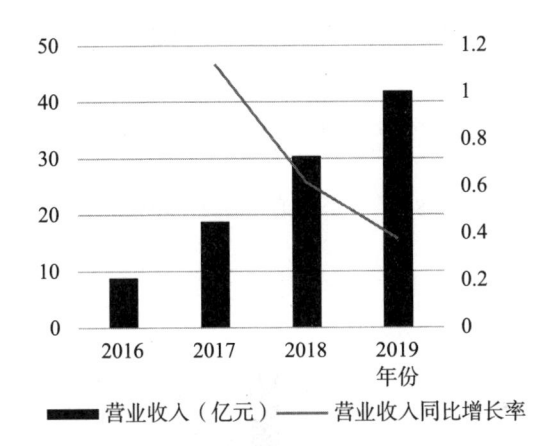

图 8-1　H公司营业收入变化趋势

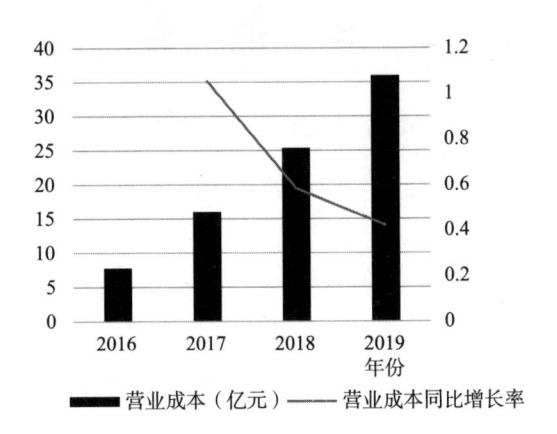

图 8-2　H公司营业成本变化趋势

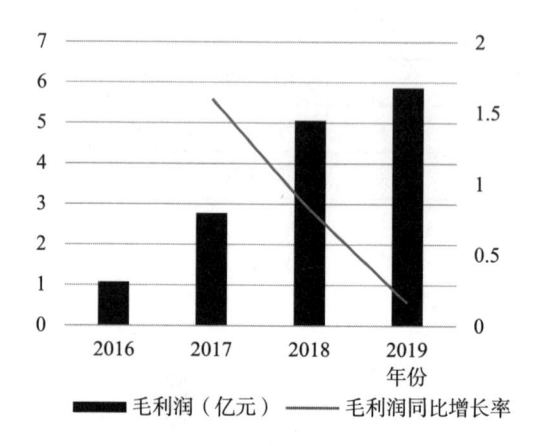

图 8-3　H 公司毛利润变化趋势

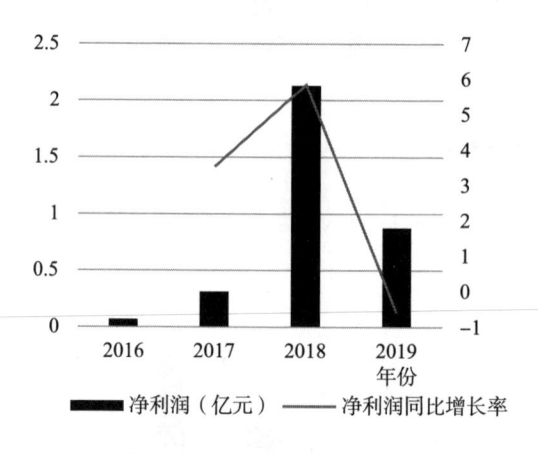

图 8-4　H 公司净利润变化趋势

表 8-5 和图 8-5 展示了 H 公司在 2016—2019 年之间各项费用及减值损失的变化趋势。从中可以看出，H 公司销售、管理、研发和财务四大费用的变化较为正常，而资产减值损失和信用减值损失两项在 2019 年的增幅均超过 400%。特别是信用减值损失这一项，其 2019 年的金额就高达 1.55 亿元，约占当年毛利润的 1/4。

第 8 章　利润表——损益项目

表 8-5　H 公司各项费用及减值损失数据

单位：亿元

科　目	2016 年	2017 年	2018 年	2019 年
销售费用	0.085	0.141	0.244	0.253
销售费用同比增长率		65.19%	73.28%	3.86%
管理费用	0.390	1.028	0.800	0.971
管理费用同比增长率		163.18%	−22.15%	21.37%
研发费用	0.318	0.770	1.199	1.650
研发费用同比增长率		142.09%	55.76%	37.59%
财务费用	0.083	0.133	0.201	0.181
财务费用同比增长率		60.61%	51.65%	−9.81%
资产减值损失	0.014	0.029	0.082	0.439
资产减值损失同比增长率		103.95%	184.09%	437.84%
信用减值损失	0.080	0.240	0.309	1.550
信用减值损失同比增长率		201.11%	28.42%	402.41%

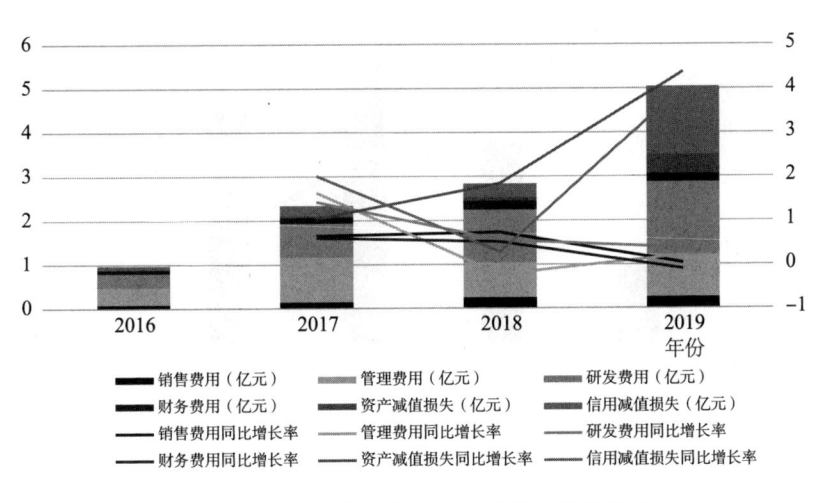

图 8-5　H 公司各项费用及减值损失变化趋势

3. 应收账款分析

H 公司应收账款的"爆雷"并非"一日之寒"，通过分析 H 公司 2016—2019 年的财务数据，可以发现 H 公司一直具有较高的应收账款管理风险。

（1）赊销比例较高。

H公司作为锂电池产业链的中游企业，其生产的产品主要销往国内外动力电池制造厂商。受到新能源汽车产业付款周期较长的影响，H公司主要采用信用赊销的方式进行产品销售，加之客户的回款周期较长，H公司的应收账款金额较大。

H公司的财务数据显示，H公司2016—2018年应收账款金额分别为3.15亿元、7.65亿元和10.85亿元，其金额较大且呈现出快速增长趋势，如图8-6所示。在这三年中，H公司的应收账款金额占其流动资产的比例超过40%，占其营业收入的比例超过35%。因此，H公司的应收账款规模较大，同时具有较高的回收风险。

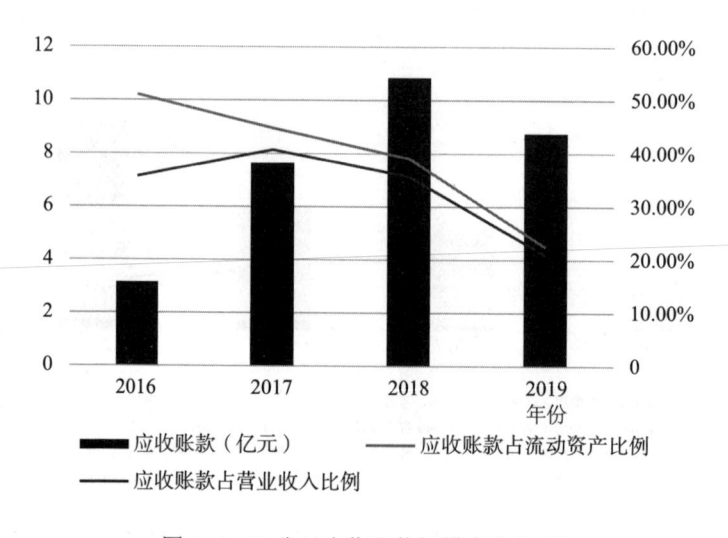

图8-6　H公司应收账款规模变化趋势

（2）下游客户集中度较高。

H公司的客户多为新能源锂电池行业龙头企业，由于下游动力电池与新能源汽车行业的集中度较高，公司的客户集中度也相对较高。

H公司的财务数据（见表8-6）显示，其2016—2018年的前五大客户销售金额占当期营业收入的比例分别为55.86%、65.36%和62.48%。由于公司前五大客户的销售额占营业收入的比例相对较高，当公司主要客户因经营不力等情况出现货款回收逾期、销售毛利率降低等问题时，则会对H公司产生较大的不利影响。

表8-6 H公司前五大客户销售金额及占比

单位：亿元

2016年			2017年			2018年		
公司名称	金额	占比	公司名称	金额	占比	公司名称	金额	占比
A1公司	0.640	19.25%	B1公司	2.205	27.36%	C1公司（B2）	2.156	18.82%
A2公司	0.364	10.95%	B2公司	1.908	23.66%	C2公司	1.844	16.10%
A3公司	0.347	10.44%	B3公司	0.414	5.14%	C3公司（B1）	1.711	14.94%
A4公司	0.297	8.94%	B4公司（A5）	0.399	4.95%	C4公司	0.783	6.83%
A5公司	0.209	6.28%	B5公司（A4）	0.342	4.25%	C5公司	0.663	5.79%
合计	1.857	55.86%	合计	5.267	65.36%	合计	7.157	62.48%

2019年H公司计提的坏账主要来自其下游客户B2公司，该客户是H公司2017年的第二大客户，也是其2018年的第一大客户。在H公司上市科创板2个多月后，公司就发布公告称其收到的B2公司的7 002.84万元商业承兑汇票已到期但未能实现兑付。

（3）坏账处理缺乏合理性。

H公司应收账款的坏账准备计提，主要依据应收账款的金额是否重大，以及客户企业的信用风险水平来进行计提。具体而言，H公司针对单项金额重大（1 000万元以上且占应收款项账面余额10%以上）的应收账款单独进行减值测试，根据其未来现金流量现值低于当前账面价值的差额计提坏账准备。此外，公司运用账龄分析法对整体应收账款进行坏账计提，如表8-7所示。

表8-7　H公司按照账龄计提坏账准备

1年以内（含，下同）	5%	5%
1～2年	10%	10%
2～3年	30%	30%
3～4年	50%	50%
4年以上	100%	100%

根据表8-8显示，H公司2016年、2017年、2018年的坏账计提总比例分别为5.08%、5.03%和5.09%，计提比例并不高。特别是在2018年年末，H公司表示虽然对B2公司的应收账款金额较大（逾2亿元），但是在进行单独测试后认为不需要单项计提坏账。

表8-8　H公司计提坏账准备金额列表

单位：万元

期间	2016年12月31日 应收账款	坏账准备	坏账计提占比	2017年12月31日 应收账款	坏账准备	坏账计提占比	2018年12月31日 应收账款	坏账准备	坏账计提占比
1年以内	32 971.60	1 648.58	5.00%	80 191.60	4 009.58	5.00%	112 234.21	5 611.71	5.00%
1～2年	193.94	19.39	10.00%	276.92	27.69	10.00%	2 093.62	209.36	10.00%
2～3年	70.57	21.17	30.00%	29.95	8.99	30.02%	4.68	1.40	29.91%
3年以上	—	—	—	—	—	—	—	—	—
合计	33 236.11	1 689.14	5.08%	80 498.47	4 046.26	5.03%	114 332.51	5 822.47	5.09%

H公司在2019年11月收到了证监局寄发的监管函，其中指出H公司对B2公司的应收账款在2019年6月末和9月末分别有84.19%、96.05%处于逾期状态，而H公司在2019年半年报中仍按照账龄计提坏账准备，未单独计提坏账准备，存在坏账准备计提不充分的情况。随后，H公司开始对B2公司应

收款项进行比例为40%的单项坏账准备计提。其后，在2020年1月披露的业绩预告中，H公司又将对B2公司应收款项的单项计提坏账准备比例提升至70%。H公司采取连续大幅增加坏账准备计提的行为说明，公司此前对应收账款的回收风险评估有误，对应收账款的管理也存在问题。

【本章小结】

本章详细介绍了其他收益、投资收益、公允价值变动收益、信用减值损失、资产减值损失、资产处置收益和营业外收入与支出的定义，以及影响这些项目的业务活动。综上三章的内容可以发现，利润表可以分成三个部分：营业收入、营业总成本和其他损益项目。其中，收入和成本部分直接反映企业主要经营绩效，而其他损益部分与日常经营业务关联性相对较低。了解利润表的结构有助于大家更好地阅读、理解和分析企业的利润表。

【课后题】

请结合一家真实的企业，思考本章所学的损益项目与企业哪些业务相关。如果出现了较大的损失，对应负责的部门是谁，企业应该如何加以防范。

第 9 章

利润的质量

【学习目标】

本章将重点介绍以下三个方面的内容。

1. 利润的质量，以及影响企业利润质量高低的常见因素。

2. 判断利润的质量，并探讨利润在财务年度之间的关联。

3. 管理者的主观选择如何影响企业的利润。

【思维导图】

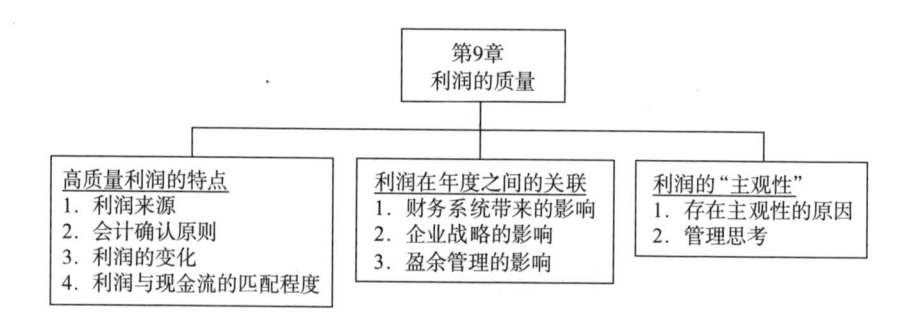

```
                        第9章
                       利润的质量
        ┌───────────────┼───────────────┐
  高质量利润的特点      利润在年度之间的关联      利润的"主观性"
  1. 利润来源          1. 财务系统带来的影响     1. 存在主观性的原因
  2. 会计确认原则      2. 企业战略的影响         2. 管理思考
  3. 利润的变化        3. 盈余管理的影响
  4. 利润与现金流的匹配程度
```

9.1 高质量利润的特点

请大家思考一个问题：利润表中的净利润是否存在质量上的差异？试想两家企业拥有相同的净利润金额，是否有某些原因让你觉得其中一家企业的净利润质量更高？解答这个问题需要从利润的来源和构成出发，思考何谓高质量的利润？也许每个人对这个问题都会有不同的理解，但这一思考的关键在于：净利润不仅仅是一个数字，更代表了企业盈利能力的来源、可持续性与稳定性。因此，理解"利润质量"的本质，是深入解读财务报表的关键起点。

1. 利润来源

首先，我们可以从利润的来源入手进行分析。利润表上的项目并非随意排列，其顺序本身具有明确的逻辑性：最上方列示的是营业收入，其后依次为成本、费用、各类损益项目，最后是营业外收支。这种排列方式反映了各项目与企业核心经营活动的关联程度——位置越靠上，所代表的业务越贴近企业的主营业务。因此，当企业的利润主要来自利润表上方科目时，一般而言利润质量较高。反之，若企业的利润主要来源于利润表底部的项目，如营业外收支净额，则利润质量相对较低。即使当年实现了较高的净利润，也不能代表企业当年的经营绩效优异，更难以持续到未来。

表9-1展示了某制造业企业2023年的利润状况。若只看净利润，可以看到企业2023年的净利润较上一年度增长超过一倍。然而，利润增长背后的原因是什么？能否持续到未来年度呢？要回答这些问题，就要深入分析利润的来源。对比两年的利润构成，可以明显地发现企业2023年增长的利润中有很大一部分来自投资收益。正如第8章所介绍的，投资收益包括投资所获得的分红（采用成本法）、按比例确认的被投资公司利润（采用权益法），以及转让股权投资所获得的高于成本的一次性支付。该企业的投资收益主要来自转让股权投资时获得的高于成本的一次性支付，金额较大但属于一次性、持续性较低的利润。基于此我们可以合理推断，企业下一年度的净利润很可能无法维持2023年的水平。

表9-1 某公司2023年利润表

单位：千元

	2023年12月31日	2022年12月31日
营业总收入	252 619.69	231 879.64
营业总成本	237 694.14	220 389.96
加：其他收益	1.20	1.50
投资收益	6409.26	0.14
资产减值损失	−68.62	−375.58
信用减值损失	−0.5	−0.67
资产处置收益	−1.89	1.93

续表

	2023年12月31日	2022年12月31日
营业利润	21 265.00	11 117.00
加：营业外收入	20.95	7.76
减：营业外支出	736.73	294.45
利润总额	20 549.22	10 830.31
减：所得税	1 096.85	1 161.04
净利润	19 452.37	9 669.27

2. 会计确认原则

除了利润的来源，我们还应该关注企业在确认收入和费用时所采取的会计政策和会计估计。一个企业采取的确认原则越谨慎，说明企业的净利润质量也就越高。举例来说，假设两家企业在同一时期购入并使用相同型号的设备，但其中一家企业选择了较长的预计使用年限，而另一家企业则采用较短的折旧年限。根据会计处理方法，前者的折旧费用将在更长的期间内进行摊销，因此每年的折旧费用较低，从而使该企业的净利润看起来更高。然而，若两家企业的业务模式和经营效率并无实质差异，那么由会计估计差异所导致的净利润差异，并不能真实反映企业经营绩效的优劣。这也说明，仅凭净利润数字本身进行比较，可能会忽略背后的会计处理假设，从而影响对企业实际盈利能力的判断。

3. 利润的变化

第三个帮助大家判断利润质量的维度是利润在不同会计年度之间的变化趋势。在通常情况下，企业的利润如果能够在若干年度内实现稳健增长，往往意味着盈利质量较高。需要强调的是，这里所指的"稳健增长"并非通过会计操作刻意实现的提升，而是指在企业采用谨慎的收入和费用确认原则之后，仍能呈现出真实、持续的盈利能力提升。这类利润增长通常反映出企业在市场竞争力方面的实质性改进。与此同时，大家也应高度警惕企业是否通过变更会计估计、调整会计政策甚至收入和费用的提前或延后确认等方式，人为制造利润增长的趋势。若看到企业频繁调整折旧年限、收入确认时点或存货计价方法，这种利润的稳定性与可比性都较差，恰恰属于质量偏低的表现。

4. 利润与现金流的匹配程度

最后一个判断利润质量的因素是利润与现金流的匹配程度。当企业实现利润的同时也有匹配的现金流入，这样的利润通常质量比较高，不仅在真实性方面有保障，还反映出企业在现金流管理方面的有效性。反之，当一个企业利润的数字很可观，现金流却寥寥无几的时候，利润的质量很可能存在一定的问题。当然，财务分析并不能马上做出结论，要进一步去探究利润与现金流产生分歧的具体缘由，并结合其他相关的财务指标变化进行综合考虑。

总之，利润的质量存在高低之分。在企业遵循谨慎性原则和恰当会计估计的前提下，如果利润主要源自其核心业务活动，并通过稳健的业务增长实现稳定的利润提升，通过现金流管理确保其利润与现金流的一致，这样形成的利润就可以被视为质量较高的利润。此外，利润数字是否与非财务信息相匹配也值得关注。例如，企业的市场占有率、生产规模、员工人数、客户结构等指标，如果与利润增长的趋势相吻合，通常可以增强财务信息的可信度。反之，若利润增长显著，但相关非财务指标无明显改善，甚至出现不合理的反差，则应警惕企业可能存在的财务操纵行为。在一些重大财务造假案件中，正是财务数据与非财务信息之间的不匹配暴露了问题。例如，企业可能虚报收入，但其实际的产能、工厂规模或市场占有率却不足以支撑相应的业务规模。因此，综合分析财务与非财务信息之间的一致性，对于判断利润质量、识别潜在风险也具有重要意义。

9.2 利润在年度之间的关联

1. 财务系统带来的影响

请大家思考一下，企业各年度的利润之间是否存在着关联？也就是说，企业当前年度的利润与下一年度的利润有什么样的关系？从表面来看，每一年的利润都是企业当年经营成果的反映，因此不同年度的利润之间似乎并无直接关系。然而，进一步理解财务系统后我们知道，利润数字是会计系统在企业业务活动基础上依据特定原则生成的，其中包含大量的会计判断和估计，这些会计确认方法可能导致不同年度的利润之间存在一定的关联。

首先，当年的利润与未来的利润之间往往存在一致性。企业的经营策略、市场地位和业务模式通常不会在短时间内发生剧烈变化，因此，如果一家企业在某一年实现了良好的利润，很可能在接下来的年份继续保持类似的盈利水平，除非市场条件或内部管理发生了重大调整。

其次，当年的利润与未来的利润之间也可能存在此消彼长的负相关关系。具体来说，一些损益（不恰当）的前置或延后处理可能会将利润在不同年度之间重新分配。例如，当企业购置固定资产并选择较短的折旧年限时，企业在折旧期内就要承担较高的折旧费用，导致该期间的利润相对较低。一旦折旧期限结束，假设企业仍然可以正常使用该资产，则不再有折旧费用发生，对应年度的利润将会相对升高。

再比如，企业需在每个财年末对应收账款进行重新评估。若在某一年度企业计提的坏账超出常规水平，该年度的利润会因此而显著下降。然而，到了次年再次进行坏账评估时，可能无须再额外计提坏账，甚至将上年计提过多的部分转回。因此，一年度的超额坏账计提在一定程度上可以减少次年的坏账计提需求。这两个例子都证明，会计政策与估计不仅影响单一年度的利润表现，更可能通过跨期效应影响后续年度的财务结果，从而在利润表中形成年度之间的结构性负向关联。

因此，理解利润在不同年度之间的关联性，对于评估利润质量、识别盈余管理行为具有重要意义。尤其在企业试图通过人为操控利润水平的情形下，一种常见做法是通过会计估计的调整或确认时点的选择，将原本属于其他年度的收益提前确认或将费用延后确认，以"调节"特定年度的净利润水平。这类操作虽然可能使单年度财务表现更好，但往往牺牲了后续年度的利润基础，也降低了整体利润的可持续性。

2. 企业战略的影响

除了会计系统本身的特性导致利润之间的关联外，企业自身的战略选择同样对当前与未来的利润产生影响。以一家知名的上市公司为例，该公司专注于多媒体音响产品的研发与生产，致力于打造一个全球知名的音响品牌。发展初期，企业曾在耳机产品线中采用部分代工贴牌生产方式。虽然代工贴牌初期为企业带来了利润，但企业管理层发现这些代工产品的质量未能达到品牌的标准，长期以往会损害品牌形象。在此背景下，管理层面临战略选择：是保留代工业务以维持当前的利润水平，还是终止代工业务以避免长期利润的潜在损失？从财务角度看这个问题，就是如何权衡企业当前的利润与未来的利润。

保留代工业务虽然能在短期内继续创造利润，但产品质量不佳可能引发市场负面反馈，最终影响消费者信任、降低品牌溢价，损害企业未来的盈利能力与市场竞争地位。反之，若选择终止代工业务，企业短期内将承受利润下滑，甚至可能因市场对短期业绩的担忧而导致股价波动。但从长远看，这一决策有助于维护品牌价值、提升产品质量和盈利的可持续性。

最终，该企业选择以长期发展为导向，果断终止了代工业务与相关产品线，并在后续几年中不断加强自主研发能力，通过收购国际音响品牌、提升技术水平，重新回归该业务领域。通过这一系列战略调整，企业不仅成功保留了自身品牌优势，而且其品牌价值与盈利能力实现了稳步提升。这一案例表明，企业利润在年度之间的关联，不仅受到会计系统估计方法的影响，更深受企业战略决策的驱动。管理层在制定经营决策时，若能将短期财务表现与长期价值创造相结合，将有助于提升利润的质量与可持续性。

3. 盈余管理的影响

接下来，我们通过三组统计数据探讨盈余管理如何影响利润在年度之间的关联。表9-2中展示了三组制造业上市公司在某个年度平均利润指标的分布。从表中的标题可见，第一组是亏损企业，在统计年度的净利润为负值。第二组是扭亏企业，这些企业在上一财年处于亏损状态，但在统计年度已经扭亏为盈。第三组是通常所说的正常企业，这些企业在统计年度及以往都没有出现亏损问题。这种分组方式有助于我们更系统地分析不同类型企业利润水平的分布特征及其变化趋势，探讨盈余管理行为在利润平稳性和跨期分布中的潜在作用。

表9-2　三组企业的利润指标

利润指标/收入	亏损企业	扭亏企业	正常企业
营业成本	1.64	1.25	0.80
销售费用	0.07	0.06	0.06
管理费用	0.20	0.11	0.04
研发费用	0.08	0.01	0.04
财务费用	0.12	0.10	0.02
资产减值损失	0.16	0.07	0.00
公允价值变动收益	0.02	0.08	0.03
投资收益	0.02	0.08	0.04
营业外收支净额	0.01	0.22	0.02

由于这三组企业的利润表数字存在差异，不具有直接的可比性。因此，为了进行有效比较，我们采用了构建相对指标的方法。具体做法是将利润表中的各项数据除以公司自身的营业收入，从而转换成财务比率的形式。例如，在表9-2中，第一行的数字表示的是本组公司的成本占收入的平均值。采用这种处理方式使得不同公司之间的数据具有了可比性，有助于我们深入对比分析各类企业的财务状况。

在比较这三组企业的利润表项目时，大家可能已经看到一些非常有趣的现象。首先，数据显示亏损组公司的成本占收入比重的平均值达到了1.64。也就是说，这些公司的成本甚至超过了收入，说明企业亏损的主要原因是企业主营业务或产品出了问题。对比亏损公司，扭亏企业的成本虽然有所下降，但是总体来看仍然高于收入（平均值为1.25）。那么扭亏企业是如何扭亏为盈的？显然，扭亏企业的净利润之所以为正，并非源于核心产品盈利能力的改善，而是依赖于利润表中其他项目的贡献。这些项目可能包括投资收益、公允价值变动收益、资产处置收益，甚至是营业外收入等。最后来看正常运营企业，其成本占收入的平均值为0.80，这表明正常企业的利润主要来源于主营产品的毛利，因此这类企业的利润质量也更高。

接下来，结合表9-2，我们继续思考：扭亏企业究竟是如何实现扭亏为盈的？哪些财务指标直接影响了企业最终扭亏的状态？相关的业务活动是什么？这种扭亏对企业意味着什么？深入思考这些问题并理解其中的逻辑关系，也是构建管理者财务思维的重要练习，有助于提高对财务报表深层次解读的能力。

表9-2的数据显示，不同组别的企业在销售费用占收入的比重上差异不大，说明销售费用在各类企业中相对稳定，并不是决定盈亏状态的关键变量。组间差异最显著的项目是管理费用和研发费用，尤其是管理费用。数据显示，亏损企业的管理费用占收入比重高达20%，而扭亏企业在实现由亏转盈的过程中，

将管理费用压缩至 11%。尽管这一水平仍高于正常盈利企业的 4%，但与前一年相比已经实现了大幅下降。这表明，管理费用的有效控制是扭亏为盈的关键因素之一。

结合对业务活动的理解，我们可以进一步探讨：企业具体采取了哪些措施来实现管理费用的下降。常见的方式包括精简管理岗位，降低薪酬总额，削减行政支出等。除此之外，还可以考虑：通过信息化手段优化流程，如引入 ERP 系统或财务共享服务中心，减少人工管理成本；强化预算管理与费用审批制度，提升费用使用的规范性与有效性等。

除此以外，结合前文关于利润在不同时期之间存在关联的讨论，大家还可以进一步深入思考：为何在亏损年度中，企业的管理费用占收入的比例可能会高达 20%？表面上看，这种现象可能源于企业在当期的管理效率低下或运营不善。但从管理逻辑来看，企业在已经确认亏损的情况下，理应更加重视费用控制与资源优化。因此，高比例的管理费用支出反而提示我们去考虑另一种可能性：企业是否"有意"在亏损年度集中确认部分费用。

这种行为在国际会计实务中被称为"洗大澡"（big bath）策略。其核心逻辑是：在已经不可避免亏损的年度，将部分本可延后确认的可调节费用提前计入当期。由于企业在当年已经亏损，额外确认费用对股东或市场的负面影响相对有限；而一旦这些费用在本期确认完毕，次年即可在较低费用基数的基础上"轻装上阵"，从而更容易实现扭亏为盈的"财务转折"。如果不对亏损年度的"盈余管理"行为进行识别与剖析，那么财务报表中所呈现的扭亏过程可能被误读为源自有效的成本控制或经营改善，而忽略了其中会计操作带来的影响。

继续分析会发现，尽管在扭亏和亏损年度企业财务费用也存在差异，但这种差异并不显著。相比之下，损益类项目在三组公司中占企业收入的比例差异则非常明显。例如，亏损企业的资产减值损失最多。而在扭亏公司中，公允价值变动带来的收益以及投资收益远大于其他两组。特别是营业外收支净额，在扭亏公司中其占到了企业收入的22%，远超其他两组公司。

综上，通过对表9-2中三组企业财务指标的分析和对比，关于如何扭亏的问题，大家可能已经有了自己的理解。在亏损年度往往倾向于加大费用的确认力度，而在扭亏年度则通过确认一系列收益项目，尤其是持续性较低的营业外收支，来实现净利润的回升。特别值得强调的是，这类盈余管理行为的本质，正体现了利润在不同会计年度之间由于财务系统而形成的内在关联性。这种关联性不仅出现在亏损与扭亏转换的年份，更是财务系统中普遍存在的结构性特征。

理解这一特性，有助于更准确地解读和使用财务报表，不至于对单一年度的利润数字做出片面判断。因此，管理者和投资者在分析财务报表时，不能仅关注净利润的高低，而应深入分析其利润构成结构，透视利润的来源与质量，以判断企业是否真正实现了经营层面的改善，还是仅通过会计处理手段实现了利润提升。

9.3 利润的"主观性"

现在让我们回到本章开头提出的问题，利润的质量。相信通过本章的内容，大家对这个问题已经有了更深入的理解。看到企业利润中低质量的项目以及提前或延后的会计处理，很多人觉得利润数字具有很强的主观性。

的确，从收入的确认到成本、费用、损益的处理，几乎所有利润表项目的确认都在一定程度上依赖某些主观性的判断，因此，主观性在会计处理中确实普遍存在。然而，企业是否真的能够随意地、主观地操纵利润数字，以达成自身预期的目标？答案是否定的。在当前的市场环境中，为了防范虚假利润报告，我国已经建立了多层次的监督部门和市场化监管机制。对于上市公司来说，审计是核查财务报告真实性的首要防线。除了审计，资本市场也发挥着重要的监督作用，其中证券分析师会对企业的各方面信息进行综合分析，而股票市场的投资者也会基于公开信息判断企业财务报告的真实性。此外，市场的监管部门如中国证监会、财政部等，对企业信息披露的规范性和财务的真实性持续进行监管。因此，尽管会计准则的运用使得利润具有一定的主观性，但在制度性监管与市场性监督共同作用下，企业在实践中已难以随意操控利润数字，利润的真实性在整体上得到了有效保障。

作为企业管理者，在理解了利润的主观性之后，应从两方面加以应对。一方面，应审慎判断本企业的利润是否存在主观虚高的问题，以防止由此引发的负面后果。另一方面，企业若在日常财务处理中采取了更为谨慎和稳健的会计估计与判断，则应主动加强与外部市场的沟通，使投资者和分析师能够准确理解企业所体现出的财务数据背后的保守策略，从而有助于市场对企业价值做出更合理和更长期导向的评估。

以应收账款管理为例，若某企业在销售过程中建立了严格的客户信用评价体系，并据此合理设定赊销额度，导致其实际坏账率低于行业平均水平，在坏账准备计提上也采取了审慎但合理的估计。此时，企业应在财务报告中主动披露相关风控措施和坏账比率的估计依据，并与投资者、分析师等市场参与者进行有效沟通，使市场理解企业相对较低的计提比例反映了经营管理能力而非利润操控。总体来看，主观判断的正确运用不仅是企业内部管理和风险控制的体现，也是与资本市场开展信息沟通和业绩解释的重要手段。通过主动、透明地披露关键会计判断背后的逻辑和依据，企业不仅提升了财务信息的可信度，也有助于建立与市场之间更高质量的信任关系。

【本章案例】上市公司的财务舞弊现象

随着中国资本市场的不断完善，上市公司总体的财务信息质量也在不断地提升，但是依然存在一些企业由于外部环境的压力或内在私利的驱使，通过财务造假的方式来做大企业营业收入和净利润，最终被监管部门发现并受到处罚。本案例收集整理了 2010—2020 年期间，中国证监会公告违规事由中涉及"财务舞弊"的 A 股上市公司行政处罚案例，对当前上市公司财务质量出现极端问题的数量、行业分布、具体舞弊手段等进行了介绍。这些企业造假手段之复杂，造假金额之巨大，不仅对企业本身造成负面影响，也给整个市场和行业带来连锁反应，降低了投资者和消费者的信心，对市场秩序和竞争环境造成了不利影响，严重阻碍了资本市场的稳定发展。

近年来，以中国证监会为代表的政府机构不断加大对财务舞弊行为的处罚力度，对违规行为和欺诈行为给予严厉制裁，包括罚款、行政处罚，甚至严重的可以撤销上市资格等措施，并将涉嫌犯罪的行为移交给司法机关处理。政府监管对财务舞弊的严厉态度，有利于更好地保护投资者利益，维护市场秩序和稳定。从公司管理的角度来说，实现利润高质量增长的同时，加强内部控制和风险管理，增加信息披露的透明度和准确性，建立健全企业治理机制，提高企业财务报告的质量和可信度才是企业真正在资本市场获得长远发展的策略。

1. 财务舞弊的总体趋势

根据数据统计，2010—2020 年因涉嫌财务舞弊而受到行政处罚的 137 家上市公司的数量分布情况如下：

图 9-1 列示了因舞弊被处罚的公司数量的年度分布情况。由于上市公司财务舞弊从发现到行政处罚落地需要一定的时间周期，不同年度财务舞弊案件的数量呈现一定波动，但整体上处罚案件数量呈上升态势。特别是在 2018 年之后，监管部门的处罚力度呈明显加大的趋势，2018—2020 年累计处罚 72 家财务舞弊公司，在全体受处罚的公司中占比 52.55%。

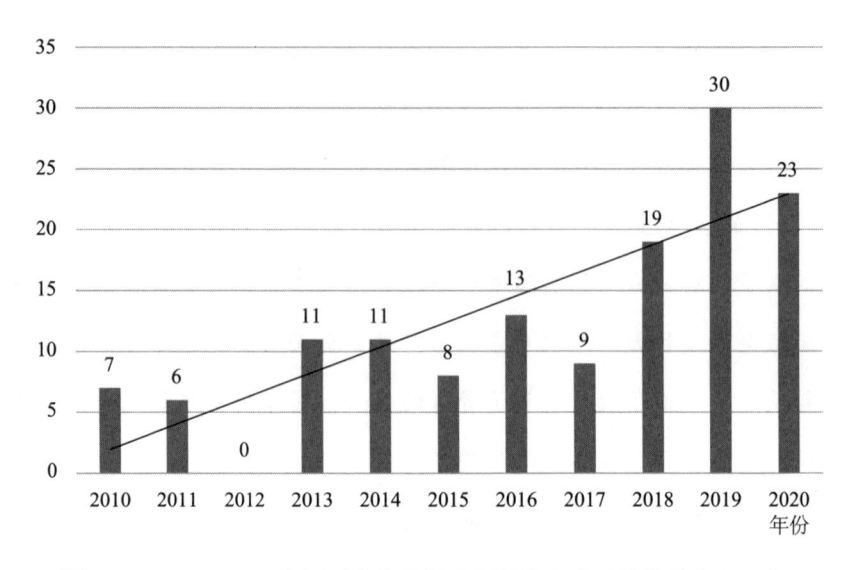

图 9-1　2010—2020 年因财务舞弊被处罚的上市公司的数量分布（家）

2. 行业分布特征

因涉及财务舞弊而受到监管处罚的上市公司数量行业分布情况如表 9-3 所示。

表 9-3　2010—2020 年财务舞弊上市公司行业分布统计表

单位：家

新证监会行业类别	舞弊公司数量	行业内上市公司总数	财务舞弊公司占比
制造业	86	2 325	3.69%
信息传输、软件和信息技术服务业	8	311	2.57%
农、林、牧、渔业	15	143	10.49%
批发和零售业	3	167	1.79%
建筑业	4	94	4.26%
金融业	1	128	0.78%
租赁和商务服务业	4	56	7.14%
文化、体育和娱乐业	2	59	3.38%
科学研究和技术服务业	1	104	0.96%
电力、热力、燃气及水生产和供应业	3	112	2.68%

续表

新证监会行业类别	舞弊公司数量	行业内上市公司总数	财务舞弊公司占比
交通运输、仓储和邮政业	3	104	2.88%
房地产业	3	122	2.45%
水利、环境和公共设施管理业	0	112	0.00%
采矿业	2	77	2.60%
综合	1	13	7.69%
住宿和餐饮业	1	9	11.11%
教育	0	12	0
卫生和社会工作	0	16	0
居民服务、修理和其他服务业	0	1	0
合计	137	3 965	3.46%

表9-3列示了财务舞弊上市公司的行业分布情况。从绝对数量来看，制造业以及农、林、牧、渔业上市公司涉嫌财务舞弊的较多，分别达到86家和15家。从相对数量来看，舞弊比例最高的前三个行业分别为"住宿和餐饮业""农、林、牧、渔业"和"租赁和商务服务业"，对应占比分别为11.11%、10.49%和7.14%。"农、林、牧、渔业"是上市公司财务舞弊高发区。一方面是由于我国农业企业享受增值税、所得税优惠政策，虚增收入和利润带来的财务舞弊成本低；另一方面，农业企业的存货等资产难以准确盘点，上下游的采购、销售链条也不如其他行业清晰，这给农业上市公司财务舞弊提供了机会。

3. 舞弊类型

2010—2020年因涉嫌财务舞弊而受到行政处罚的上市公司舞弊类型分布情况如表9-4所示。

表9-4 财务舞弊上市公司舞弊类型统计表

单位：家

主要舞弊类型	公司数量	占比
营业收入舞弊	90	49%
成本费用舞弊	47	25%

续表

主要舞弊类型	公司数量	占比
货币资金舞弊	25	14%
资产减值舞弊	14	7%
虚增资产舞弊	5	3%
资产处置收益舞弊	2	1%
其他	2	1%
合计	185	100%

从表 9-4 可以看出，舞弊主要集中在对利润表的粉饰和操纵上。典型的舞弊（也就是存在质量问题的利润）往往伴随着营业收入虚增、成本费用虚低，以及伴随利润虚增的同时进行货币资金、资产减值方面的舞弊问题。其中，营业收入成为财务舞弊的"重灾区"，占比高达 49%；费用和成本舞弊成为财务舞弊的第二大类型，占比 25%。特别需要关注的是，资产负债表上的货币资金舞弊已然成为财务舞弊的第三大类型，占比高达 14%。同时，上市公司往往通过多种舞弊类型操纵业绩，137 家样本公司涵盖了 185 种舞弊类型。除常规的收入、成本费用舞弊之外，货币资金、资产减值等科目亦日益成为管理层操纵业绩的对象。

上述四大类型的财务舞弊表面上看相互独立，实际上相互关联。首先，收入舞弊与成本费用舞弊都是夸大经营业绩以达到新股发行、再融资或者维持上市资格等目的。其次，为了满足利润表项目之间的钩稽关系，避免露出破绽，上市公司在操纵收入的同时，通常也会对费用和成本项目进行调整。最后，虚增的收入、费用和成本需要通过虚假的资金流加以掩饰，因此，虚构银行对账单和银行询证函成为企业应对注册会计师和监管部门检查的"必修课"。

上述舞弊类型的舞弊手法大概可以分为两种：一种是会计操纵类舞弊。管理者通过采用不恰当的会计处理方式，如少计提折旧或资产减值损失、跨期确认收入、跨期调节费用、在建工程延后转入固定资产等实现业绩操纵。通常情况下，这类舞弊是在相关会计事项真实发生的基础上进行的人为调节。另一种为虚构交易类舞弊。脱离真实业务，构造虚假交易，与会计操纵类舞弊相比，性质更为恶劣，造成的危害也更大。常见的虚构交易类舞弊有：通过签订没有商业实质的购销合同或者伪造虚假业务合同，虚增收入与利润；虚增资产类科目；转移上市公司资产和侵占上市公司利益等。

收入舞弊可以进一步分为会计操纵和虚构交易两种类型。会计操纵类舞弊主要表现为，上市公司管理层通过选择对自身更有利的会计准则或估计来确认收入，达到操纵业绩的目的，最常见的就是提前确认收入。虚构交易类舞弊主要表现为上市公司管理层虚构交易以达到虚增收入的目的，最常见的是上市公司与关联方客户或隐性关联方串通合谋以虚构业务和收入。如表9-5所示，上市公司的收入舞弊以虚构交易为甚，占比高达66%。

表9-5 财务舞弊的类型细分统计

单位：家

舞弊类型	舞弊主要方法	公司数量	占比
营业收入舞弊	虚构交易	94	66%
	会计操纵	47	33%
	未详细披露	2	1%
小计		143	100%
成本费用舞弊	会计操纵	51	93%
	虚构交易	4	7%
小计		55	100%
货币资金舞弊	虚构交易	32	86%
	会计操纵	5	14%
小计		37	100%
资产减值舞弊	会计操纵	15	71%
	虚构交易	6	29%
小计		21	100%

成本费用舞弊手法并不复杂，大多为会计操纵类舞弊。注册会计师一旦发现这类舞弊，会扩大审计范围，实施追加程序，以评估上市公司是否存在更大

范围、更加隐蔽的财务舞弊。费用舞弊的主要手法为费用体外化、跨期调节及往来挂账等。在费用舞弊手法中，最具隐秘性的当属费用体外化，但其能否逃避注册会计师的审计，关键在于其是否得到供应商、关联方和金融机构等的外部配合。如这些外部相关方积极配合造假，在缺乏外调权的情况下，即使分析性复核工作做得再到位，注册会计师也难以发现这类费用舞弊。

货币资金舞弊通常需要有银行的配合。例如，在一些涉及货币资金的舞弊案中，可以发现有些金融机构配合上市公司向审计师提供虚假银行流水、对账单和询证函等恶劣现象。最后，资产减值相关的舞弊行为主要通过会计操纵手段实施，而采用虚构交易的方式相对较少。由于资产的公允价值通常缺乏客观、可验证的市场定价依据，其评估过程在很大程度上依赖于管理层的判断与会计估计。这使得相关舞弊行为具有更强的隐蔽性，并且更容易被包装为"看似合理"的会计处理，从而规避外部审计和监管的识别。正因如此，资产减值领域成为财务报表分析与监管执法中的重点风险区域，也提示投资者和分析师在评估企业资产质量与利润构成时，应对相关会计估计保持审慎态度。

综合来看，本章所探讨的核心观点再次得到印证：利润确实可以在很大程度上通过"主观判断"产生。尽管当前的会计准则体系与政府监管机制已尽可能通过制度设计与行政手段约束企业的财务行为、预防财务舞弊，但在实践中，出于业绩压力、资本市场预期或管理激励等多种动因，仍有部分企业存在盈余管理甚至盈余操纵的行为。因此，对企业利润的分析不应止步于表面的"数值解读"，而应始终伴随着对利润质量的综合判断与对潜在财务舞弊的识别意识。

对于企业管理者而言，财务思维的建立也包含识别财务指标异常变动的能力，尤其是对财务数据与业务实质之间存在差异时的敏感性。只有具备这种财务洞察力，才能在日常经营和财务管理中及时发现并应对潜在的财务风险与问题，从而提升企业的透明度、合规性与长期价值创造能力。

【本章小结】

本章节主要探讨了利润的质量这一主题，从多个角度审视了利润质量的高低及其影响因素。通过一系列分析，我们不仅理解了利润并非仅凭数值大小评判优劣，更学习了如何识别和判断可能存在失真或操控的利润成分，包括盈余管理行为、非经常性项目的依赖以及财务与非财务信息之间的偏离。

【课后题】

你如何看待利润的主观性？请结合具体企业案例分析利润主观性的成因、表现及其经济后果，并探讨如何提高利润的质量。

第 10 章

现金流量表

【学习目标】

本章将重点介绍以下三个方面的内容。

1. 现金流量表的概念和结构。

2. 企业的经营活动、投资活动和筹资活动对现金流量表的影响。

3. 企业在不同的阶段、不同的管理模式下，现金流量表的不同特征。

【思维导图】

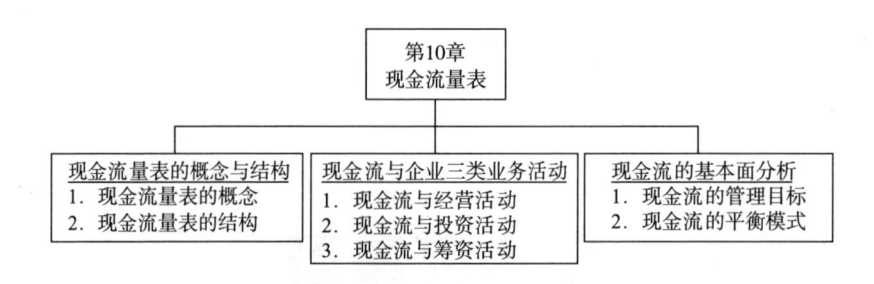

```
                        第10章
                       现金流量表
        ┌──────────────┼──────────────┐
现金流量表的概念与结构   现金流与企业三类业务活动   现金流的基本面分析
1. 现金流量表的概念     1. 现金流与经营活动      1. 现金流的管理目标
2. 现金流量表的结构     2. 现金流与投资活动      2. 现金流的平衡模式
                      3. 现金流与筹资活动
```

10.1 现金流量表的概念与结构

现金流量表展示了企业在特定会计期间内现金及现金等价物的流入和流出情况。通过分析现金流量表，我们可以了解企业在经营活动、投资活动和筹资活动中的现金流动状况，进而结合现金流维度评估企业的财务健康程度和运营效率。现金流的构成主要包括三大类：经营活动产生的现金流、投资活动产生的现金流，以及筹资活动产生的现金流。

表 10-1 提供了一个基于实际上市公司数据整理的现金流量表示例。为了避免复杂的细节，表中的数字和项目已经过适度简化处理，但是表格的基本结构和金额分布保持不变，仍能准确反映现金流量表的主要内容与编制逻辑。

表 10-1 现金流量表

单位：元

项目	金额
一、经营活动产生的现金流量	
销售商品、提供劳务收到的现金	1 200
购买商品、接受劳务等支付的现金	650
经营活动产生的现金流量净额	550
二、投资活动产生的现金流量	
取得投资收益收到的现金	10
处置固定资产、无形资产和其他长期资产收到的现金	6
购建固定资产、无形资产等支付的现金	900
投资活动产生的现金流量净额	-884
三、筹资活动产生的现金流量	
取得借款、发行股票收到的现金	1 000
支付筹资活动有关的现金	600
筹资活动产生的现金流量净额	400
四、现金及现金等价物净增加额	
现金及现金等价物净增加额	66
期初现金及现金等价物余额	550
期末现金及现金等价物余额	616

从表 10-1 可以看出，现金流量表通常划分为四个部分，其中前三部分分别对应企业三类主要经济活动所产生的现金流入与流出：第一部分为经营活动产生的现金流量，汇总了企业在日常生产与运营过程中，由销售商品或提供服务所带来的现金流入，以及因支付原材料、人工、税费等经营成本和费用而产生的现金流出，反映企业核心业务活动的现金创造能力。在表 10-1 中，企业销售商品、提供劳务收到的现金为 1 200 万元，同时支付货款和劳务支出的现金为 650 万元，两者相抵后，经营活动产生的现金流量净额为 550 万元，说明企业主营业务具备良好的现金流生成能力。

第二部分为投资活动产生的现金流量，记录企业进行投资业务（如购置或处置长期资产、固定资产、无形资产等）所产生的现金流入与流出。通常在该部分，企业的现金流出往往大于现金流入，因为购置资产的支付金额较大，而资产出售后获得的现金回收常因折旧、减值等因素而往往比较低。如表 10–1 所示，企业当期购建固定资产等支付现金达 900 万元，而处置相关资产仅回收现金 6 万元，加上取得投资收益 10 万元，整体投资活动的现金流入合计为 16 万元，远低于支出水平。因此，投资活动产生的现金流量净额为 –884 万元，反映出企业当前处于资本支出扩张阶段。

第三部分为筹资活动产生的现金流量，反映企业通过外部融资方式所获得和偿还的现金变动情况。具体而言，发行股票、债券或银行借款将带来现金流入，而偿还贷款、支付股息或利息则构成现金流出。该部分揭示了企业资金筹措与资本结构调整的动态。在表 10–1 中，企业通过筹资活动筹得资金 1 000 万元，用于偿还债务及相关利息支出 600 万元，由此计算得出筹资活动产生的现金流量净额为 400 万元，说明企业主要通过融资来弥补投资活动造成的现金缺口。

这三类现金流的分类有助于使用者从不同维度理解企业资金的来源与用途，并评估其经营、投资与筹资行为对现金流的影响。

现金流量表的最后一部分（即第四部分）汇总了企业当期三类活动现金流量变动的总体效果，呈现了现金及现金等价物的净增加或净减少金额，并进一步说明这些变化如何与资产负债表中期初和期末的现金余额进行衔接。在表 10–1 中，企业本期现金净增加额为 66 万元，在年初现金余额为 550 万元的基础上，期末现金余额达到 616 万元，与现金流量净额逻辑一致。

10.2 现金流与企业三类业务活动

1. 现金流与经营活动

接下来，我们将进一步探讨影响现金流的三种业务活动。首先关注经营活动中典型的现金流入。最常见的现金流入来源包括销售商品和提供劳务所收到的客户支付的现金。需要注意的是，这个现金流入金额并不等于利润表中的收入，因为企业通常存在赊销，所以现金流入的金额小于营业收入。此外，如果企业收到政府的税费返还或补贴，也会计入经营活动的现金流入。当然，企业经营活动的现金流入主要依赖于主营业务的现金回收能力。

与之相对应，经营活动中的现金流出包括购买商品、接受劳务支付的价款、支付职工薪酬、缴纳税金等日常运营所产生的现金支出。经营活动的现金流入与流出相抵后，形成的净额即为经营活动产生的现金流量净额。当该净额为正，说明企业当期经营活动产生了现金净流入，具备一定的自我"造血"能力；若为负，则表明经营活动导致现金净流出。对处于成熟期或正常增长期的企业而言，经营活动净现金流一般应为正值，反映企业依靠主营业务实现持续现金积累的能力。

然而，当我们观察到企业经营活动的现金流净额为负时，不能简单推断企业经营状况不佳，需要结合企业所处的发展阶段及其业务逻辑进行分析。例如，对于初创企业来说，经营活动的现金流出超过流入是一种常见的现象。这通常是因为企业处于业务拓展和市场培育阶段，需要大量现金用于产品开发和市场推广，导致短期内现金流出大于流入。

大家肯定还记得，利润表反映了企业一定时期内通过经营活动产生的净利润。净利润也是企业经营成果的一种表现形式，体现了企业价值的增长。然而，它与经营活动产生的现金流量并不一致。这是因为净利润的计算不仅包括实际发生的现金流动，还包含了诸如应收账款和应付账款等非现金的应计项目，即所谓的权责发生制原则。这些应计项目的存在，导致利润与经营活动现金流之间产生了差异。同时，深入分析利润和现金流的差异，有助于管理者更好地掌握企业的现金流状况和潜在的经营风险，并为评估利润质量、识别盈余管理等提供重要依据。

> 总结一下，影响现金流入和流出的典型经营活动包括以下几项。
> - 销售商品、提供劳务的现金流入。
> - 收到税费返还的现金流入。
> - 政府补贴收到的现金流入。
> - 购买商品、接受劳务的现金流出。
> - 支付给职工和为职工支付的现金流出。
> - 支付税金导致的现金流出。

2. 现金流与投资活动

下面介绍投资活动与现金流的关系。投资活动主要涉及企业对长期资产的购买和出售。与经营活动相比，投资活动的一个显著特点是以资本性支出为主，常伴随有大量的现金流出。导致现金流出的典型的投资活动包括购买固定资产、无形资产和其他长期资产等。那么，投资活动如何带来现金流入呢？常见的情形包括：企业出售闲置或不再使用的固定资产或无形资产，以及从长期股权投资中获得现金分红或投资回收款项，这些都属于投资活动的现金流入。

总的来说，投资活动会引起现金的流入和流出，两者相抵后得到投资活动的现金流量净额。可以思考一下，对于一家正常经营的企业，投资活动的现金流量净额通常是正数还是负数？对于大多数企业而言，投资活动的现金流量净额通常为负，这意味着企业在投资活动中的支出通常大于其现金流入，这样的现金流量特征也可以解读为企业在不断扩大其投资规模。如果企业的投资活动现金流量净额为正，我们应予以关注，但也不能草率得出结论。这种情况可能有两种解释：一种情况是企业的经营遇到问题，需要通过出售固定资产等非流动资产来筹集现金；另一种情况可能是企业当期对外投资活动较少，但恰逢某项长期投资（如债权投资）到期并进行了赎回，从而导致当期的现金流净值为正。这时，可以结合企业的其他财务状况（如利润相比上期或者同业的增减情况、同期是否有大额的债务需要偿还等）进一步分析。

> 总结一下，影响现金流入和流出的典型投资活动包括以下几项。
> - 收回投资收到的现金流入。
> - 取得投资收益收到的现金流入。
> - 出售固定资产、无形资产和其他长期资产收到的现金流入。
> - 购置固定资产、无形资产和其他长期资产支付的现金流出。
> - 投资支付的现金流出。

以表10-1所示的现金流量表为例，该企业的经营活动带来了550元的现金净流入，而投资活动导致了884元的现金净流出。这提出了一个新的问题：当经营活动产生的现金流不足以覆盖投资活动的现金需求时，企业应如何应对这一缺口？这就需要用到第三类影响现金流的企业活动：筹资活动。

3. 现金流与筹资活动

筹资活动（也称为融资活动），同样会导致现金的流入和流出。而且，筹资活动的现金流净额往往可以平衡经营和投资活动间现金流量的差异。筹资活动涉及企业与其股东及债权人之间的现金往来，常见的现金流入方式包括企业吸收投资（如发行股票）和向银行借款。筹资活动引发的现金流出通常包括偿还债务、支付股利或利息等。由于股东对公司的资本投入通常是永久性的，因此一般不涉及对股东投资的直接返还。然而，上市公司可能基于各种原因进行股票回购，即从股东手中购回本公司的股份，这种回购支付的现金会计入筹资活动的现金流出。

汇总现金的流入和流出后，筹资活动的净现金流通常是正数还是负数？如果大家去查阅几家上市企业的现金流量表，就会发现经营良好的企业筹资活动现金流净额可正可负，不存在一个明确的规律，且其正负也不直接代表企业经营的好坏，而是取决于其他两项现金流的状况。以表 10-1 的企业为例，该企业的经营活动现金流不足以支撑其投资需要。因此，筹资活动产生了正向的现金净流量，与经营活动的现金流相配合，共同支撑了企业的投资需求。当然，如果一个企业的经营活动现金流不佳，投资活动需要现金，但是筹资活动不能带来现金流入，甚至出现现金流出的结果，则表明企业的整体现金流存在严重不匹配的风险，成为现金流紧张、融资压力上升或财务不稳定的重要信号。

总结一下，影响现金流入和流出的典型筹资活动包括以下几项。
- 吸收投资收到的现金流入。
- 取得借款收到的现金流入。
- 偿还债务支付的现金流出。
- 分配股利、利润或偿付利息支付的现金流出。
- 回购股票支付的现金流出。

10.3　现金流的基本面分析

对管理者来说，理解并应用现金流量表十分重要。通过分析现金流量表，管理者可以观察到现金的来源和支出在不同业务活动中的规律。对于企业而言，综合管理目标不仅仅是追求利润最大化，还应该保持现金流稳健。与利润的持续增长不同，企业并不需要追求持续增加现金储备，而是需要实现三种现金流（经营、投资、筹资）之间的平衡。这种平衡的具体表现可以根据企业的行业特征、成长阶段以及选择的商业模式而有所不同。因此，在进行现金流量表分析时，并没有一个统一的模板来套用。最核心的分析原则就是判断企业各类现金流入与流出之间是否达到了合理的平衡，量入为出。

1）企业不同成长阶段现金流的平衡

企业在不同的成长阶段（如初创、成长、成熟和衰退期）会呈现出不同的现金流构成。例如，一个处于初创阶段的企业，现金流平衡主要依赖筹资活动所得现金流入来支持投资和经营的现金流出。随着企业业绩的增长和经营稳定性的提升，经营活动带来的现金流入也会增加。与此同时，企业继续保持一定的资本支出，但其对外部融资的依赖程度逐渐降低。当企业发展到成熟阶段，业务模式趋于稳定，固定资产投入减少，投资活动的现金需求逐步下降。早期筹集的部分债务可能陆续到期，企业开始面临偿债与分红等现金流出压力。在企业成熟的阶段，现金流的平衡逐步演变为依靠稳定的经营活动现金流入，满足投资和筹资活动的流出。以海天味业为例，作为一家典型的生产制造类上市企业，生产经营稳定、成熟且业绩良好，其经营活动产生的持续正向现金流，既满足适度的投资支出，也承担起对外偿还债务和支付股利等筹资活动的现金需求。

因此，企业在不同生命周期阶段，其经营、投资和筹资三类现金流的组合关系也会随之调整。理解这一动态变化，意味着我们在进行现金流分析的时候必须首先考虑企业的发展阶段，不能错误的将初创企业与成熟企业的现金流模式进行对比。

2）自身商业模式对现金流平衡模式的影响

除了成长阶段的差异外，企业自身的商业模式也决定了其现金流的平衡模式。以一家成熟且业绩良好的制造企业为例（见表10-2），我们可以看到，这家企业的现金流平衡主要依靠经营活动所带来的资金，一方面用于支撑投资活动的需求，另一方面满足企业在筹资方面偿还债务的需要。相比之下，一家互联网电商企业（见表10-3），虽然已经达到相对稳定的发展阶段，但仍保持较高的筹资现金流入和大额的投资支出。这与企业的商业模式紧密相关，对于互联网企业来说，市场规模的增长是一个关键指标，因此相比传统制造业企业，其投资规模更大，持续的时间更长。由于公司自身经营活动所带来的现金往往不足以支撑投资需求，因此这类企业主要通过筹资渠道来获得所需资金。

表10-2 某制造企业现金流

单位：千元

现金流量表摘要	2020年	2019年	2018年
经营活动现金净流量	599	472	407
投资活动现金净流量	16	-245	-175
筹资活动现金净流量	-231	-185	-163

表10-3 某互联网电商企业的现金流

单位：千元

现金流量表摘要	2020年	2019年	2018年
经营活动现金净流量	2 685	824	277
投资活动现金净流量	-3 981	-4 548	-779
筹资活动现金净流量	1 924	4 067	470

对管理者而言，理解企业现金流的构成对于有效提高企业管理大有裨益。通过分析现金流量表，管理者能够清晰识别企业现金流入和流出的关键动因，从而制定更有效的战略和风险防范措施。如以经营活动现金流入作为主要驱动因素的企业，在关注利润的同时，必须密切关注现金流的变动情况，必要时可

通过调整销售策略甚至缩减业务来保证现金流的稳健。此外，现金流分析还能够帮助管理者预测未来的现金流趋势，以确保企业在不同成长阶段的资金安全，满足运营和扩张过程中的流动性需求。同时，对现金流的综合管理也能增强管理者对企业财务健康的管控能力。

【本章案例】J公司现金流量表的解读与分析

J公司主要从事以小家电为核心的智慧家庭终端的设计、研发、生产、销售和品牌运营，其主要产品为A、B和C三大品牌小家电，销售区域主要集中在非洲、南亚、东南亚等新兴市场国家。2022年企业小家电整体销售量约1.97亿台。根据相关数据统计，2022年J公司在全球小家电市场的占有率为12.5%。企业在2020年登陆资本市场，表10-4给出了企业近三年的现金流量表情况。

表10-4 J公司的现金流量表

单位：百万元

	2022-12-31	2021-12-31	2020-12-31
一、经营活动产生的现金流量			
销售商品、提供劳务收到的现金	1 081.74	987.94	895.46
收到其他与经营活动有关的现金	38.24	32.10	20.16
经营活动现金流入小计	1 119.98	1 020.04	915.62
购买商品、接受劳务支付的现金	693.32	619.56	554.69
支付给职工以及为职工支付的现金	114.22	104.43	79.65
支付的各项税费	57.78	48.79	60.65
支付其他与经营活动有关的现金	121.46	115.60	102.36
经营活动现金流出小计	986.79	888.38	797.36
经营活动产生的现金流量净额	133.19	131.66	118.26
二、投资活动产生的现金流量			
取得投资收益收到的现金	22.19	25.11	2.48
处置固定资产、无形资产和其他长期资产收回的现金净额	0.13	0.21	0.07
收到其他与投资活动有关的现金	2 308.05	2 266.00	1 047.75
投资活动现金流入小计	2 330.37	2 291.33	1 050.29

续表

	2022-12-31	2021-12-31	2020-12-31
购建固定资产、无形资产和其他长期资产支付的现金	67.74	259.47	37.08
支付其他与投资活动有关的现金	1 435.02	2 217.60	1 967.35
投资活动现金流出小计	1 502.75	2 477.07	2 004.43
投资活动产生的现金流量净额	827.62	-185.74	-954.14
三、筹资活动产生的现金流量			
吸收投资收到的现金			1 018.60
取得借款收到的现金	99.00	55.00	88.00
筹资活动现金流入小计	99.00	55.00	1 106.60
偿还债务支付的现金	88.00	55.00	122.10
分配股利、利润或偿付利息支付的现金	56.39	55.36	42.26
支付其他与筹资活动有关的现金	2.42	3.74	9.70
筹资活动现金流出小计	146.81	114.10	174.06
筹资活动产生的现金流量净额	-47.81	-59.10	932.54
四、现金及现金等价物净增加额			
现金及现金等价物净增加额	913.00	-113.18	96.66
期初现金及现金等价物余额	85.36	198.54	101.88
期末现金及现金等价物余额	998.36	85.36	198.54

1. 现金流量表的基本概念与结构

案例企业的现金流量表由三类企业活动的现金流构成，分别是经营活动、投资活动和筹资活动。其中，引起现金流入的经营活动主要包括两大类，分别是销售商品、提供劳务收到的现金和收到其他与经营活动有关的现金。前者也就是企业销售商品从客户方取得的现金收入。其他与经营活动有关的现金包括收到的政府补贴、收到的客户保证金和押金、企业银行账户日常存款利息收入。企业的经营活动现金流出（即支付现金的活动）中最典型的包括：购买商品、接受劳务支付的现金，支付给职工以及为职工支付的现金，支付的各项税费。最后一项其他支付活动中，主要包括支付管理费用、销售费用与研发费用的现金，企业支付的保证金、押金、手续费等。

投资活动以现金流出为主，主要包括购建固定资产、无形资产和其他长期资产支付的现金，以及支付其他与投资活动有关的现金。在本案例中，企业支付的其他与投资活动有关的现金主要是购买了理财产品，这是企业存在大额资金在当期没有匹配的固定资产或无形资产投资机遇时通常所采用的投资模式。通常企业在投资活动中取得的现金流入比较少，因为这部分主要包含的两类现金分别是：取得投资收益收到的现金、处置固定资产、无形资产和其他长期资产收回的现金净额。这两部分相比对外的投资支出现金通常都比较少。但是案例企业的投资活动现金流入均较大，集中在另外一个科目"收到其他与投资活动有关的现金"下，与上面提到的企业以闲置资金购买理财有关，这个项目主要记录了理财产品到期收回的金额。与之前年度企业"支付的其他与投资活动有关的现金"项目相关。

企业的筹资活动现金流入的典型业务包括吸收投资收到的现金和取得借款收到的现金，分别涵盖了企业股权和债权两类融资模式下现金流入的情况。现金流出的模式有三类：偿还债务支付的现金，分配股利、利润或偿付利息支付的现金，以及支付其他与筹资活动有关的现金。前两项涵盖的现金支付非常直观，第三项包含的是与筹资有关的费用，例如发行股份需要支付的费用，通常其金额很小。

2. 现金流量表分析

对现金流量表的分析应该先总体后细节。总体即三类活动导致的现金流净额情况以及流入流出之间的匹配情况。在现金流入与流出匹配的基础上，再分析具体的匹配模式。典型的成熟制造企业通常会以经营活动现金流的净流入来匹配投资活动和筹资活动的现金流出。但是具体问题还需要具体分析。

J公司的现金流量表显示，企业在2020—2022年的现金流净额（现金及现金等价物净增加额）分别是净流入9 666万元、净流出1.13亿元和净流入9.13

亿元。但是在三个财务年度，企业在不同业务下的现金流流入与流出组合有较大的差异。2020年，企业上市直接导致筹资活动的现金流净额为净流入9.33亿元，同年企业也进行了大额的投资活动，导致投资活动现金流量净流出9.54亿元。同年的经营业务相对上年有所下降（与企业新开展的投资业务相关），但是依然保持正向的现金流入1.18亿元。这也是一个典型的新上市企业的现金流量表组合特点。

2021年，企业的经营活动现金流净额比上年有所增长，从现金流的维度来看，说明企业的主营业务现金收支比较稳健，投资活动放缓，但是依然保持对外投资的状态，当年投资活动产生的现金流净额依然维持净流出的1.86亿元。当年企业没有额外的股权融资，债务融资也与偿还债务的水平持平，主要是分配红利和利息支付所产生的现金流出，最终企业的筹资活动现金流处于净流出5 900万元。因此当年的现金流流入少于流出。但是结合企业资产负债表所呈现的较高货币资金与交易性金融资产的水平，当年现金流净流出的水平远低于货币资金与交易性金融资产的水平，不构成财务风险。

2022年，企业的经营活动现金流净额以及筹资活动现金流净额与上年保持类似的水平，分别是净流入1.33亿元和净流出4 780万元。但是当年企业的投资活动现金流表现为净流入827亿元，这也导致企业的最终现金净增加了9.13亿元。综合上述的总体现金流状况分析可以看出，案例企业的总体现金流的流入与流出比较匹配，现金流风险较低。

在综合分析现金流的基础上，进一步针对具体活动下的现金流项目进行补充分析。通过案例企业经营活动可以看到，企业销售商品、提供劳务收到的现金在近三年（2022/2021/2020）分别是：10.82亿元、9.88亿元和8.95亿元。经营活动现金流出小计（2022/2021/2020）分别是9.87亿元、8.88亿元和7.97亿元。因此总体而言，经营活动现金流净额呈现出比较稳定的增长趋势，这往往意味着与企业的经营业务活动相关的现金流风险较小。

结合案例企业的投资活动可以看到，企业近三年（2022/2021/2020）购建固定资产、无形资产和其他长期资产支付的现金分别是6 774万元、2.59亿元和3 708万元。金额相对较低，说明企业在上市募集资金后，并没有严格按照企业原定的募投计划进行相关资产的投资。反之，企业存在大额的支付其他与投资活动有关的现金，分别为14.35亿元、22.18亿元和19.67亿元。这也正是上述分析中看到的企业为了购买理财产品而支付的资金。一方面，这也证明企业现金流风险的水平较低；另一方面，这也反映了企业对于上市发行的募集资金并没有有效地使用。对比企业招股说明书可以看到，J公司原计划将募集资金投资扩建生产线项目和建设产业园项目，在后续年度均没有实现，或者与原定的投资计划相比进展缓慢。

最后，企业筹资活动的现金流情况，除了上市当年的筹资影响了现金流入之外，并没有其他大额的筹资活动发生。债务的水平也相对平稳。相比同行业其他公司而言，企业支付股利的比例较高且相对稳定。综合下来，可以看到J公司的现金流总体风险水平较低，相对较高的风险事项是企业对募集资金的使用效率问题。

【本章小结】

本章主要介绍了现金流量表的基本概念、构成以及不同业务活动对现金流入和流出的影响，在此基础上探讨了现金流的平衡模式，以及企业发展阶段和商业模式对现金流平衡的影响。对管理者而言，理解现金流量表的基本概念和结构至关重要，有助于识别和管理企业可能面临的现金流风险。

【课后题】

请分析一个具体企业的现金流量表，考量该企业在三大业务活动（经营、投资、筹资）之间的现金流是否平衡，探讨其平衡模式与企业的成长阶段、业务模式和战略选择之间存在的关联。

第11章

经营活动现金流与净利润

【学习目标】

本章将重点介绍以下三个方面的内容。

1. 经营活动现金流净额与同期净利润之间的差异。
2. 如何基于净利润得到经营活动现金流。
3. 导致经营活动现金流与净利润之间存在差异的主要因素及管理启示。

【思维导图】

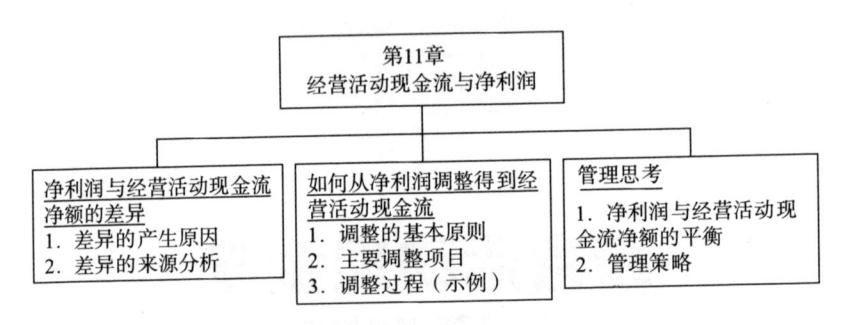

```
                    第11章
                经营活动现金流与净利润
         ┌──────────────┼──────────────┐
   净利润与经营活动现金流    如何从净利润调整得到经      管理思考
   净额的差异             营活动现金流            1. 净利润与经营活动现
   1. 差异的产生原因       1. 调整的基本原则          金流净额的平衡
   2. 差异的来源分析       2. 主要调整项目           2. 管理策略
                        3. 调整过程（示例）
```

11.1 净利润与经营活动现金流净额的差异

1. 差异的产生原因

请大家思考一个问题：利润表中的净利润与经营活动现金流净额是否相等。答案很明确，它们通常不会相等。如果这两个数字偶然相等，那也只是巧合。理论上，这两个数值必然存在差异，主要基于以下两个重要原因。

首先，计算这两个数字时所依据的会计项目存在不一致性。例如，企业的固定资产折旧费用会计入当期利润表中以抵减利润，但这一费用在经营活动的现金流量表中并不体现，因为折旧不涉及现金的实际支付。另一个常见的例子是，利润表中包括企业出售固定资产的处置收益，但由于该交易属于投资活动，其现金流入并不计入经营活动现金流。这些例子清楚地说明了两张报表在项目范围上存在差异。

其次，即使会计项目一致，现金流量表和利润表的数字仍然不会相等，因为这两张表遵循的记账原则不同。现金流量表仅记录现金的实际流入和流出，而利润表则根据会计准则确认收入、费用或损益。以销售收入为例，满足企业会计准则的要求，利润表中就可以确认了；但若企业采用的是赊销方式，在收入确认后过一段时间才会收到现金。因此，现金流量表中记录的现金流入与利润表上记录的销售收入就会产生差异。

尽管这两个数字不相等，但在大多数情况下，对于发展良好的企业而言，这种差异是有规律可循的。通常情况下，经营活动的现金流净额会大于同期的净利润。其中一个主要原因就是，在利润表中企业扣除了固定资产折旧费这类没有伴随现金流出的费用。而且，大部分企业固定资产规模较大，折旧费金额也较为可观，从而导致经营活动现金流高于净利润。

相反，当企业的净利润远超经营活动的现金流净额时，管理者需要对企业的财务状况进行特别关注。虽然出现这种情况并不意味着企业必然存在问题，但它确实隐含着一定的风险，因此有必要深入探究造成这种差异的根本原因。如果这种差异主要是由于企业当期的应收账款大量增加，这可能表明企业的应收账款管理效率下降，导致应收账款回收速度变慢，进而加大了应收账款无法回收的风险。此外，还需要特别注意，应收账款增加是否与企业赊销政策的放宽有关，以及企业是否有意通过放宽赊销政策来提升账面利润。总体而言，当企业的净利润远超现金流时，应仔细审视企业利润的真实性，因为相较于利润，现金流的操纵往往更加困难。

2. 差异的来源分析

下面我们详细介绍导致经营活动现金流与净利润之间存在差异的关键因

素。表 11-1 的左列展示了一个典型的简化利润表,其中包括企业的营业收入、营业成本及几项最常规的费用。表格最右列则给出了企业经营活动现金流量表的部分常见项目,包括由营业收入而产生的现金流入、采购商品支付的现金以及一些相关费用产生的现金支付等。通过对这两张表进行对比,大家可以清楚地识别两者之间产生差异的原因。这种对比分析有助于理解:为何同一会计期间内,企业的净利润数额与实际现金流入流出的数额不一致。

表 11-1　企业经营活动的现金流和净利润的关系

	差异来源(年末比年初)	现金流量表
营业收入	应收账款变化	营业收入取得的现金
	预收账款变化	
营业成本	存货的变化	采购商品支付的现金
	应付账款变化	
	预付账款变化	
折旧费用	加回	无
工资费用	应付工资的变化	现金支付的工资
利息费用	应付利息费的变化	现金支付的利息
净利润		经营活动现金流

1) 应收账款或预收账款的变化

如果企业的营业收入与销售商品、提供劳务收到的现金流入不相等,常见的原因往往来自于应收账款或预收账款的变化。以应收账款为例,如果企业在当期的应收账款大幅增加,这就意味着相当一部分营业收入尚未以现金形式收回。也就是说,尽管收入已经确认,但相应的现金尚未流入,因此导致现金流量表中与收入相关的现金流入低于利润表中的营业收入的金额。反之,如果当年应收账款比往年有所减少,则说明企业不仅收到了与当年收入等额的现金,还收到了部分往年收入的现金,从而导致现金流量表中销售商品、提供劳务获得的现金流入高于同期利润表中的营业收入。举例来说,如果一个企业当年的收入是 1 000 万元,但是应收账款年末余额较年初增加了 200 万元,则意味着企业当期只收到了 800 万元的现金，因此，现金流量表中销售商品、提供劳务收入的现金流入为 800 万元。

如果企业当年的预收账款呈现增加的趋势，说明客户支付了更多的预付款，因此增加了企业的现金流入。但这些现金并不能立即确认为收入，只有等商品或服务交付后才能在利润表中予以确认。因此，对于预收账款在当期呈现上升趋势的企业，现金流量表中销售商品、提供劳务所获得的现金流入会超过当年利润表的收入水平。反之，预收账款在当期的减少，意味着客户不再如往年那样预先支付同等的资金给企业，因此现金流量表中销售商品、提供劳务所获得的现金流会少于当年利润表的营业收入。

2）营业成本与采购商品支付的现金不等同

营业成本也不直接等同于企业为采购商品支付的现金，两者之间主要存在三个差异：存货的变化、应付账款的变化以及预付款项的变化。举例来说，如果企业的存货在该年度显著增加，这表明企业购入了大量商品，但未能相应地将其销售出去。由于这些商品未被销售，因此不会立即计入当期的营业成本。但是，企业为购入存货支付的现金已经发生，因此存货的增加会导致采购商品的支付现金超过当期确认的营业成本。

除了存货变动之外，应付账款的变化也是造成现金流出与营业成本差异的重要因素。如果企业的应付账款在当期大幅增加，这意味着企业虽然购入了大量存货，但赊购时间延长了，尚未向供应商支付现金。因此，应付账款增加的金额就是企业尚未支付的现金，这对于采购商品支付现金来说起到了缓解作用，从而使实际支付的现金低于利润表的营业成本。相反，如果企业当期的预付账款有显著的增加，这表明企业支付的现金高于其营业成本。因此，最终营业成本与采购商品或劳务所支付的现金之间的差异由存货变化、应付账款变化及预付账款变化共同决定。

3）费用的差异

我们再看一下各种费用在利润表与现金流量表之间的差异。包含在利润表中的折旧费用，永远不会出现在现金流量表中，因为折旧并不涉及现金支出。与折旧费不同，利润表中的其他费用项目，如工资和利息费用会涉及现金支付。支付的现金是否与费用的金额一致，需结合资产负债表上对应资产或负债项目在当年的变化来判断。例如，工资费用是否全额支付可以参考应付工资项目在当年的变化来判断。如果当年应付工资这个负债项目呈现出增加的趋势，这就说明虽然相关费用已经计入利润表，但企业尚未支付全部款项，也就是说现金流量表上的支付工资所产生的现金流出低于利润表中的工资费用。

总结一下，上述这些因素就是导致经营活动现金流与利润表中净利润存在差异的典型原因。对管理者而言，进一步识别差异的根源，并将财务差异与背后的业务活动乃至企业决策关联起来，考虑这些业务与决策导致的财务结果是否符合企业预期的经营目标，进而提出针对性的解决方案。例如，大量的应收账款增加可能意味着客户支付延迟或信用政策过于宽松，从而增加了坏账的风险。同时，存货的增加可能反映了销售放缓或库存积压问题，需要考虑如何通过调整生产策略或者加强销售策略来应对。

11.2　如何从净利润调整得到经营活动现金流

以第 10 章中提供的现金流量表（见表 10-1）为例，我们可以分析该企业净利润与其经营活动现金流之间存在的差异，以及这种差异所反映的业务变化情况。表 11-2 展示了现金流量表的另一种披露形式，即从企业的净利润出发，通过对损益中不涉及现金流的项目进行调整，间接推导出经营活动现金流净额。需要特别指出的是，无论采用间接法还是此前展示的直接法（即直接列示现金流入和流出项目），最终计算出的经营活动现金流净额是完全一致的。这表明，不同披露形式仅在展示方式上存在差异，其本质目的都是准确反映企业经营活动所产生的现金流情况。

表 11-2 现金流量表（间接法）

单位：元

净利润	300
加：资产减值准备	150
固定资产折旧、无形资产摊销等	200
处置固定资产等的损失（收益则为"-"）	-60
公允价值变动损失（收益则为"-"）	-40
存货的减少（增加则为"-"）	-80
应收项目的减少（增加为"-"）	-20
应付项目的增加（减少为"-"）	100
经营活动现金流量净额	550

上市公司信息披露规定要求企业在现金流量表正文中直接展示现金流入和流出的信息，然后在报表附注中详细说明从净利润调整到经营活动现金流的过程。前者对于分析企业总体的现金流状况更加有利，而后者对于分析经营活动现金流净额与净利润之间的差异更有帮助。

根据表 11-2 显示，案例企业的净利润为 300 元，而其经营活动现金流量净额为 550 元。从净利润与现金流的对比来看，这家企业的经营状况良好，符合经营活动现金流超过净利润的一般规律。接下来，我们具体分析企业是如何将 300 元的净利润调整为 550 元的经营活动现金流净额。这个调整过程是以净利润为基础，加回那些不涉及现金流出的费用或损失，同时减去未收到现金的收入或收益。

在表 11-2 中，第一项加回的是资产减值损失，说明企业的利润表中记录了一笔资产减值的处理。如前所述，尽管资产减值造成了利润的下降，但实际上并未发生现金支出，因此在计算现金流时需将其加回。第二项加回的是固定资产和无形资产的折旧费用。折旧是计入利润表的费用，但永远都不涉及现金的支出，因此在调整现金流量时应全额加回。接下来，企业调减了 60 元的固定资产处置收益。这项收益虽然计入了利润，但处置固定资产属于投资活动范畴，并不属于经营活动，因此需从经营活动现金流中调减对应金额，使得这笔业务不对经营活动现金流造成影响。随后，从净利润中扣除了公允价值变动的收益，因为这项收益仅仅是由公允价值的增加引起的，企业实际并未收到相关现金。接下来调整的三个项目与企业经营循环直接相关，分别是存货、应收账款和应付账款的变化。案例企业的存货增加了 80 元，应收账款增加了 20 元，应付账款增加了 100 元。对应这些项目的变化，企业的现金流量表在之前利润的基础上分别调减 80 元、调减 20 元、调增 100 元。

分析了这个案例之后，大家就可以系统地理解企业净利润与经营活动现金流的差异及其形成原因。从汇总的数据可以看出，这家企业的经营循环项目都呈现增长趋势：存货和应收款项均在增加，同时应付账款也在增加。案例企业供应链的上下游关系处理得当，尽管存货和应收款的增加在一定程度上加大了对资金的需求，但企业通过等额增加应付款项，将资金压力有效转嫁到了上游供应商，从而缓解了经营周期中的资金压力，实现了资金的平衡。

11.3 管理思考

对于管理者来说，理解净利润和经营活动现金流之间的关系具有重要的决策参考价值。管理者需要在追求不断增长的净利润和警惕现金流风险之间找到平衡。理想状态下，企业能够实现利润增长与现金流同步提升，但在实际运营中，这两者之间往往存在张力。例如，在企业开拓新业务的过程中，可能需要提前支付大量现金用于市场推广、产品开发或渠道建设，而相应的现金回收滞后。此时，企业虽然可能在利润表上实现增长，但却面临短期内的现金流紧张。又如，为获取新客户而放宽赊销政策，虽有助于增加收入和利润，但未必能带来等额的现金流入。因此，持续关注净利润与经营活动现金流之间的差异，并结合业务模式深入分析其成因，是管理者实现财务稳健与增长并重的重要策略。

在掌握了净利润与现金流的差异的基础上，企业还可以采用诸如"利润现金比"或"经营现金净额与净利润比"等指标，作为监控财务健康状况的工具。在制定业务策略时，也需要综合考虑营收目标、收款周期与采购付款安排，避免过度依赖利润驱动而忽视现金流的可持续性。特别是在宏观环境不确定或融资渠道收紧的背景下，现金流的稳定性甚至比账面利润更能反映企业的生命力。财务团队与业务团队的协同也应围绕"利润质量"展开，而不仅仅关注利润的规模。

【本章案例】经营活动现金流与净利润的关系——两家企业的对比

1. 企业简介

K集团公司成立于1997年，是一家拥有多个品牌的服饰生产零售企业，其以男装的生产和销售出名。2014年，K公司登陆A股市场。K公司凭借其优秀的品牌影响力和出色的经营业绩，曾多次上榜"中国500最具价值品牌"、《财富》"中国企业500强"等。

L集团公司成立于1979年，从单一的服装生产加工起步，经过四十余年的发展，已成为一家以品牌服装为基础，并涉足地产开发和金融投资等领域的大型跨国集团，其衬衫和西服产品连续多年保持市场综合占有率第一位。L公司于1998年在上交所主板上市。作为知名老牌企业，L公司曾多次入围"中国企业500强"榜单。

K公司和L公司虽然同为男装龙头企业，但是其选择的发展路径却有所不同：K公司坚持深耕于服装领域，而L公司则着力于服装、房地产等多元化业务发展。如图11-1和图11-2所示，K公司的营业收入基本全部依赖服装业务，而L公司自21世纪初涉足房地产旅游业以来，其服装业务和纺织业务的收入占比整体比重呈现下降趋势。2022年，L公司的营业收入中仅有36.50%来自服装销售。

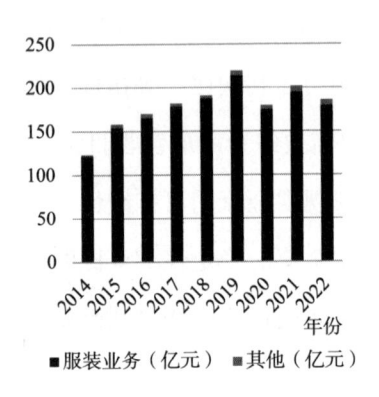

图11-1 K公司营业收入构成

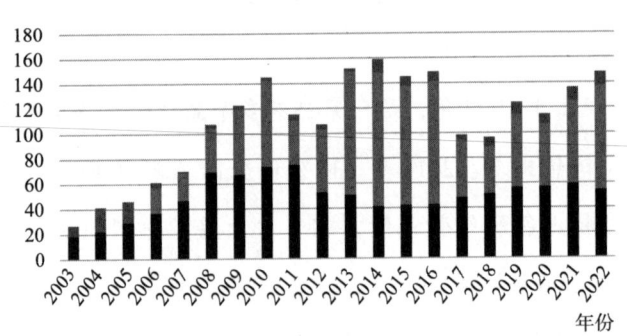

图11-2 L公司营业收入构成

2. 经营活动现金流与净利润的差异

2022年K公司和L公司都取得了不错的业绩，其中K公司的净利润为20.62亿元，L公司的净利润为50.66亿元，两家企业的净资产收益率均在

14%左右。虽然两家企业的盈利能力看似差不多,但是其经营活动现金流的表现却相差甚远。K公司的经营活动净现金流量为31.37亿元,相较于净利润高出10.75亿元;而L公司则未获得经营活动净现金流入,其经营活动净现金流为–19.35亿元,较净利润低了约70亿元。表11-3的内容整理自K公司和L公司两家企业2022年的年度报告附注,展现了其将净利润调节为经营活动现金流量的过程。接下来,我们将通过分析经营活动现金流与净利润的关系,来探究两家盈利能力看似相似的企业为何会在经营活动现金流上表现得如此不同。

表11-3展示了两家公司现金流量表与净利润的差异信息。在将净利润调节为经营活动现金流量的项目中,K公司加回了10.11亿元的折旧金额,主要来自房产、专用设备和通用设备的折旧,较大的折旧金额与传统制造业需要大量工厂、设备来维持生产运营的特点相符。K公司的调节项目中另一项较大的加回金额是11.75亿元,来自经营性应付项目的增加,与调节项目中所扣除的存货增加的金额相近。根据财务报表附注显示,K公司应付经营性采购款从2022年年初的67.12亿元增加至80.40亿元,增加金额与经营性应付项目的增加接近。由此可见,K公司应当是在2022年以赊购的方式采购了大量存货并积压在库。

表11-3 K公司、L公司2022年现金流量表补充资料

单位:亿元

	K公司	L公司
将净利润调节为经营活动现金流量		
净利润	20.62	50.66
加:资产减值损失	5.21	0.52
信用减值损失		2.15
固定资产折旧、油气资产折耗、生产性生物资产折旧	10.11	5.93
使用权资产折旧		2.82

续表

	K 公司	L 公司
无形资产摊销	1.09	0.22
长期待摊费用摊销	2.41	0.13
处置固定资产、无形资产和其他长期资产的损失（收益以"-"填列）	-0.01	-0.55
固定资产报废损失（收益以"-"填列）	0.00	0.01
公允价值变动损失（收益以"-"填列）	0.19	-0.95
财务费用（收益以"-"填列）	2.52	7.79
投资损失（收益以"-"填列）	0.00	-33.06
递延所得税资产减少（增加以"-"填列）	0.23	0.01
递延所得税负债增加（减少以"-"填列）	-0.55	-0.30
存货的减少（增加以"-"填列）	-12.76	6.82
经营性应收项目的减少（增加以"-"填列）	-9.43	-3.28
经营性应付项目的增加（减少以"-"填列）	11.75	-60.20
其他		1.92
经营活动产生的现金流量净额	31.37	-19.35

在将净利润调节为经营活动现金流量的项目中，对 L 公司影响最大的项目是经营性应付项目的减少。L 公司的经营性应付项目在 2022 年减少了 60.20 亿元，结合资产负债表可以发现，经营性应付项目减少最为明显的是合同负债，从 2022 年年初的 128.30 亿元减少至年末的 74.41 亿元，减少了 53.89 亿元，较年初下降了 42.01%。合同负债的减少主要源于 L 公司房地产业务中的预收房款的减少。一方面，以前的预售房款在本期确认了收入；另一方面，本期房产销售情况欠佳，收到的现金较少。此外，K 公司在 2022 年还获得了 33.06 亿元的大额投资收益，其也在将净利润调节为经营活动现金流的过程中扣除。

企业的经营活动现金流和净利润不相等的原因主要有两个。第一，计入两者的项目不同。净利润来自于企业的全部活动，而经营活动则未将投资活动与筹资活动纳入其中。第二，两者的会计核算方法不同。净利润采用的是权责发生制，而经营活动现金流则采用的是收付实现制。因此，在将净利润调整为经营活动现金流时，需要加回不消耗现金的费用和损失，并减少未收回现金的收入。对比 K 公司和 L 公司的经营活动现金流与净利润的关系，我们不难发现，K 公司的经营活动现金流大于净利润的原因主要在于其加回了较多不消耗现金的费用。从业务层面来看，K 公司能获得较高的经营活动净现金流入是源于其主营服装业务发展良好。K 公司不仅能较快地回收销售款，还能凭借其市场影响力并通过赊购的方式占用供应商货款来补充营运资金。相比之下，L 公司"有利润没现金"的原因则在于其利润较多来源于投资活动而非经营活动，且其经营活动中的收入还有较大比例不是在本期收到现金的。虽然 L 公司的服装业务发展得也很不错，但是其规模相对较小。同时投资者还需关注 L 公司的房地产业务和投资业务对于企业净利润和经营活动现金流的影响。

【本章小结】

本章主要探讨了企业经营活动现金流与利润表中的净利润存在差异的根源。通过理解这些差异及其背后的业务特点，管理者需要警惕那些"有利润，无现金"的情况。同时，从业务层面识别和追溯问题的根源至关重要，以便有效控制由此产生的风险。这种分析不仅帮助管理者确保财务报表的准确性，还有助于维护企业的现金流健康，以防止财务困境的出现。

【课后题】

请以一家企业的经营活动现金流和利润表为例，探讨两者差异背后所反映的企业业务层面的规律和特征，以及这些差异可能隐藏的相应风险。如果企业存在某个方面的风险，请思考如何有效地防范或降低。

第12章

财务报表分析基础

【学习目标】

本章重点介绍以下三个方面的内容。

1. 财务分析的基本方法和主要财务指标。

2. 杜邦分析框架与核心指标的含义。

3. 企业战略与财务指标之间的关系。

【思维导图】

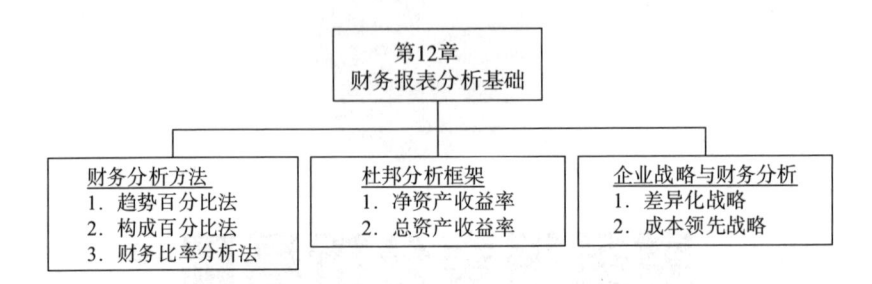

```
                    第12章
                 财务报表分析基础
        ┌───────────┼───────────┐
   财务分析方法      杜邦分析框架     企业战略与财务分析
   1. 趋势百分比法   1. 净资产收益率   1. 差异化战略
   2. 构成百分比法   2. 总资产收益率   2. 成本领先战略
   3. 财务比率分析法
```

12.1 财务分析方法

本章核心内容是介绍如何进行财务报表的综合分析。在前面的章节中，我们已经介绍了管理者需要了解的三张主要财务报表：资产负债表、利润表和现金流量表。现在，我们将重点讲解如何综合这三张财务报表的信息进行分析。财务报表分析的核心在于"知己知彼"，即通过财务报表分析了解企业自身的发展状况、盈利能力、风险水平、优势和劣势，以及与行业内其他公司的差异。掌握这些信息有助于管理者作出更有效的战略和管理决策。最常用的分析方法有如下几种。

1. 趋势百分比法

第一个常用的财务分析方法称为趋势百分比法。该方法选择某一年的财务数据作为基数，进而观察企业随后几年各项指标的百分比变化。例如，在表 12-1 的例子中，我们展示了企业从 2021 年到 2023 年的三年数据。直接查看这些原始数字可以初步了解企业在收入和净利润的变动情况。如果我们以 2021 年作为基准年，构建趋势百分比，则可以更清晰地揭示企业在随后两年中收入和利润的发展趋势。趋势百分比分析法通过百分比的形式消除了企业不同年份财务数据难以直接对比的问题，便于跨期横向比较。这一方法有助于管理者快速识别企业经营中的异常波动，例如：销售收入持续增长，但净利润却呈现增长停滞或下降等。

表 12-1　趋势百分比法

单位：百万元

原　　值	2023 年	2022 年	2021 年
收入	330	321	300
净利润	21	16	15
趋势百分比			
收入	110%	107%	100%
净利润	140%	106.7%	100%

2. 构成百分比法

第二个常用的方法是构成百分比法。该方法允许我们针对一张财务报表上的各个项目构造其相对百分比。通常，我们选择报表中最大的数字作为基数进行计算，例如在资产负债表中往往以总资产金额作为基数，而在利润表中则以总收入作为基数。通过这种方式，报表中的其他项目将被转换成相对于基数的百分比。构成百分比法便于企业与自身的历史数据进行比较，或与其他企业进行横向对标。然而，进行横向比较时，需要特别注意可比企业的选择，应选取同一行业、规模相似且战略方向相似的企业进行比较。例如与同业领先企业进行对标，以其成本或各项费用占收入的百分比作为评价标准，评判本企业的费用管控水平。如果忽略这些因素，不同企业之间的可比性也非常有限，甚至导致财务分析失去意义。

以表12-2为例，我们尝试对该企业利润表使用构成百分比法进行分析。表中左边两列展示了该企业利润表的原始数值。基于这些数据可以观察到企业收入有所增加，但净利润实际上并未增长，反而出现了下降。通过构成百分比分析后可以发现，2023年企业的净利润仅占收入的5%，相比于上一年的10%，明显出现下降趋势。进一步拆解这份报表我们可以发现，净利润的下降主要是由成本占比上升引起的。从费用角度看，尽管企业在2023年的费用占收入的比重有所减少，但成本占收入的比重的增加超过了费用的下降，从而导致总体利润的下降。对于管理者而言，识别净利润下降只是分析的第一步，接下来还可以深入分析成本上升的具体原因，以便采取相应的改进措施。

表 12-2 构成百分比法

单位：百万元

	原值 2023年	原值 2022年	构成百分比 2023年	构成百分比 2022年
收入	1 000	600	100%	100%
成本	700	360	70%	60%
费用	250	180	25%	30%
净利润	50	60	5%	10%

3. 财务比率分析法

第三种常用的分析方法是财务比率分析，即通过构建各种财务比率，对企业的财务状况与经营业绩进行评估。虽然存在许多种财务比率，但对于管理者而言，理解这些比率背后的经济含义并聚焦于一些关键的财务指标，往往比泛泛地使用大量的财务指标更为有效。基于财务比率，管理者可以将企业当前的业绩与过去的历史业绩进行纵向比较，或者与同行业的其他公司进行横向对比，从而识别出企业在行业中的差距和优势。在进行行业企业对比时，选择对标企业需极为谨慎，必须确保所选企业在行业属性、规模结构和战略定位等方面与自身具备高度可比性时，所得出的比率分析结果才具有实际参考价值，否则可能导致误判。在下一节中，我们将重点介绍几项广泛应用的核心财务比率，并提供一个系统的分析框架，以帮助管理者有效开展比率分析，支持科学决策。

12.2 杜邦分析框架

杜邦分析是财务分析中最常用的一个系统化分析框架。该框架将净资产收益率分解为盈利能力、运营效率和资本结构三个维度，从而系统地识别和分析其核心驱动因素。杜邦分析之所以以净资产收益率作为起点，源于其默认的逻辑前提：企业的经营目标最终应服务于提升股东回报。

1. 净资产收益率

净资产收益率是通过将企业的净利润除以其净资产（即所有者权益）计算得出，主要用以衡量企业在一定期间内为股东带来的回报程度，是反映企业盈利能力的重要财务指标。这一指标在中国资本市场中受到极大关注，证监会在多项资本市场政策中使用。究其原因，是因为净资产收益率直接反映了企业利用股东资本的效率。该比率高，意味着企业能够有效利用股东投入的资本实现更多的净利润。监管部门使用净资产收益率作为核心评价依据，也体现了维护股东特别是中小股东利益的考量。

那么，从净资产收益率出发，企业可以如何提高对股东的价值回报呢？如图 12-1 所示，我们首先对净资产收益率进行简单变形，将净利润除以总资产，然后将总资产除以所有者权益，从而将净资产收益率分解为两个独立的财务比率：权益乘数和总资产收益率。

$$净资产收益率 = \frac{净利润}{所有者权益}$$

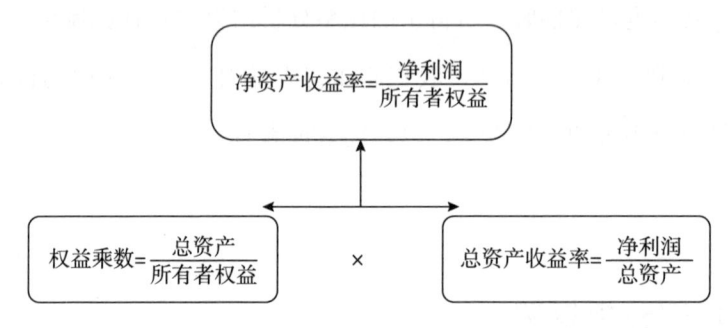

$$权益乘数 = \frac{总资产}{所有者权益} \times 总资产收益率 = \frac{净利润}{总资产}$$

图 12-1　净资产收益率的分解

其中，总资产收益率体现了企业运用其总资产在当期获得盈利的能力。企业的经营目标是运用融资得到的总资产进行经营和投资，以获得最终的财务回报。因此，这一指标越高，表明企业的资产运用效率越高，获得盈利的能力越强，相应地，股东得到的回报也更可观。权益乘数反映的是企业的财务杠杆水平，即负债与所有者权益的比例。简而言之，权益乘数越大，意味着企业采用债务融资的比例相对于权益融资的比例越高。

汇总而言，净资产收益率的高低由两个因素共同决定：一是企业对总资产的使用效率；二是企业的融资结构，特别是其利用负债融资来提升股东回报的能力。总资产收益率越高，股东获得的回报也越大。从财务结构的角度看，负债的应用具有两种可能性：一是当企业妥善使用负债融资时，它可以为股东带来更高的回报；二是如果财务杠杆使用过度，则不仅无法提升股东的收益，反而会导致股东的损失。具体哪种情况下，财务杠杆会增加收益，哪种情况会导致损失，将在后续章节中针对财务杠杆的风险进行讨论和解释。

2. 总资产收益率

对总资产收益率进行深入的分析，可以通过进一步分解该指标来探究。如图12-2所示，在引入了营业收入这一指标后，首先将净利润除以企业的营业收入，然后用企业的销售收入除以总资产，从而将总资产收益率拆解为两个新的指标：净利润率和总资产周转率。

$$总资产收益率 = \frac{净利润}{总资产}$$

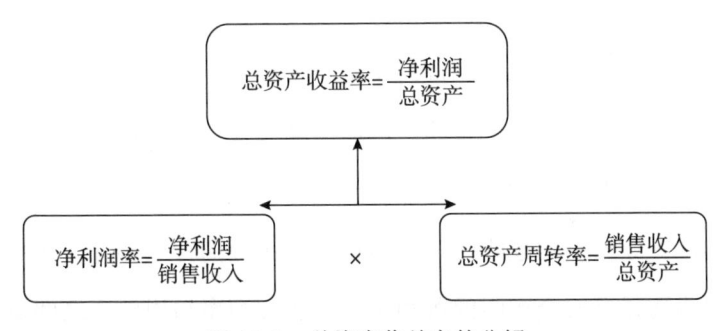

$$净利润率 = \frac{净利润}{销售收入} \quad \times \quad 总资产周转率 = \frac{销售收入}{总资产}$$

图 12-2　总资产收益率的分解

虽然这两个指标都影响企业的利润水平，但是从获得利润的角度而言，它们反映了截然不同的盈利路径。净利润率是净利润与营业收入的比率，反映了企业每单位产品销售能够获得的最终利润回报。如果企业能以更高的价格销售产品（假设成本不变），则可以实现更高的净利润率。从更根本的角度看，企业只有通过提供差异化或高附加值的产品或服务，创造更高的产品价值，才有机会实现净利润率的持续上升。

相比之下，总资产周转率是通过营业收入和总资产的比值来衡量的，这个指标显示了企业当前总资产的使用效率。在同等的资产规模下，能够创造更多的收入意味着资产使用效率更高，这在某种程度上类似于薄利多销的策略，其核心侧重于增加销量。除了增加销售收入，企业还可以通过优化存货管理、提高产能利用率、优化业务流程等方式来提升总资产周转率。

请大家考虑一个问题：既然提升净利润率和总资产周转率都有助于最终提高总资产收益率，那么企业是否应该以同时提升这两个指标为目标呢？从数学的角度看，这两个比率同时提升确实可以显著增加总资产收益率。然而，从经济学原理以及企业运行的实际规律来看，这两个指标之间往往存在内在矛盾。本质上，相当于企业希望产品既能卖得更贵又能卖得更多，这与经济学中的需求定律并不相符。此外，这两个财务比率背后反映的是不同的经营策略。提升净利润率通常依赖产品差异化、品牌溢价或成本控制，强调"高附加值、低销量"的盈利模式；而提高总资产周转率则更多依赖于规模扩张、快速周转与运营效率，侧重"薄利多销"的策略。因此，期望在现实中同时大幅提升这两个指标，往往意味着企业试图同时推行两套不同的战略路径，这在实际经营中是非常困难的。企业在制定战略时，应根据自身所处的行业特征、市场定位和核心能力，明确选择更符合实际的盈利策略，在利润率与周转率之间进行理性权衡与动态调整，而非盲目追求"二者兼得"。

12.3　企业战略与财务分析

从战略角度来看，企业通常会采取两种发展路径：差异化和成本领先。差异化战略强调提升产品质量和品牌价值，使得产品能够以更高的价格出售，从财务表现上，这一战略的成功实施通常体现为越来越高的净利润率。相对地，成本领先战略则以实现规模经济、严格的成本控制和资产使用效率提升为目标，从财务的角度则体现为总资产周转率的不断提升。

需要强调的是，财务数据不仅仅是企业经营结果的数字呈现，更是战略选择与执行效果的直接体现。企业在战略实施过程中所做的每一项业务决策，最终都会反映在报表中的成本结构、盈利能力和资产效率上。由于企业难以同时实施差异化战略和成本领先战略，这也就解释了为什么从财务角度，很难同时提高净利润率和总资产回报率。成功的企业无需追求两个指标的同时优化，而应专注于与其战略发展方向相符的指标，并通过财务分析实现持续的改进和优化。

我们选择了两家国际知名且规模相近的企业——苹果和戴尔进行比较，以展示企业的战略方向与财务特征之间的关联。尽管这两家公司都实现了可观的利润，但利润的来源存在着显著差异。苹果前CEO乔布斯曾指出，虽然苹果和戴尔都是个人电脑行业表现出色的公司，但战略选择以及经营模式迥异。戴尔的模式类似于沃尔玛，即以成本领先策略为主，追求薄利多销，参考的是沃尔玛标榜的"天天低价"的经营理念。相比之下，苹果公司采取的是差异化战略，致力于不断创新的产品设计、卓越的用户体验和强大的品牌价值。

战略的差异对两家公司的财务特征有着决定性的影响。如表12-3所示，苹果和戴尔的总资产收益率相近，戴尔为11%，苹果为14%，两家企业都实现了较高的资产收益水平。但是，在净利润率和总资产周转率这两个指标上，两者大相径庭。苹果的净利润率是戴尔的3倍，而戴尔的总资产周转率则是苹果的2倍以上。财务数据显示了企业战略选择的差异和企业各自战略执行的成功。

表12-3　戴尔和苹果公司的企业战略与财务分析（历史数据）

	戴尔	苹果
总资产收益率	0.11	0.14
＝净利润率	0.05	0.15
×总资产周转率	2.22	0.95

对于已经明确了战略模式的企业，如果想获得更大的成功，就必须将其战

略发挥到极致。具体来说，对于苹果公司而言，这意味着需要维持或进一步提高净利润率。苹果公司通过不断创新和品牌价值提升实现了更高的产品溢价能力。这一战略路径直接推动了企业净利润率的稳步上升，体现出企业差异化战略持续有效的执行效果。通过比较五年后的财务数据（见表12-4），可以观察到苹果的总资产收益率在五年间增加了10个百分点，而且这些增长完全归功于净利润率的提升，也是企业差异化战略成功执行的证明。

表12-4　5年后戴尔和苹果公司的企业战略与财务分析

	戴尔	苹果
总资产收益率	0.05	0.24
=净利润率	0.04	0.27
×总资产周转率	1.20	0.89

对于戴尔而言，若要取得更大的成功，关键在于提升总资产周转率，即通过优化供应链与生产管理不断提升营运能力。然而，对比5年后的财务状况（见表12-4），戴尔的总资产收益率在5年后下降了近一半。究其原因，是戴尔的某些产品没有成功满足市场的需求，导致销售收入大幅下滑。戴尔的这一失败同样反映出企业战略执行的问题，尽管净利润率保持稳定，企业未能持续扩大销售规模并提升运营效率，导致了总体业绩的下降。

通过这两家企业的案例分析，我们可以看到，企业的战略选择和执行直接影响着财务表现。苹果的高净利润率和戴尔的高总资产周转率都凸显了企业战略的选择和执行。两种战略没有绝对的优劣之分，企业可以结合自身的行业、企业特点以及对未来的预期来选择其一。值得注意的是，在一些多元化经营的大型企业中，针对不同产品线或业务板块采用不同策略是可行的。例如，同一家企业的高端产品线可以聚焦利润率提升，强化品牌溢价和客户体验；而基础或入门级产品则可采用周转率导向的策略，扩大市场覆盖和销售规模。通过在组织架构、资源配置和绩效考核机制上进行清晰区分，企业可以在内部形成

"多战略共存、各自最优"的管理模式，实现总体财务表现的协同优化。对管理者而言，财务分析不仅是结果，更应成为辅助战略选择与优化战略执行的支持工具。通过财务分析理解自身优劣势以辅助战略选择，并通过财务数据支持战略的执行、评价执行的结果。

最后，我们回到杜邦分析框架，假设企业的经营目标是为股东提供更高的回报，提高净资产收益率便成为企业的核心追求。通过财务分解，大家可以深入理解如何通过不同战略来提升总资产收益率。可以采用差异化战略，通过提高净利润率来提升收益率；也可以选择成本领先战略，通过提高总资产周转效率来实现总资产收益率的增加。同时，企业还需要配置一个风险可控的融资策略，并选择最佳融资结构。这些策略的成功实施就可以提升企业的净资产收益率，从而更好地回报股东。

【本章案例】M公司的成本领先策略

1. M公司简介

M公司于1972年正式成立，以生产羽绒制品起家。经过半个世纪的发展，M公司的产品已覆盖男士、女士、儿童各类人群，且凭借其优良的品质、亲民的价格走进了千家万户。然而，在这个过程中，M公司的发展并不是一帆风顺的。2010年后，由于众多国际快时尚与运动品牌开始发力羽绒服，国产老牌羽绒服的市场受到了严重的挤占。面对不断下滑的业绩，M公司开始寻觅新的战略发展方向。

2. 企业转型战略分析

在转型过程中，不同于走高端化路线的同行业公司，M公司则将自身定位为高性价比的亲民品牌，发力于中低端羽绒服市场。在这个过程中，M公司在依靠线上渠道布局打开市场的同时，不断加强自身成本控制，最终获得了理想的经营业绩。

（1）渠道布局：线上多平台发力，线下增设旗舰店。

在2020年之前，M公司的销售主要以线下为主，线上渠道仅有天猫旗舰店，线上销售能力十分有限。在重组之后，M公司迎来了新的管理层，为M公司布局了除天猫以外的新线上渠道，既包括传统电商淘宝、京东、拼多多等，也包括抖音、快手等新直播电商渠道。不仅如此，M公司团队还采用了"自营＋分销"策略：一方面搭建了面向不同人群的店铺矩阵，如M公司中老年旗舰店、女装旗舰店、登山服饰旗舰店等，进行更精准的商品推荐与投放；另一方面不断加强与线上分销商的合作，通过汇聚全网流量提升订单规模。在此番操作下，M公司在拼多多、京东等多个平台上拿到了2021年的商品交易总额（GMV）榜首，在"双十一"单日的全网销售量超过10亿元。

而在线下销售方面，M公司在原先集中于三四线城市的店铺布局基础上，增加了一、二线城市核心商圈中快闪店、旗舰店等大店的开设。不同于线上渠道的固定佣金，线下门店的成本基本固定，所以线下销售的边际收益更高，规模经济效益更明显。与小店相比，大店的产品、流量承载力更强，结合M公司在线上渠道的精准引流，单店具有销售爆发力。

（2）成本控制：加强供应链整合，实现大单快反。

在成本领先战略下，M公司在供给端着力提升快反能力，从而降低了生产和库存成本。

首先，从材料成本来看，羽绒原料约占羽绒服成本的40%～60%，M公司通过与上游多家知名羽绒原材料供应商签订合作协议，降低了原料采购成本。

其次，M公司与多家大型羽绒工厂进行了深度绑定，并将80%左右的销售订单集中分配给其中的多家核心供应商，保证了充足的产能。另外，在协商下，工厂直接承担售后退换货，形成自我品控动力，降低了M公司的品牌品控管理成本。

最后，借助于线上的直播带货和预上架销售，M公司能够清晰地观察到消费者对不同产品和款式的喜爱度，获取市场反馈的效率大大提高。根据预测数据来备货，M公司规避了库存风险。例如，羽绒服行业平均售罄率约60%，库存周转天数约150天；而M公司的产品售罄率高达90%，库存周转天数只有60~70天，这使M公司降低了约15%的成本。

在M公司的成本领先战略中，最关键的是需要提升产品销量和管控成本费用。如果M公司只能做小单备货，生产成本会较高，利润空间会较低，在市场上只能提高售价，但这样一来销量就会受到影响。如果销量受到影响，销售规模就很难支撑供应链的大单快反，形成恶性循环。因此，M公司同时优化了渠道布局与成本控制，凭借着在销售端和供给端的双重发力，实现了品牌的快速复兴。

【本章小结】

本章介绍了杜邦财务分析的方法，重点强调了企业通过财务分析实现"知己知彼"的必要性和实践价值。企业的战略是财务表现背后的主要驱动力，而财务报表则是战略执行结果的量化呈现。有效的财务分析不仅能帮助管理者评估当前战略的执行效果，还可以为制定未来的战略提供关键信息。因此，深入理解这些分析工具，并将其应用于日常管理和战略决策中，对于指导企业向预定目标前进至关重要。

【课后题】

请选择一家企业，以该企业的财务数据为基础进行杜邦分析，计算相关的财务比率。分析该企业战略与财务指标之间的关联、企业战略的执行是否有效，并为企业提出业绩提升的建议。

第 13 章

利润率与营运效率

管理者的财务分析与决策

【学习目标】

本章重点介绍以下三个方面的内容。

1. 净利润率的分解以及影响净利润率的业务和企业决策。
2. 营运能力的概念与计算方法，影响营运能力相关指标的业务和企业决策。
3. 财务指标之间的关联以及对企业管理的启示。

【思维导图】

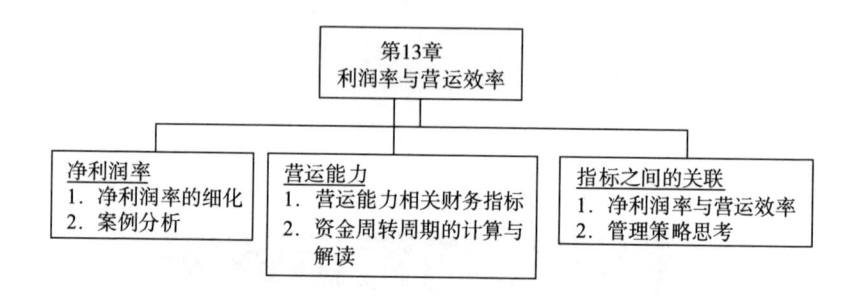

```
              第13章
           利润率与营运效率
        ┌──────┼──────┐
    净利润率    营运能力    指标之间的关联
  1.净利润率的细化  1.营运能力相关财务指标  1.净利润率与营运效率
  2.案例分析      2.资金周转周期的计算与  2.管理策略思考
                 解读
```

13.1 净利润率

本章将详细介绍利润率和企业营运能力的进一步分解，以及影响这两个财务指标的典型业务与决策。

首先介绍净利润率，它是衡量盈利能力的重要指标之一。对净利润率的进一步分解可以采用之前介绍的构成百分比法。具体做法是将收入设定为基准值（100%），然后将利润表中的其他重要项目转换为相对收入的百分比。以某啤酒行业的上市公司 N 作为案例企业，我们基于该公司的财务数据构建百分比分析（见表 13-1）。如表 13-1 所示，案例公司的营业成本从 2021 年度的 63% 降至 2023 年度的 58%，而销售费用、管理费用和财务费用基本保持不变。最终，公司的净利润率从 2021 年的 6.5% 提升至 8.5%。通过构成百分比法的分析可以清晰地看到，该公司净利润率的提升主要得益于成本占比的下降，即成本控制的成效。

表 13-1 案例公司的盈利百分比法分析

%

指　　标	2023 年	2022 年	2021 年
营业成本	58	60	63
销售费用	12	11	10
管理费用	8	7	7
财务费用	0.4	0.7	1
净利润率	8.5	7.9	6.5

接下来，我们可以将案例公司与其同行业中一家规模和产品相似的可比公司进行横向对比。尽管这两家公司在产品和规模上相似，但它们在利润率构成上却存在显著差异。如表 13-2 所示，案例公司已将营业成本控制在收入的 58%，而可比公司的营业成本仍低于案例公司两个百分点，显示出更高的成本控制效率。在销售费用方面，案例公司处于行业平均水平，而可比公司的销售费用相对较高，主要因其在广告和品牌推广上的投入较大。这种策略虽然增加了销售费用，但也有效提升了企业的品牌价值和产品售价。

表 13-2 百分比法的对比分析

%

指　　标	案例公司	可比公司
营业成本	58	56
销售费用	12	20
管理费用	8	5
财务费用	0.4	0.1
净利润率	8.5	8.1

通过对比可以看出，尽管两家公司的净利润率大致相当，但企业实现利润的策略有所不同。可比公司通过加大市场营销，尤其是在广告费方面的投入，增强了品牌价值和市场份额，使其产品具备了较高的定价能力。这种策略在一定

程度上解释了营业成本比重（56%）较低的现象。总的来说，尽管案例公司和可比公司的产品在市场上高度相似，但可比公司通过强化品牌建设，实现了相对较高的产品毛利率。然而，我们也可以观察到，由于可比公司的销售费用占营业收入的比重较高（20%），其最终净利润率反而低于案例公司。那么，是否可以据此断定可比公司的整体业绩一定不如案例公司呢？答案是否定的。这是因为净利润率只是衡量企业盈利能力的一个维度，其本身并未体现企业在销售规模扩大、资产使用效率提升等方面所取得的成效。换言之，净利润率并未包含资产周转率这一影响盈利水平的重要因素。如果可比公司所采取的品牌战略得以成功实施，那么其市场份额和销售收入有望大幅增长，进而带动资产周转效率的显著提升。从而提升整体净利润水平。

13.2 营运能力

1. 营运能力相关财务指标

下面，我们将细化盈利能力的第二个关键要素：总资产周转率，也是衡量企业营运能力的核心财务指标之一。除了总资产周转率，企业的营运能力还可以通过一系列特定资产的周转效率进一步分析，常见的指标包括：应收账款周转率、存货周转率以及应付账款周转率。这些指标反映了企业日常运营资产管理的效率，为管理者优化资源配置、提升资金使用效率提供重要参考。

营运能力的财务分析
应收账款周转率 = 收入 / 应收账款
存货周转率 = 成本 / 存货

> 应付账款周转率 = 采购金额 / 应付账款
>
> 资金周转期间 = 应收账款周转期间 + 存货周转期间 − 应付账款周转期间

1）应收账款周转率

首先介绍应收账款周转率，其计算公式为营业收入除以应收账款的年度平均余额。该指标越高，意味着企业在一定收入水平下的应收账款余额越少，反映出企业的应收账款回收效率更高。通过这项指标，我们能够评估企业是否有效管理其应收账款，并确保资金的健康运转，因此这个指标也是企业营运能力的一个重要评价依据。

假设某公司当年收入为 100 万元，年平均应收账款为 25 万元。根据这些数据，可以计算出应收账款周转率为 4 次 / 年，这意味着企业在一年内平均 4 次收回其应收账款。为了使这个指标更加直观，我们将 365 天除以周转次数，从而转换成平均收款周期的天数。在上述案例中，计算结果为 91 天，即企业当年从客户收回款项所需的平均时间为 91 天。

2）存货周转率

营运能力的第二个重要指标是存货周转率，其计算方法是将年度营业成本除以平均存货水平。该指标反映了企业将存货转化为销售成本的速度，周转率越高，说明企业库存管理效率越高。例如，某公司当年的营业成本为 80 万元，其平均存货水平为 15 万元，那么存货周转率为 5.3 次 / 年，意味着存货从入库到售出在一年内平均可以循环 5.3 次。同样，我们将 365 天除以存货周转率，可以计算得出存货周转天数。在这个例子中，存货周转天数约为 69 天。这表明，在一年中存货从入库到售出的平均时间为 69 天。

3）应付账款周转率

营运能力的第三个指标是应付账款周转率，反映了企业在赊购业务中向上游供应商支付货款的速度。计算方法是将年度采购金额除以平均应付账款余额。例如，企业年采购额为 90 万元，年平均应付账款为 10 万元，则应付账款周转率为 9 次 / 年。我们可以将 365 天除以应付账款周转率来计算得出应付账款的周转天数，约等于 41 天。这表明企业平均每 41 天支付一次对上游供应商的欠款，即企业的付款周期平均为 41 天。与应收账款周转和存货周转不同，应付账款的周转并非越快越好，应在合理的范围内适度延长付款周期，减轻短期资金压力，从而提升营运效率。

在计算得到应收账款周转天数、存货周转天数和应付账款周转天数之后，企业可以利用这些数据与同行业中的对标企业进行比较。例如，比较企业回收款项的速度是否超过同行，以及应付账款的支付周期是否适宜。但是，单一对比上述财务指标存在一定的片面性。例如，如果一个企业的收款速度快于同行，但其付款速度也更快，那么这个企业的营运能力究竟比同行更好还是更差呢？对这个问题的回答就需要用到下面的综合评价体系。

4）资金周转期间

为了全面地评估企业的营运能力，下面给大家介绍一个综合的分析指标——资金周转期间，以应收账款的周转天数与存货的周转天数相加，然后减去应付账款的周转天数计算得到。这个指标更全面地反映企业的综合营运效率，避免了依赖单个财务指标可能带来的误解。通过图 13-1 中的企业营运周期示意图可以看出，资金周转期间综合了企业从支付原材料到收回销售款的整个资金循环的效率，为管理者提供了一个衡量整体营运效率的有力工具。

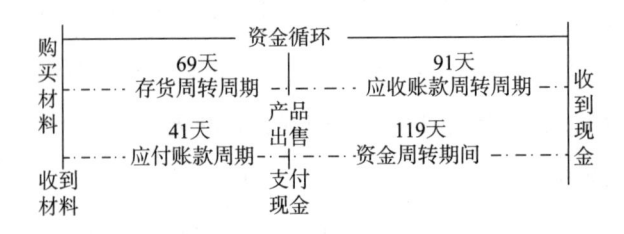

图 13-1 营运周期示意图

2. 资金周转周期的计算与解读

从企业接收原材料开始，到生产加工成产品并将这些产品售出，需要的时间就是存货周转周期（假设为 69 天）。产品售出后，企业需要一段时间才能从客户那里收到现金，即应收账款周转天数（假设为 91 天）。这两个时间段加起来就构成了企业资金占用的总时长。然而，由于企业从供应商那里购买产品或原料通常有一定的赊购期间，因此在整个运营周期中，企业并不需要在接收货物的当天支付现金，而是通过应付账款的平均付款周期来推迟一部分时间支付现金（假设为 41 天）。综合起来看，企业从支付给供应商现金到从客户那里收到现金所需的实际时间（即资金周转期间）。根据图 13-1 的数据，该企业的资金周转期间为 119 天（69+91-41）。这一数字综合了供应链的三个环节，反映了企业日常经营环节的资金周转效率。

资金周转天数越短，通常表明企业的营运能力越强，资金需求压力越小，企业对营运资金的需求量也相应更低。对于管理者而言，提高资金周转效率，即减少资金周转天数，是提升企业营运效率的核心目标。沃尔玛是全球公认的营运能力最强的企业之一。在营运效率指标上，沃尔玛展示了其卓越的管理成效：应收账款平均回收期仅为 3 天，体现出快速的收款能力。应付账款平均支付周期为 58 天，反映了沃尔玛在供应链中的谈判优势。最关键的是存货管理，沃尔玛平均只需 39 天便能完成存货周转，这不仅凸显了其库存管理的高效性，也是其核心竞争力之一。

使用我们刚刚学习的资金周转期计算公式，可以对沃尔玛的营运能力进行综合量化。将沃尔玛的应收账款周转天数（3 天）和存货周转天数（39 天）相加，再减去应付账款周转天数（58 天），结果得到沃尔玛的资金周转天数为 -16 天。这个结果表明，在沃尔玛还未支付货款给供应商之前，已经从客户那里收回了资金。负的资金周转周期意味着资金回笼速度远快于资金支付速度，使沃尔玛能够在不依赖高成本外部融资的情况下，高效支持日常运营。

沃尔玛的强大营运能力为其带来了显著的优势。首先，基于高效的资金周转，公司几乎不需要通过外部融资来支持日常经营，这直接减少了营运资金的需求和财务成本。其次，由于资金回收效率高，沃尔玛能够在支付货款给供应商之前已收回销售所得，从而降低了资金风险。最后，凭借其供应链优势，沃尔玛还能够在谈判中争取到提前付款所带来的现金折扣，进一步降低采购成本。总体而言，高效的营运能力不仅提高了资金使用效率，还加强了沃尔玛在供应链中的议价能力，降低了整体运营成本，构建了企业的竞争优势。

13.3　指标之间的关联

在前两节中，我们探讨了净利润率构成以及营运能力的细分指标。作为管理者，一个核心问题即这两类指标之间的关联关系是什么？企业是否可以同时致力于提升与净利润率相关的指标（如毛利率）以及与营运能力相关的指标（如存货周转率）？理论上，这两类指标的改善都将对企业的最终利润水平产生积极影响。然而，在考虑这个问题时，管理者不应仅将财务指标视为孤立的数字，而应深入理解这些数字背后的业务逻辑与企业战略定位之间的关系。

假定企业希望以价格的提高来提升利润率，那么提高产品售价的策略是什么？与企业的核心战略是否相符？同时，如果希望提升营运效率，例如提升存货周转率，就意味着产品从生产到销售的时间更短，而应收账款周转率提升意味着企业可以更快收到客户的付款。综合起来，提升营运效率的核心应该是在现有产能的基础上生产和销售更多的产品。

现在重新思考同时提升毛利率和存货周转率的可行性，实现该目标意味着企业需要在提高毛利的同时增加销量。这种策略是否真的可行？也许有的企业真的实现了这样的增长，比如苹果公司在 2017 年秋季同时推出了 iPhone 8 和 iPhone X，因其产品受到市场的大力追捧，在 2018 财年的年报中实现了净利润率和存货周转率同时增长的情况。然而，这并不意味着苹果在策略制定时以两个指标同时增长作为企业的目标。事实上，苹果公司的核心战略一直是围绕创新和差异化策略，不断推出市场领先的产品和技术，从来没有提到过薄利多销的战略。也就是说，企业的战略始终是以提高毛利以及净利润率为核心，销量和资产周转率的上升只是战略成功的另外一个自然结果，而非预先设定追求的财务目标。

对管理者而言，理解财务指标背后的业务逻辑至关重要。企业可以通过财务指标分析来洞察自身的业务优势和劣势，选择合适的战略方向，并通过设立关键绩效指标（KPI）来实施这些目标。此外，建立健全的财务系统和内部控制体系，制定风险防范措施，并理解各指标间的相互关系，是利用财务信息提升企业价值的有效策略。

【本章案例】以轻资产化战略提升业绩

1. P 集团简介

P 集团成立时间可追溯至 1985 年，其上市时间为 1993 年。P 集团以医药产品的研发、生产及销售为主业，主要产品包括制剂产品、原料药和中间体及诊断试剂等，截至目前已有一百多个品种，覆盖了消化领域、辅助生殖领域、精神神经领域等。近年来，P 集团在战略层面以创新的思维步步为营，并逐渐由重资产运营模式向轻资产运营模式转型。从生物制药的实力提升到精准医疗的全面布局，P 集团在复杂多变的市场环境中一直保持着强大的竞争力，收获了较高的市场知名度和优秀的经营成果。

2. 轻资产化战略的实施路径

医疗产业受国家宏观政策影响较大。随着国家不断深化医药卫生体制改革，以生产大宗原料药起家的P集团意识到，只有不断研发出具有市场竞争力的新产品、好产品，才能始终站在行业前沿。于是，在2015年前后，P集团开始采用轻资产运营模式进行企业的转型升级，目前已经基本迈入创新药企业行列。P集团的轻资产化转型主要体现在以下几个方面。

（1）减少重资产投入，剥离非核心业务。

在采用重资产模式运营期间，P集团依赖于大量与生产相关的设备和厂房来保障商品产量与经营规模，其重资产在总资产中的占比一度超过了40%。然而，面对不断出台的行业政策和复杂多变的市场环境，P集团在低附加值环节的大额资本投入逐渐成为自身的负担，增加了企业的经营风险。为了扭转生产过剩、产品滞销、资产变现能力弱的局面，P集团启动了"瘦身"战略，专注于能够提升企业竞争力的核心业务，在2014年至2018年期间先后处置了多个经营非制药业务子公司的全部股权，转让了旗下制药厂的部分股权，将特定原料药的生产业务外包，更加专注于创新药品研发，让企业变"轻"变"活"。

如图13-2所示，在重资产模式运营期间，P集团的非流动资产和固定资产比例分别维持在50%和40%左右，在经过2015—2017年的"瘦身"后，其非流动资产比例和固定资产比例分别下降至30%和20%左右，符合轻资产经营模式的企业财务特征界定。另外，由于处置子公司股权获得了大量现金，P集团的货币资金和流动资产占比也出现了大幅提升，企业经营的灵活性提高，为企业发展提供了充足的保障。

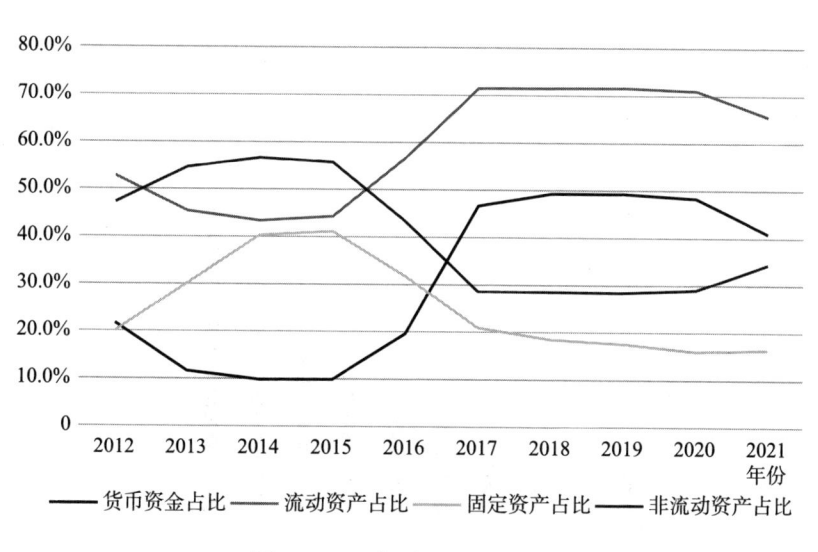

图 13-2　P 集团部分资产结构

（2）健全研发创新体系，提升产品竞争力。

如前文所述，在医改背景下，P 集团想要通过专注核心业务实现轻资产化转型，就必须把研发放在企业发展的首位。通过搭建原料药及多肽技术平台、微球缓释技术平台、生物药研发平台、化学发光平台等多个创新研发技术平台，P 集团形成了清晰的产品研发体系，增强了企业的研发竞争力。此外，P 集团还通过组建科研专家委员会、成立一致性评价办公室等措施，完善了研发创新体系，并稳步推进研发进展。随着多项药品和试剂取得临床批件、通过一致性评价，"国家中药现代化工程技术研究中心""国家认定企业技术中心""长效微球技术国家地方联合工程研究中心"先后落户公司，P 集团已驶入创新驱动发展的全新阶段。

如图 13-3 和图 13-4 所示，P 集团的研发投入规模不断增加，研发投入占营业收入的比重也逐步上升，且资本化的研发投入金额和占比也表现出节节高的趋势。在 2021 年，P 集团的研发投入金额超过 15 亿元，并且其中约 25%

的研发投入进行了资本化处理（见图13-4），说明企业在加大研发投入力度的同时，也取得了较高的研发效率，总体研发成果十分亮眼。

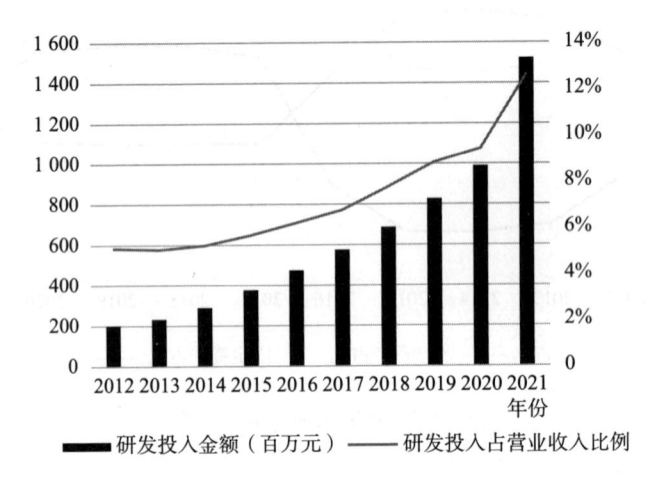

图13-3　P集团研发投入

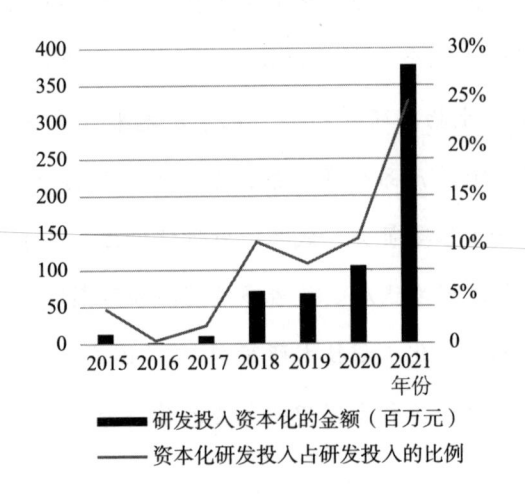

图13-4　P集团资本化研发投入

（3）完善产业链布局，加大营销推广力度。

在转型期间，P集团先后成立了基因检测科技有限公司、医疗诊断技术有限公司、微球科技有限公司、生物医药科技有限公司、药源科技有限公司、生物技术有限公司等，对产业链上游和下游进行延伸扩张，并加强原料到制剂一体化，以应对原材料供应和价格波动风险。

在营销方面，P集团自建有近万人销售队伍，对营销工作实行精细化管理，并不断完善营销体系建设。以证据营销、服务营销、合作营销"三个营销"为方针指导，通过落实各层级责权利、强化产品下沉、优化营销考核等措施，积极括展市场的广度和深度，营销网络覆盖全国各地乃至境外相关国家和地区，并保持着核心产品的市场优势地位。

3. 基于财务指标的轻资产化战略实施效果分析

（1）盈利能力。

P集团的轻资产化转型为企业的盈利能力带来了一定的提升。图13-5显示了P集团转型前后各项盈利相关财务指标的变化趋势。首先，从销售毛利率来看，P集团的销售毛利率比较稳定，一直保持在超过60%这一较高的水平，体现出P集团良好稳定的产品获利能力和成本控制能力。其次，从销售净利率、总资产收益率、净资产收益率来看，由于P集团在轻资产化转型过程中通过处置非流动性资产获得了大量非经常性收益，这三个指标在2016年到2018年间呈现出较大的变动。随着资产运营模式的转变，2018年以来P集团逐渐摆脱了利润指标增长乏力的颓势，重新焕发出生机与活力。

图 13-5　P 集团盈利情况

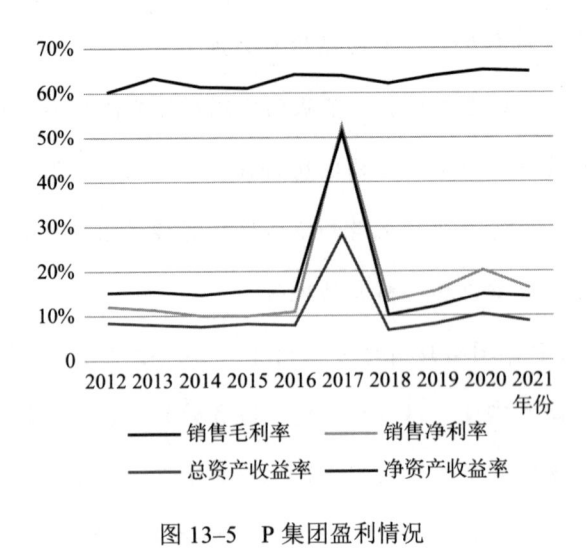

（2）营运能力。

图 13-6 展示了 P 集团与运营能力相关的财务指标变化趋势，反映了企业利用资源创收的水平。2014 年之后，在医疗行业应收账款周转率均值不断下降的背景下，P 集团的应收账款周转率逆势上升，充分说明企业在转向轻资产运营模式后对应收账款管理效率的提升。从存货流动性来看，P 集团的存货周转率在转型前后并没有显著变化，但均超过行业平均水平，说明企业在存货管理上保持着较好的效果。从固定资产变现效率来看，在 2014 年之后，P 集团的固定资产周转率出现了显著提升，说明企业在转型过程中剥离了较多利用效率较低的不良固定资产，轻资产化运营战略卓有成效。

然而，从整体来看，P 集团的总资产周转率在转型后的表现并不令人满意，呈现出小幅下滑趋势。这可能是由于企业处置子公司股权所获得的大量现金出现闲置，拉低了资产的总体创收能力。P 集团下一步可以思考如何利用闲置资金进行合理投资，以带动企业综合营运效率的提升。

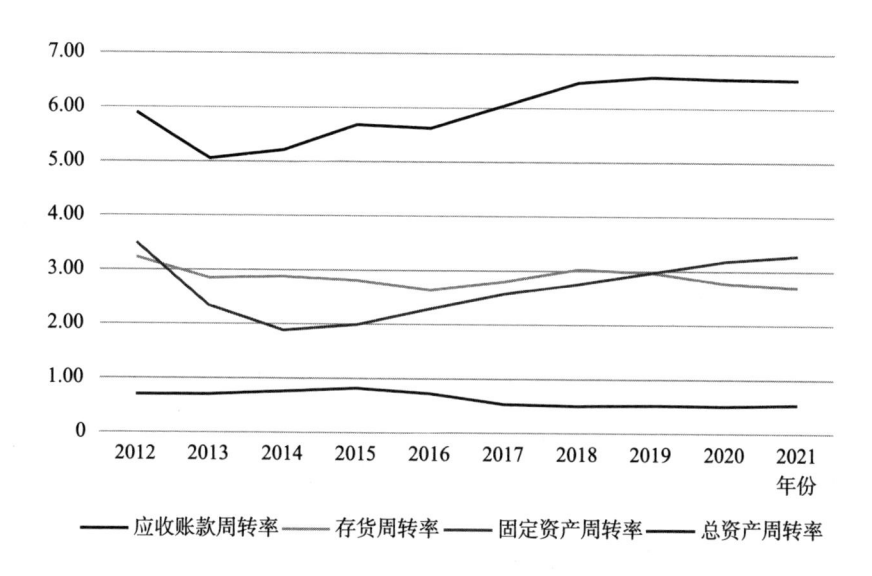

图 13-6　P 集团的营运能力

（3）偿债能力。

图 13-7 和图 13-8 显示了与财务风险相关的财务指标。从财务杠杆来看，P 集团的资产负债率出现了明显的下降，从 2013 年的 45% 减少至 2017 年的 29%。虽然近几年出现了小幅回升，但数值依然控制在 35% 左右，表明轻资产化转型后 P 集团的整体财务风险较低。

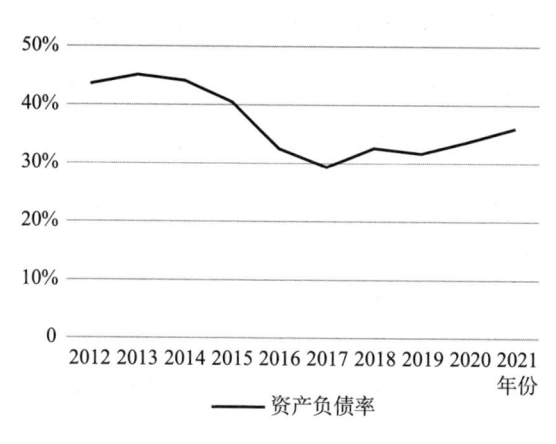

图 13-7　P 集团的资产负债率

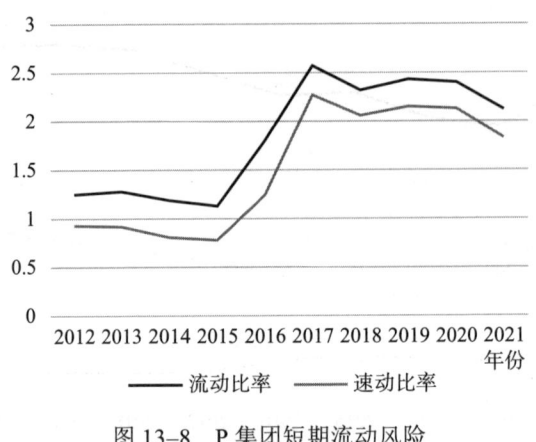

图 13-8　P 集团短期流动风险

从短期流动性风险来看，由于 2015—2017 年处置了多个子公司股权补充了现金储备，P 集团的流动比率和速动比率实现了大幅提升。在重资产运营模式下，P 集团的流动比率和速动比率分别维持在 1.2 和 0.8 左右，面临一定的短期偿债压力。而在采取轻资产运营模式后，P 集团的流动比率和速动比率均超过 2，潜在的短期流动性困境得以化解。

【本章小结】

本章重点探讨了净利润率和营运效率两个盈利来源，并说明从这两个维度提升企业最终盈利能力的业务逻辑。需要注意的是，这两个盈利来源背后的根本驱动力是企业的战略选择。因此，企业应根据其战略定位来确定其主要的盈利路径。通过对这些盈利来源的财务分析，可以有效地评估企业当前的盈利状况、战略实施效果，从而在必要时及时优化和调整企业的发展方向，确保财务表现与战略目标高度一致。

【课后题】

请参考一家企业的财务报表，运用本章介绍的财务指标进行分析。在此基础上，提出优化该企业战略和盈利能力的建议。

第14章

财务风险分析与防范

管理者的财务分析与决策

【学习目标】

本章重点介绍以下两个方面的内容。

1. 财务风险的概念、来源与相关指标分析。
2. 短期财务风险和长期财务风险的防范策略。

【思维导图】

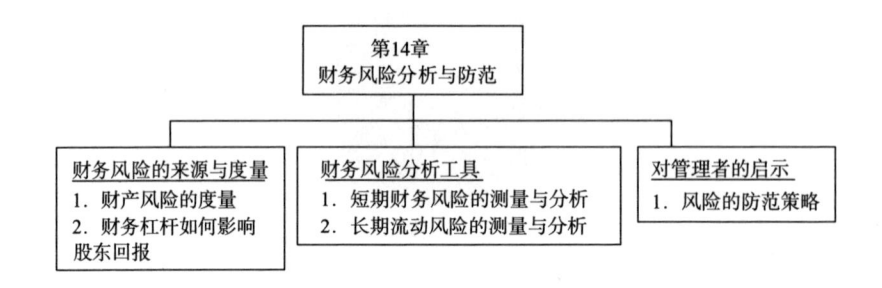

```
                    第14章
                 财务风险分析与防范
        ┌───────────────┼───────────────┐
   财务风险的来源与度量   财务风险分析工具      对管理者的启示
   1. 财产风险的度量    1. 短期财务风险的测量与分析   1. 风险的防范策略
   2. 财务杠杆如何影响   2. 长期流动风险的测量与分析
      股东回报
```

14.1 财务风险的来源与度量

在本书的最后一章，我们将探讨财务分析的另一个重要方向：企业的财务风险。此前的章节主要聚焦于盈利能力的分析，而企业在追求盈利的同时，亦不能忽视财务风险的管理。本章将深入讲解财务风险的根源，区分短期与长期流动性风险，并介绍相关的风险测度工具。财务风险特指企业由于借入资金可能丧失偿债能力的风险。因此，一旦企业采用债务融资，就不可避免地面临相应的财务风险。因此，对这些风险进行有效的度量和监控是每位企业管理者的必备技能。

1. 财务风险的度量

在学习财务风险的度量方法之前，我们首先应认识到财务风险主要来源于企业的债务融资行为。因此，衡量财务风险的一个核心指标是资产负债率，是评估企业总体财务健康状况的关键因素。资产负债率的计算非常简单，即将企业的总负债除以总资产：

$$资产负债率 = 负债总额 / 资产总额$$

资产负债率反映了企业总资产中依赖于债务融资的比例。理论上，这一比例越高，企业面临的财务风险也越大。然而，在实际应用中，不是所有负债率高的企业都会遭遇财务危机。例如，一些企业尽管资产负债率高达60%，但仍然稳健经营，没有出现风险；而另一些企业负债率不足50%，却可能面临偿债困难。这种现象说明，尽管资产负债率是衡量财务风险的一项重要指标，但它仅仅提供了有限的视角。为全面评估企业的财务健康状况，还需要考虑其他因素，如企业的运营效率和盈利能力等。因此，在分析企业的财务风险时，必须综合考虑所有相关的因素，才能做出更恰当的判断。

2. 财务杠杆如何影响股东回报

资产负债率又称为财务杠杆。财务杠杆的效应类似于物理学中的杠杆原理，可以放大企业的经营成果，使得企业在良好经营时给股东的回报得到提升，也可能在经营不善的情况下加剧股东的损失。核心的原因是债务融资的成本通常是固定的利息支出，无论企业盈利与否，都需按期偿付。这种固定的开支意味着，若企业的经营回报率高于债务成本，财务杠杆将提高股东的投资回报；反之，若回报率低于债务成本，则财务杠杆会侵蚀股东收益，甚至加重企业财务困境。

下面以一个具体的例子来说明负债融资如何影响股东的收益。设想成立一家企业需要100万元的初始资金。对于这家企业的股东而言，有两种融资方案可选。第一种方案是全额由股东提供资金，即股东需要投资100万元。第二种方案是配合负债融资，股东出资60%，即60万元，其余40%，也就是40万元，通过借款获得，如表14-1所示。

表14-1 有无杠杆的企业资产负债率表

单位：万元

	无杠杆	有杠杆（40%）
负债融资	0	40
股东权益	100	60
总资产	100	100
假设总资产收益率为14%		
息税前利润	14	14
利息（10%）	0	4
税前利润		
税后（30%）	9.8	7
净资产收益率（%）	10	12

在这两个融资方案中，哪一种更有利于提高股东的回报呢？关键因素是企业对融入资金的使用效率，也就是企业可以实现的总资产收益率。假设企业能够实现息税前总资产收益率为14%，对应100万元的资产，企业在支付利息和所得税之前就可以获得14万元的收益（也称为息税前利润）。即企业通过资产投资和经营活动，在扣除利息和所得税前所获得的总收益。无论是否采用财务杠杆，这个数字都是固定的。在不使用财务杠杆的情况下，企业无须负担利息费用。而在有财务杠杆的情况下，设借款利率为10%，借款40万元，利息支出则为4万元，扣除利息后的税前利润为10万元。设所得税率为30%，在无杠杆的情况下，14万元税前利润需缴纳税款4.2万元，归属股东的净利润为9.8万元。而有杠杆的情况下，税前利润为10万元，缴纳税款3万元，股东最终获得7万元净利润。

结合上述计算，结果一目了然。在未使用财务杠杆的情况下，根据目前的假设条件，股东获得的净资产收益率接近 10%，即以 9.8 万元除以投入的 100 万元股东资本。相比之下，当公司运用财务杠杆时，股东在当年的回报为 7 万元，除以其投入的 60 万元股东资本，净资产收益率达到了 12% 的水平。换言之，若企业实现 14% 的资产收益率，则在运用财务杠杆后，净资产收益率将更高。该案例展示了财务杠杆能使股东获得更高净资产收益率的一种情形，也是企业采用财务杠杆的一个核心目标。

接下来大家可以思考一下，财务杠杆如何提高股东的回报率。在上一个计算中我们设定了几个前提条件：首先，假设企业总资产的回报率为 14%；其次，利息率假设为 10%，同时鉴于利息支出可用于税前扣除，当企业采取债务融资时，除了利息率本身外，还存在减税的优势；最后，假设企业的所得税税率为 30%，因此债务融资与税率的综合作用使得企业的债务资本成本进一步降低，在表 14–1 的例子中为 7%。

案例中，企业利用融资所得资金实现了 14% 的总资产收益率，超出债务资本成本的收益部分全部由股东获得，因此使股东获得更高的回报率。总结一下，使用杠杆提升股东回报的核心前提是企业通过运用资产所获得的收益率需高于其通过债务融资所需承担的实际资金成本。

企业的总资产收益率不高于通过债务融资所需承担的实际资金成本的时候，运用财务杠杆就不能提高股东的回报，甚至可能导致股东回报的降低。在表 14–2 的例子中，我们将总资产的回报率调整为 4%，并根据之前的计算方法逐一进行核算。不使用财务杠杆的情况下，虽然资产回报率为 4%，在扣除所得税后，股东的净资产回报率为 2.8%。相比之下，使用了杠杆的情况下，基于总资产回报率的水平企业仅获得息税前利润 4 万元，等于当期的利息支出，因此所获得的收益将全部用于支付债务利息，净利润为 0，杠杆的存在降低了股东的回报。

表 14-2 有无杠杆的股东净资产收益率

单位：万元

	无杠杆	有杠杆（40%）
负债融资	0	40
股东权益	100	60
总资产	100	100
假设总资产收益率为4%		
息税前利润	4	4
利息（10%）	0	4
税前利润		
税后（30%）	2.8	0
净资产收益率%	2.8	0

由此可知，适度使用负债融资可以优化资本结构，为股东创造更高的价值。借入适量的债务资本往往会减少股权融资的压力，降低股东权益稀释的风险，从而平衡股权和债权的结构，使企业更具稳定性。当企业的资产投资回报率超过债务成本时，财务杠杆将加速股东权益的增值，为股东创造更大的价值。但管理者要关注财务杠杆带来的风险，做好风险预测与管控，以确保企业财务的稳健运营。

14.2 财务风险分析工具

管理者在运用财务杠杆时需要关注相关风险，因为财务杠杆虽能增强企业盈利能力，但同时也会提高企业的财务风险。例如，财务杠杆会增加固定财务成本，如利息支出。这些固定支出在收入下降时仍需支付，从而增加了企业资金链断裂的风险。此外，高杠杆比率可能会限制企业的资金灵活性，影响其应对市场波动和捕捉投资机会的能力。最后，财务杠杆可能会加重债务负担，特别是在经济衰退或利率上升时，债务重组或偿还本息可能变得更困难，进而影响企业信誉和市场评价。总而言之，在使用了负债融资的企业中，管理者就应通过财务分析随时监控相关风险。

下面就介绍一些典型的财务分析指标，用以衡量风险的水平。

1. 短期财务风险的测量与分析

短期财务风险主要体现为流动性风险，其根源在于企业在经营周期内偿债能力的降低。如同前文所述，结合流动资产与流动负债的相关概念，可以直观理解这一点。评估短期流动性风险的一个最基本的指标是流动比率，即流动资产除以流动负债的比值。当企业在一年内可变现的资产远远超过其流动负债时，通常表明企业在短期内的财务风险较低。

短期财务风险的分析比率

流动比率 = 流动资产 / 流动负债

速动比率 = （能够迅速变现的）流动资产 / 流动负债

现金偿债能力 = （经营活动）现金流量净额 / 流动负债

然而，有的企业流动资产中包含部分流动性较差的项目，例如存货。尽管存货在报表中属于流动资产，但其流转速度有时候可能较慢。在这种情况下，可以采用一个流动比率的衍生指标——速动比率，来衡量流动性风险。速动比率排除了流动资产中不能迅速变现的项目，如存货和预付款项，然后将剩余的流动资产与流动负债进行比较。因此，速动比率相较于流动比率，是一个更为谨慎评估短期流动风险的指标。如果有企业流动比率看起来很好，但速动比率很低，往往意味着企业的存货水平偏高，这样的企业应重点关注存货积压的原因以及存货周转效率，以判断其是否面临潜在的流动性风险。

此外，我们还可以用经营活动现金流净额替代流动资产，与流动负债进行对比，这样得出的指标更加强调现金流视角，关注企业在一年内通过经营活动所产生的净现金流是否足以覆盖流动负债。对于流动比率水平较高，但现金偿付流动负债能力差的企业，管理者要引起关注。这类企业往往存在应收账款或存货周转缓慢等问题，导致账面流动性较强，但现金流不足以支持短期偿债需求，从而加剧财务风险。

计算得到上述指标后，可以将其与企业的历史数据或行业内其他企业数据进行比较。如果企业的指标相对同行业偏高，通常意味着其财务风险较低。反之，指标较低则可能意味着财务风险较高。但是，正如本书一贯强调的，财务分析不能脱离企业的业务特征与运营模式，否则可能得出误导性的结论。

例如，沃尔玛的流动比率在很多年一直是低于 1 的，初看之下可能引起关于流动性风险的担忧，因为比率低于 1 意味着公司的 流动负债超过了流动资产。然而，结合沃尔玛的业务特征和其他财务指标来看，就可以发现背后的原因。第 13 章我们曾经介绍沃尔玛的资金周转周期平均为 −16 天，意味着企业在流动负债到期之前就实现了现金收入，确保了支付短期负债的现金需求。因此，尽管流动比率偏低，但其风险可控。

2. 长期流动性风险的测量与分析

长期流动性风险主要来源于企业偿还长期债务的能力降低。长期债务通常源于融资活动，并伴随利息支出。因此，对长期流动性的分析通常涉及还本和付息两个方面。

首先，需要评估企业偿还利息的能力。这里经常使用一个关键指标——利息保障倍数，即将企业的息税前利润（净利润加上已支付的利息和所得税）与当年的利息支出进行对比。利息保障倍数越高，表明企业使用其盈利支付利息的能力越强，长期风险相对越低。此外，也可以将分子替换为企业的经营活动现金流净额，得到现金利息保障倍数，这个指标在分析利润与现金流分歧较大的企业时更加适用。

其次，评估企业偿还本金的能力。除了之前介绍过的资产负债率，还可以用经营活动产生的现金流净额除以长期债务，计算企业现金流维度的长期偿债能力。若这个比率较高，则意味着企业有足够的现金流来应对长期债务，财务出现危机的风险更低。相反，较低的比率可能意味着企业在未来可能面临偿债压力，因此这一指标是企业长期财务策略制定和风险管理中的一个重要依据。

长期财务风险的分析要素

利息保障倍数 = 息税前利润 / 利息费用

现金利息保障倍数 = 经营活动现金流净额 / 利息费用

现金偿债能力 = 经营活动现金流净额 / 长期负债

资产负债率 = 总负债 / 总资产

最后，企业还可以结合当前的现金流状况，来预测未来的现金流趋势。这种预测能够帮助企业识别未来经营活动净现金流入无法满足同期筹资引发的现金流出的风险（主要是债务到期偿还的需求），以提前采取应对措施。借助上面这些财务分析，可以有效管控企业的长期流动性风险。

与之前的方法一致，在计算得到上述指标后，企业可以与自身历史数据或行业内其他企业进行比较，并结合企业的业务模式深入理解其中反映的风险问题。

14.3 对管理者的启示

财务风险是任何采用债务融资的企业必须面对的现实问题。为了真正能够享受到财务杠杆带来的"好处",企业必须进行合理的债务融资安排。同时,管理者在进行债务融资决策时,对潜在的财务风险要进行慎重评估和控制。需要注意的是,债务风险并不仅仅在偿还期到来时才出现。银行和债权人通常会借助诸如利息保障倍数等指标对企业的财务状况进行持续监督,这些约定一旦写入借款合同,便成为企业必须长期遵守的财务约束。例如,某上市公司在借款合约中被要求保持息税前利润与利息费用的比率不低于3倍,但是由于企业管理者的疏漏,借款后一年的业绩未能达标,导致企业资金被冻结,陷入财务危机。

管理者可以定期对反映财务风险的比率进行分析。通过与历史数据或同行业企业数据进行比较,不仅能帮助企业评估自身的财务状况,还能识别潜在的风险。通过这种方式,管理者能够对企业的财务风险状况有一个全面了解,并及时调整策略以应对可能出现的财务危机。例如,某光伏行业的上市企业在两年前行业初现下行风险迹象时,便预测到未来随着产业竞争加剧,可能出现经营活动现金流下降。基于这一判断,企业提前与金融机构签订了授信协议,从而为后续运营提供了充足的资金保障,有效控制了当前的财务风险。最后,合理的财务规划和风险管理策略对于维持企业的信誉和市场地位同样重要,能够帮助企业有效避免因财务管理不善而导致的负面影响。因此,企业管理者需增强风险意识,通过各种财务指标分析来加强对企业财务状况的掌控,确保企业能够持续健康稳定地运营。

【本章案例】伴随企业扩张的财务风险

1. Q公司简介

Q公司创建于1994年,历经20多年的发展,已经成长为国际知名的餐饮企业。Q公司主要从事品牌连锁火锅店的经营业务，另外还从事外卖以及调味品及食材的销售业务。目前，Q公司已在全球十余个国家开设了超过1 000家直营餐厅，曾获得我国烹饪协会授予的"中华名火锅"称号。自2018年在香港上市以来，Q公司不断加速扩张，即便是在2020年新冠疫情暴发后，Q公司也未放缓其扩张的脚步。随后，Q公司2021年财务报表上41.6亿元的亏损最终宣告了其逆势扩张的失败。

2. 扩张战略的实施背景及实施情况

从餐饮行业整体情况来看，在2019年及之前，我国餐饮市场规模的增速基本维持在10%左右，但是新冠疫情给我国餐饮市场的稳步增长按下了暂停键。根据《2022年中国连锁餐饮行业报告》统计（见图14-1），2020年我国餐饮市场规模为4万亿元，较2019年下降了15.4%。之后，随着新冠疫情防控的常态化，消费者热情有所回升，2021年我国餐饮市场规模已基本恢复至2019年的水平。

图14-1 我国餐饮市场规模

在新冠疫情背景下选择逆势扩张，Q公司当初所作的决定也并非草率。Q公司作为国内名号响当当的火锅店，具有品牌效应强、标准化程度高等有利于抵抗新冠疫情冲击的优势，较高的品牌知名度更易于获得消费者信任，有利于保障稳定的客源。特别是在新冠疫情期间，人们的卫生意识和防范意识增强，品牌力的优势极有可能因此而放大。在中式连锁餐饮品牌排行榜中，Q公司曾多次荣登榜首，有绝对的品牌影响力。再结合Q公司作为连锁餐饮企业所具有的作业标准化程度较高、复制经营的成本较低的特点来考量，Q公司确实拥有一定的在逆势下扩张成功的潜力。在2003年的非典疫情时期，Q公司就曾享受过一次"疫情红利"。通过提供送火锅上门的服务，Q公司曾作为非典疫情期间餐饮业创新典范登上央视的《焦点访谈》栏目，其知名度大涨，为后来的快速扩张发展打下了基础。这一成功经验给Q公司增添了不少再度完成逆势扩张的信心。

Q公司在新冠疫情期间的扩张战略主要表现为增开火锅店。在短短几年间，Q公司餐厅总数从273家增长至1 443家（见图14-2），翻了5倍有余。即使是在新冠疫情冲击最为严重的2020年，Q公司仍然新开业了544家餐厅，是新开业餐厅数最多的一年。在2018年至2020年，Q公司餐厅数量的增速分别为70.7%、64.8%和69.0%。在2021年末，Q公司意识到快速扩张策略存在问题，关闭了276家餐厅，才使得餐厅数量增速减少至11.6%。总体来看，Q公司在近年来的扩张速度远超过我国餐饮行业规模增速。

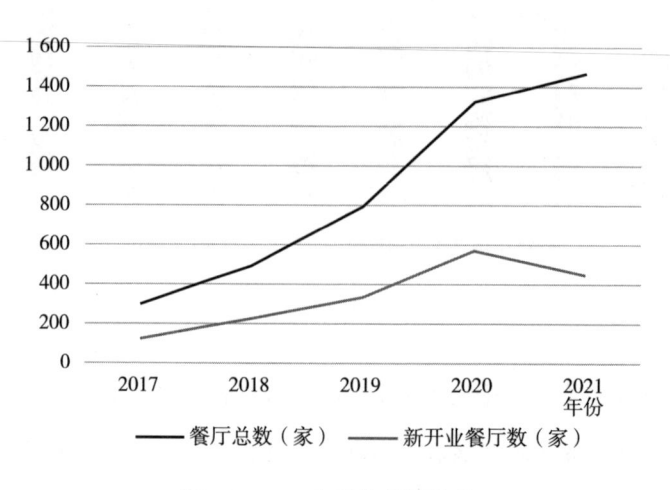

图14-2 Q公司的餐厅数量

3. 扩张战略对财务指标的影响

（1）盈利能力下降。

Q公司扩张战略的失败最直接体现为盈利能力的下降。Q公司的净利润在2017—2019年期间稳步上升，从11.94亿元上升至23.45亿元。但是在新冠疫情到来的2020年，Q公司的利润急剧下降至3.09亿元，并在2021年出现了41.63亿元的亏损。从净利润指标来看，Q公司的净利润率一直在下降。即便在疫情到来之前，Q公司的净利润率也从2017年的11.2%下降至2019年的8.8%，说明其扩张战略并没有能够帮助企业提升盈利能力。从毛利数据以及毛利率指标来看，除2020年外，Q公司的毛利均呈上升趋势，而毛利率则不断下降，说明营业成本的增长速度要高于营业收入的增长速度。在2021年，Q公司虽获得了61.06亿元的毛利润，但是其净利润却是-41.63亿元，其中包含Q公司管理层在意识到扩张策略的问题后关闭门店等措施带来的19.58亿元的资产处置损失和16.37亿元的资产减值。但是即便除去这一部分，Q公司在2021年也难逃亏损的命运。如图14-3所示。

图14-3 Q公司的盈利能力

接下来进一步从 Q 公司的创收能力和成本控制两个角度来分析。从收入来看，伴随着门店的增加，Q 公司的收入在 2017 年至 2021 年期间呈上升趋势（见图 14-4）。但是，Q 公司火锅餐厅的店均营业额却在持续下降（见图 14-5），从 2017 年的 0.39 亿元下降至 2020 年的 0.22 亿元。虽然 2021 年有小幅的回升，但也并未达到 2019 年的水平。具体来看，Q 公司店铺创收能力的下降主要源于翻台率的下降。

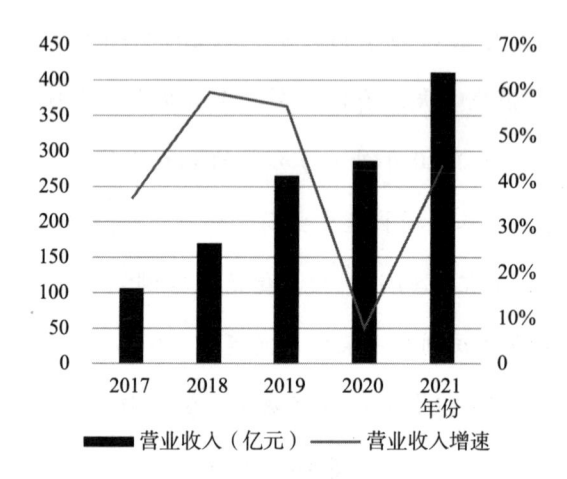

图 14-4 Q 公司的营业收入

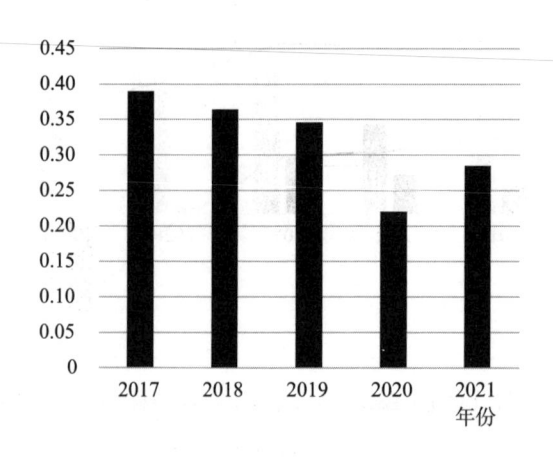

图 14-5 Q 公司的店均营业额（亿元）

如图 14-6 所示，Q 公司整体餐厅翻台率已从 2017 年的 5 次 / 天下降至 2021 年的 3 次 / 天，其中新开餐厅的翻台率一直低于整体餐厅，说明 Q 公司近几年的餐厅选址或品牌宣传可能存在一定问题，无法吸引到较大的客流量。在 2017—2021 年，虽然 Q 公司餐厅的人均消费金额有 7% 的小幅上升（图 14-7），但也抵不住翻台率 40% 的大幅下降。

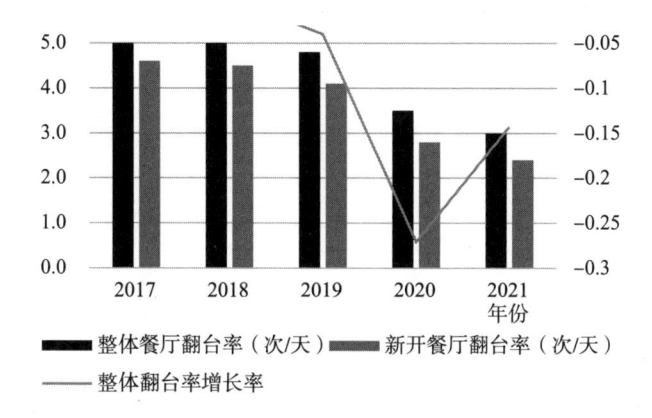

图 14-6　Q 公司餐厅的翻台率

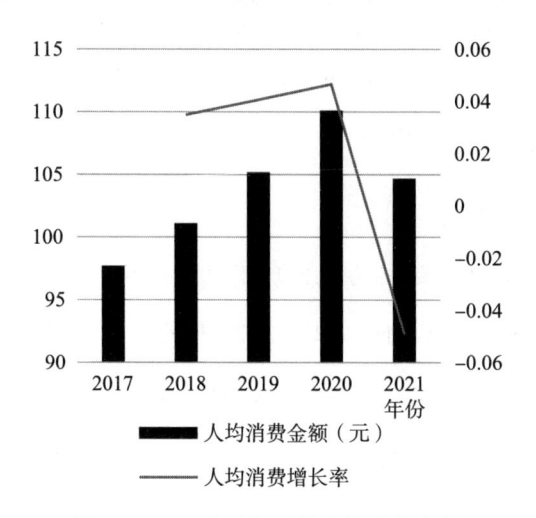

图 14-7　Q 公司餐厅的人均消费金额

由于不断开设新店，Q 公司的相关费用水平也一直在升高。由于 Q 公司一直以口碑效应为自身宣传手段，因此其销售及一般行政费用随门店扩张的变化并不明显。相比之下，新开设门店会给 Q 公司增加大量的员工薪酬支付和固定资产购置等固定性经营成本。如图 14-8 所示。Q 公司的折旧摊销从 2017 年的 3.60 亿元激增至 2021 年的 45.48 亿元，金额增长了十余倍。因此，在创收能力下降的同时，高昂的固定性经营成本大幅摊薄了 Q 公司的利润，最终导致 Q 公司盈利能力不断下降。

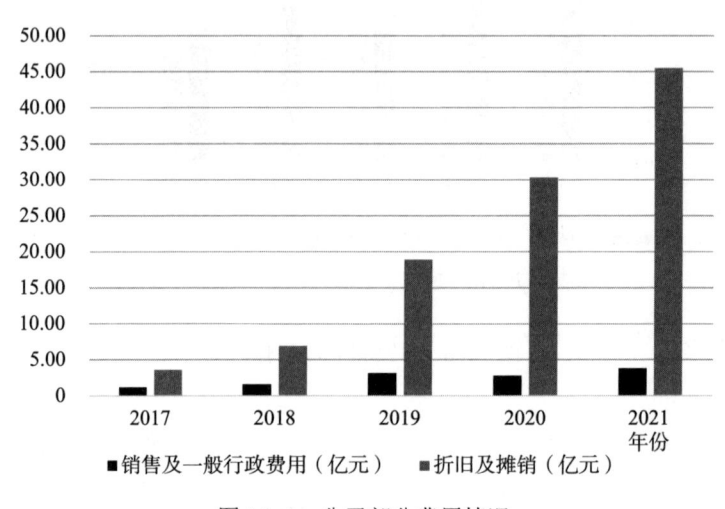

图 14-8 公司部分费用情况

（2）营运能力下降。

近年来，Q 公司的营运能力也出现下降的趋势。如图 14-9 所示，Q 公司 2017 年的总资产周转率为 2.16，但是 2020 年的总资产周转率却为 1.19。一方面，增加新开业餐厅导致资产规模不断增加；另一方面，新冠疫情也导致部分资产出现利用率不高或闲置的情况。

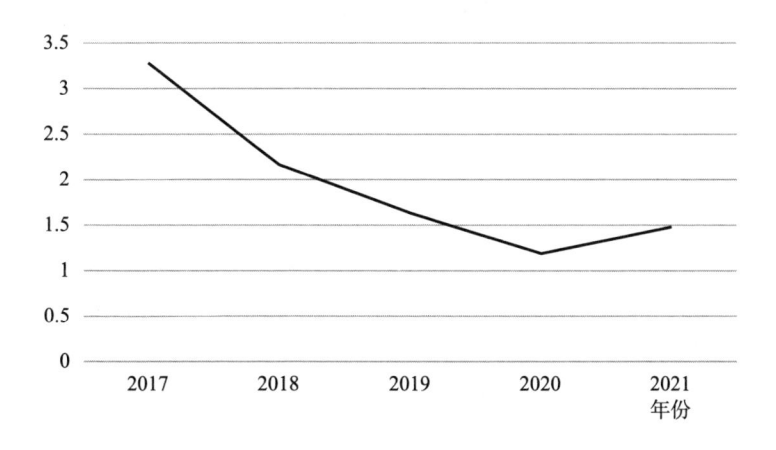

图 14-9　Q 公司的总资产周转率

（3）财务风险升高。

图 14-10、图 14-11 和图 14-12 显示了与财务风险相关的财务指标。从财务杠杆来看，Q 公司的资产负债率从 2018 年的 28% 上升至 2021 年的 72%，整体财务风险较高。从短期流动性风险来看，Q 公司的流动比率从 2018 年的 1.74 下降至 2021 年的 1.15，其中 2020 年一度达到 0.67，具有较大的短期偿债压力。从长期流动性风险来看，Q 公司的利息保障倍数从 2018 年的 72.83 急速下降至 2021 年的 0.36，这主要是由于 Q 公司在扩张期间主要依赖于债务融资方式，长期债务和租赁负债增速较快、规模较大，因此需要支付的利息金额较高。作为港交所上市公司，Q 公司在具有良好的权益融资方式情况下依然选择通过大量举债来支持其扩张战略，最终导致其陷入较高的财务风险中。

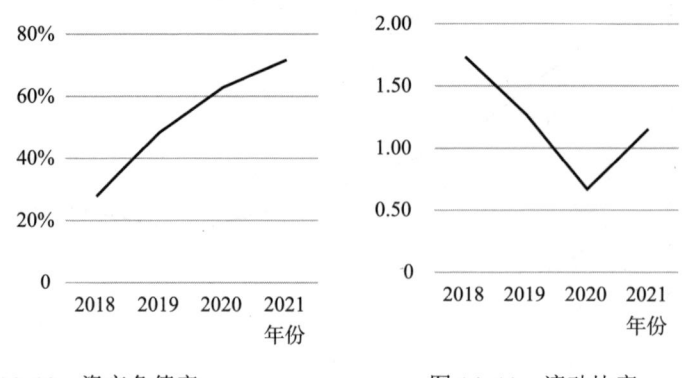

图 14-10　资产负债率

图 14-11　流动比率

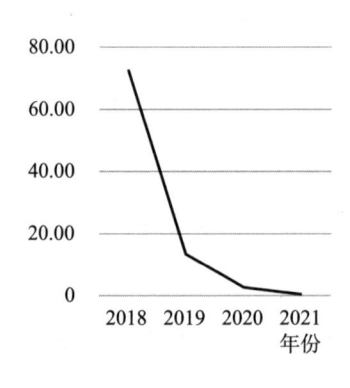

图 14-12　利息保障倍数

  Q 公司逆势扩张战略的失败主要体现在盈利能力的下降，其原因一方面来自管理者对品牌创收能力的过度自信，另一方面是管理者忽视了餐饮业高昂的固定性经营成本对利润的大幅摊薄。2021 年初 Q 公司也宣布将开展新的计划，在关注经营业绩不佳的门店、收缩业务的同时，加强内部管理机制建设，持续推进和打磨管理体系，以实现经营业绩的改善。

【本章小结】

  本章主要介绍了企业财务风险的度量方法，并提供了评估短期与长期风险的多种常用分析指标。对企业管理者来说，应该综合考量企业的盈利能力、风险水平及现金流的稳定性，这种综合性考量是财务管理的核心。采用财务思维管理企业，在风险与盈利之间找到平衡点，才能有效提升企业价值。

【课后题】

请你基于某个企业的财务报表，针对企业财务风险指标进行逐项分析，并且根据分析结果判断企业的财务风险状况，提出相应的风险防范建议。